JN213650

サイレント時代の
溝口健二をめぐる人々

その1

— カメラマン青島順一郎 —

佐相 勉

東京図書出版

はじめに

カメラマン・青島順一郎のことを知ったのは溝口健二の研究を通じてだった。監督一年目の1923年。意欲に燃えていたであろう若き25歳の溝口は日活向島撮影所で『愛に甦る日』『故郷』『青春の夢路』『情炎の巷』を次々に監督した。しかしそれらの作品は同時代の批評家によって、「運びに緊張さを欠いてゐる」「新派悲劇の定石にピッタリ」「突込が足りない」「在来の手法を固守して一歩も新しく出やうとはしてゐない」と評されてしまった。溝口の熱意は空回りしていたのだろうか。しかし次の作品『敗惨の唄は悲し』で、「溝口の監督手法は相当に見るべき緊密さを示し」「力強い熱心さは充分に映画から視はれ」「自分は此の映画によつて溝口健二と言ふ監督者の名を記憶した」と初めて高く評価された。実はこの時、カメラマンとして初めて溝口と仕事を共にしたのが青島順一郎だったのである。1917年、天然色活動写真株式会社（天活）において、そのカメラマン人生をスタートさせた青島は、この時、22歳。若い！　かくて勢いに乗った二人は、『血と霊』『霧の港』『夜』を創り上げた。『血と霊』は日本初の本格的表現主義映画という野心作であり、『霧の港』『夜』はこの時期の溝口の最高傑作と評された。

しかし……。溝口の最初のピークの時期と言われたこの時、関東大震災が勃発。向島から日活京都撮影所へと移った溝口は不振の時代を迎える。その理由は色々言われているが、私は溝口が青島カメラマンと離れてしまったことに大きな原因があるのではないかと類推した。青島は京都へ移ってからは主に村田実とコンビを組むことになり、溝口は青島という良きパートナーを失ってしまったのである。私が青島順一郎というカメラマンに興味を持ったのはこうした疑問を抱いたからであり、彼について調べてみようと思った。もう二十年以上前のことになる。そこでまずは青島のフィルモグラフィーを作ってみた。

青島順一郎フィルモグラフィー

1921年
2月13日『め組の喧嘩』（国活、吉野二郎監督）
6月4日『海の人』（国活角筈、細山喜代松監督）
1922年
?『さすらひの子』（国活巣鴨、細山喜代松監督）
9月1日『霊光の岐に』（国活巣鴨、細山喜代松監督）
?『花売娘』（国活巣鴨、細山喜代松監督）
?『雛妓の死』（国活巣鴨、細山喜代松監督）

？『悩める人々』（国活巣鴨、細山喜代松監督）
？『亡び行く人』（国活巣鴨、細山喜代松監督）
？『秋の海』（国活巣鴨、細山喜代松監督）
？『流るゝ水』（国活巣鴨、細山喜代松監督）

1923年

1月7日『暁山の雲』（国活巣鴨、細山喜代松監督）
1月14日『新生さぬ仲』（国活巣鴨、細山喜代松監督）
？『呪はれし女』（国活巣鴨、細山喜代松監督）
2月1日『小さき救ひ』（国活巣鴨、細山喜代松監督）
3月1日『生ける悩み』（国活巣鴨、水島亮太郎監督）
5月13日『敗惨の唄は悲し』（日活向島、溝口健二監督）
6月8日『兄弟』（日活向島、若山治監督）
6月14日『火焔を浴びて』（日活向島、若山治監督）
7月29日『霧の港』（日活向島、溝口健二監督）
10月26日『夜』（日活向島、溝口健二監督）
11月9日『血と霊』（日活向島、溝口健二監督）
12月28日『好きなおぢさん』（日活向島、鈴木謙作監督）

1924年

1月7日『彼女の運命』（日活京都、鈴木謙作監督）
1月20日『嵐は来れり』（日活京都、鈴木謙作監督）
2月1日『清作の妻』（日活京都、村田実監督）
3月14日『猛犬の秘密』（日活京都、村田実監督）
4月10日『春色梅暦』（日活京都、細山喜代松監督）［大洞元吾・横田達之と共同］
4月18日『懐しの郷』（日活京都、村田実監督）
5月15日『信号』（日活京都、村田実監督）
6月28日『お澄と母』（日活京都、村田実監督）
7月15日『金色夜叉』（日活京都、村田実監督）
8月29日『謎の花婿』（日活京都、大洞元吾監督）
9月11日『新籠の鳥』（日活京都、細山喜代松・村田実共同監督）［横田達之と共同］
9月20日『恋慕小唄』（日活京都、鈴木謙作監督）［横田達之・塚越成治と共同］
10月31日『運転手栄吉』（日活京都、村田実監督）
12月18日『迷夢』（帝キネ芦屋、細山喜代松監督）

1925年

1月14日『映画女優』（帝キネ、細山喜代松監督）

2月3日『霊光』（帝キネ、細山喜代松監督）
2月20日『愛するが故に』（帝キネ、細山喜代松監督）
7月15日『密造庫』（東邦映画、細山喜代松監督）
12月12日『幻の帆船』（大東キネマ、山本冬郷監督）

1926年
1月29日『乱世の雄』（日活大将軍、高橋寿康監督）
2月14日『修羅八荒（第一篇）』（日活大将軍、高橋寿康監督）
3月12日『孔雀の光（第一篇）』（日活大将軍、村田実監督）
3月19日『孔雀の光（第二篇）』（日活大将軍、村田実監督）
5月21日『日輪（前篇）』（日活大将軍、村田実監督）
6月4日『日輪（後篇）』（日活大将軍、村田実監督）
9月12日『素敵な美人』（日活大将軍、村田実監督）
11月20日『神州男児の意気』（日活大将軍、村田実監督）
12月31日『新日本島』（日活大将軍、阿部豊監督）［碧川道夫と共同］

1927年
3月18日『彼をめぐる五人の女』（日活大将軍、阿部豊監督）
5月1日『椿姫』（日活大将軍、村田実監督）

7月14日『東洋武侠団』（日活大将軍、内田吐夢監督）
7月22日『稲妻』（日活大将軍、木藤茂監督）
11月3日『鉄路の狼』（日活大将軍、東坊城恭長監督）
11月25日『喧嘩』（日活大将軍、東坊城恭長監督）
12月31日『弥次喜多尊王の巻』（日活太秦、池田富保監督）
フィルム現存（マツダ映画社）

1928年
1月14日『弥次喜多韋駄天の巻』（日活太秦、池田富保監督）
2月1日『弥次喜多伏見鳥羽の巻』（日活太秦、池田富保監督）
フィルム現存（マツダ映画社）
3月31日『花嫁花婿再婚記』（日活大将軍、阿部豊監督）
5月12日『地球は廻る・第二部現代篇』（日活大将軍、阿部豊監督）
9月14日『母いづこ』（日活大将軍、阿部豊監督）
11月1日『激流（前篇）』（日活大将軍、村田実監督）
11月9日『激流（後篇）』（日活大将軍、村田実監督）

1929年
3月1日『灰燼』（日活太秦、村田実監督）

7月7日『赤い灯青い灯』（日活太秦、徳永フランク監督）
7月26日『風船玉』（日活太秦、木藤茂監督）
10月17日『摩天楼・争闘篇』（日活太秦、村田実監督）

１９３０年

1月14日『摩天楼・愛欲篇』（日活太秦、村田実監督）
4月15日『撃滅』（日活太秦、小笠原明峰監督）［対島寅雄・町井春美と共同］
　　　フィルム現存（マツダ映画社）
8月1日『銀座セレナーデ』（日活太秦、長倉祐孝監督）
9月12日『この太陽（第一篇）』（日活太秦、村田実監督）
9月19日『この太陽（第二篇）』（日活太秦、村田実監督）
9月26日『この太陽（第三篇）』（日活太秦、村田実監督）

１９３１年

3月20日『ミスター・ニッポン（前後篇）』（日活太秦、村田実監督）
9月16日『海のない港』（日活太秦、村田実監督）
11月13日『白い姉（前篇）』（日活太秦、村田実監督）
11月20日『白い姉（後篇）』（日活太秦、村田実監督）［ここまですべてサイレント］

1932年

4月29日『上海』（日活太秦、村田実監督）［トーキー］

8月18日『朝凪の海は歌う』（日活太秦、吉村廉監督）

9月29日『満蒙建国の黎明』（新興キネマ・入江プロ・中野プロ、溝口健二監督）［中山良夫と共同］

12月8日『白蓮』（入江プロ、木村恵吾監督）

1933年

2月3日『街の青空』（新興キネマ、木村恵吾監督）

5月4日『感激の人生』（新興キネマ、村上潤監督）

7月6日『あなたの彼女に御用心』（新興キネマ、曽根純三監督）

9月14日『新しき天（前篇）』（入江プロ、阿部豊監督）

9月29日『新しき天（後篇）』（入江プロ、阿部豊監督）

1934年

1月7日『春の目醒め』（新興キネマ、村田実監督）

5月10日『霧笛』（新興キネマ、村田実監督）

フィルム現存（国立映画アーカイブ）

8月30日『山の呼び声』（新興キネマ、村田実監督）

12月6日『花咲く樹（前篇・なみ子の巻）』（新興キネマ、村田実監督）［サウンド版］
12月25日『花咲く樹（後篇・エマ子の巻）』（新興キネマ、村田実監督）［サウンド版］
1935年
4月18日『女の友情』（新興キネマ、村田実監督）［サウンド版］
8月1日『情熱の不知火』（千恵プロ嵯峨野、村田実監督）［トーキー］
10月15日『突破無電』（高田プロ、村田実監督）［藤井静と共同］［サウンド版］
1936年（以下、すべてトーキー）
1月30日『大尉の娘』（松竹興行現代劇部・芸術座・新興キネマ、野淵昶監督）
フィルム現存（国立映画アーカイブ）
5月16日『桜の園』（新興キネマ、村田実監督）
8月21日『青葉の夢』（新興キネマ、西鉄平監督）撮影助手岡崎宏三
10月31日『新月抄』（新興キネマ、村田実・鈴木重吉共同監督）撮影助手岡崎宏三
1937年
3月6日『牡丹くづるる時』（新興キネマ、小石一栄監督）撮影助手岡崎宏三
6月10日『合歓の並木』（新興キネマ、小石一栄監督）撮影助手岡崎宏三
8月12日『煙る故郷（ふるさと）』（新興キネマ、青山三郎監督）撮影助手岡崎宏三

1938年

2月3日『小国民』（新興キネマ、鈴木重吉監督）撮影助手岡崎宏三

3月1日『露営の歌』（新興キネマ、溝口健二監督）撮影助手岡崎宏三

10月6日『あゝ故郷』（新興キネマ、溝口健二監督）撮影助手岡崎宏三

12月8日『声なき万歳』（新興キネマ、青山三郎監督）撮影助手岡崎宏三

1939年

1月14日『母子船頭唄』（新興キネマ、青山三郎監督）撮影助手岡崎宏三

3月8日『鉄窓の応召兵』（新興キネマ、青山三郎監督）撮影助手岡崎宏三

3月15日『嵐に立つ女』（新興キネマ、青山三郎監督）撮影助手岡崎宏三

5月11日『血の歓喜』（新興キネマ、青山三郎監督）撮影助手岡崎宏三

6月15日『海棠の歌』（新興キネマ、深田修造監督）撮影助手岡崎宏三

8月13日『模範孝女の殺人』（新興キネマ、青山三郎監督）［岡崎宏三と共同］

（実質的には岡崎単独の撮影）

8月25日『暴風の姉妹』（新興キネマ、高木孝一監督）撮影助手岡崎宏三

9月24日『父は九段の桜花』（新興キネマ、青山三郎監督）撮影助手岡崎宏三

11月29日『若い力』（新興キネマ、小石栄一監督）撮影助手岡崎宏三

1940年

2月1日『荒野の妻』（新興キネマ、深田修造監督）撮影助手岡崎宏三

4月28日『或る女弁護士の告白』（新興キネマ、深田修造監督）［金井成一と共同］

5月15日『太平洋行進曲』（新興キネマ、深田修造・曽根千晴共同監督）［岡崎宏三と共同］

5月30日『病院船』（新興キネマ、今村貞雄構成）［岡崎宏三と共同］

フィルム現存（国立映画アーカイブ）

6月13日『女性本願』（新興キネマ、田中重雄監督）

9月28日『玩具工場』（新興キネマ、荻野頼三監督）

1941年

1月14日『白衣の天使』（新興キネマ、田中重雄監督）

2月22日『母代』（新興キネマ、田中重雄監督）

4月10日『鉄の花嫁』（新興キネマ、田中重雄・曽根千晴共同監督）

8月20日『北極光』（新興キネマ、田中重雄監督）［岡崎宏三と共同］

フィルム現存（国立映画アーカイブ）

9月28日『春星夫人』（新興キネマ、田中重雄監督）

1942年

11月19日『香港攻略　英国崩るゝの日』（大映東京、田中重雄監督）［杉本正二郎と共同］

1943年
なし
1944年
1月14日『菊池千本槍』(大映、池田富保・白井戦太郎共同監督)青島は横田達之と共に特撮を担当
12月28日『狼火は上海に揚る』(大映・中華電影、稲垣浩・岳楓共同監督)[黄紹芬と共同応援撮影・岡崎宏三
フィルム現存(国立映画アーカイブ)
1945年
7月26日『最後の帰郷』(大映、吉村廉・田中重雄共同監督)[高橋通夫と共同]
フィルム現存(国立映画アーカイブ)、ビデオ(キネマ倶楽部)
9月13日『別れも愉し』(大映東京、田中重雄監督)
フィルム現存(国立映画アーカイブ)
12月27日『犯罪者は誰か』(大映東京、田中重雄監督)
フィルム現存(国立映画アーカイブ)、ビデオ(キネマ倶楽部)
1946年
1月10日『幾山河』(大映東京、田中重雄監督)(1940年の新興時代の作品、検閲保留

で未封切であった）
4月18日『彼と彼女は行く』（大映東京、田中重雄監督）
フィルム現存（国立映画アーカイブ）
8月22日『雷雨』（大映東京、田中重雄監督）
フィルム現存（国立映画アーカイブ）
1947年
1月7日『踊子物語』（大映東京、小石栄一監督）
3月4日『今宵妻となりぬ』（大映東京、田中重雄監督）
4月29日『第二の抱擁』（大映東京、田中重雄監督）
8月26日『夜行列車の女』（大映東京、田中重雄監督）
1948年
1月6日『土曜夫人』（大映東京、田中重雄監督）

サイレント時代の溝口健二をめぐる人々　その1 ❖ 目次

第Ⅰ部
インタビュー

青島の助手についた岡崎宏三カメラマンにインタビューを行った。岡崎宏三（1919～2005）は1935年末に新興大泉に入社。『雌雄』（勝浦仙太郎監督、行山光一撮影、1936年4月封切）で初めて助手につく。

当時の新興キネマの撮影助手は専属制度でして、私は行山光一キャメラマンの助手として配属されました。行山さんに仕事がないときは他の組が忙しくても休んでいいと言われたくらいです。

（石渡均編『ひまわりとキャメラ ―― 撮影監督・岡崎宏三一代記』三一書房、1999年、22ページ）

その後、『青葉の夢』（西鉄平監督、1936年8月封切）で初めて青島の助手となり、1940年、『愛の記念日』（伊奈精一監督、2月封切）で一本立ちとなる。岡崎は青島について次のように語っている。

新興の機材室には、サイレント・ミッチエルが一台、パルボがJ、JK、L、エクレール、ベル・ハウエルがありました。そのうちで、メカが一番しっかりしているのがサイレント・ミッチエルで、これは青島さんの専用機でした。

(『ひまわりとキャメラ』27ページ)

青島さんは村田実監督とのコンビでサイレント期の名作『灰燼』(29)『霧笛』(34)『山の呼び声』(34)などを担当した、新興のみならず日本映画界のトップキャメラマンでした。また文才もある人で名前は伏せましたが村田監督の脚本作りにも参加し、溝口監督の新人時代の確か七本目の『霧の港』(23)では脚本家として貢献するといった、当時としては出色の人でした。/溝口さんが第一映画で撮った『祇園の姉妹』(36)や新興キネマの『愛怨峡』(37)は名手三木稔のキャメラでした。三木さんは25ミリというワイドレンズを使用し、溝口組の長回しに対応しました。時にフルショットの中で演技者の芝居を捕まえる場合、ワイドレンズの焦点深度を利用し、カットを割らなくても前景・背景にまでフォーカスが合うといったレンズの特性を生かした結果だと思います。/一方、青島さんの溝口組での対応は確かに25ミリも使いましたが、話の内容によって40ミリで正攻法としながら無駄なものは省いて、あえて無技巧に撮ることもありました。青島さんの技術的特徴は脚本・内容次第で明快なハイキートーンにもなれば、重厚なローキールックも表現できるといった、作品によって画調を大胆に変化させることにありました。ですから、同じ溝口演出でも三木さん、青島さんなりの個性は出ていると思います。さすがの名君溝口さんでも、自分より三歳年下の青島さんに対してさえ『青島さん』と呼び、決して『青島君』とは言いませんでした。溝口さんも一目置いていることは『露営の歌』『あゝ故郷』で助手を務めた私にも肌で感じられました。／青島さんは当時の絵画的で美しいピクトリアルトーンには否定的でした。／その頃、五所平之助監督とのコンビで名を馳せていた三浦光雄のテクニックは、例えば物干し台に洗濯物が干してあるシーンにしても、背景の青空にくっきりと白い雲が浮かんでいるような構図本位のフォトジェニックな絵作りなんです。／そんな映画を見てきましたなんて青島さんに言うと……「あ、そう。君は三浦君のキャメラがいいと思うの。でもね、キャメラマンは作品の内容を考えてストーリーが撮れなきゃだめなんだよ」。そして「夜のシーンで黒紋付を、黒いビロードの背景でカラスの羽を、雪の中で白兎の毛並を、つまり黒なら黒、白なら白であってもそこに正確な質感、ディテールを表現できなきゃ、ほんとのキャメラマンじゃないよ」と教えられました。／青島さんはストーリー主義ですから、当時他のキャメラマンが嫌ってやらなかった雨天時のシーンなんかでも脚本・演出の狙いが生きると判断すれば取り入れる人でした。村田監督の『山の呼び声』なんかもそうなんです。／しかし、若かった私には青島さんの真意がわからなかった。ただ美しい調子の画面で撮りたいということに、心を奪われていたのです。

（同右、32〜34ページ）

ところで岡崎は『ひまわりとキャメラ』において、自らの代表作8本をあげている。それは、モノクロ作品として、『波影』『六條ゆきやま紬』『恍惚の人』『甘い汗』、カラー作品として『化石』『青べか物語』『御用金』『無頼漢』である（219ページ）。

岡崎宏三インタビュー（1999年頃）

岡崎　私と青島さんとの出会いというのは新興キネマなんですよね。昭和10年（1935年）に私、入りまして、最初に入った伝手は青島さん関係じゃなくて、新興キネマは松竹の子会社でしたから、ほとんど首脳部が松竹から来てるわけですよ。で、たまたま私の赤坂の自宅の近所に浜村義康さんていう松竹のキャメラマンがいて、松竹に入りたいと言ったら、松竹は満タンだと。それでどうしてもキャメラマンになりたいんだと言ったら、新興に助手が足りないらしいということで、紹介してくれたのが行山光一さんていう人なんですよ。それでね小石川に住んでいたのかな、自宅へ行ったら非常に鷹揚な方で、「ああいいよ、明日からおいで」っていうんですよね。

佐相　行山さんというのはどういう。

岡　松竹で浜村義康の助手をやっていて、新興キネマに入って一本立ちになったんです。その時、一緒に監督も送りこんだんですが、勝浦仙太郎さんていうんですよ。そのコンビでいってたわけです、新興キネマでね。そんなわけで私もえらい簡単だなと思いながらも、入りたい一心で。小石川の自宅を出て、撮影所に連れていかれて、すぐ映画についたんですよ。原作物で『聖処女』（勝浦監督、行山撮影、１９３６年6月封切）という。それで3本か4本、行山組についたんですが、ついたといってもプライベートにきてるということで、会社が正式に採用するということにはなってないわけですよね。もちろんその当時は人員はたっぷりおりますしね。でもね一応撮影部に入って、4番目くらいの助手で何も判らないでついてたわけですよ。半年以上は月給は出ないですよ。

佐　当時岡崎さんは17歳くらいですか。今の高校生くらいで。

岡　そうです。坊や、坊や、って。だから浦辺粂子なんか、私が75〜76（歳）になっても会ったりすると、坊や、って。こっちはあの人は昔から婆さんだと思ってて。若いんですけどね。そんなことでね。そのうち初めて地方ロケへ出たんです。それがね宇野千代さんの原作で『雌雄』（勝浦監督、行山撮影、１９３６年4月封切）という映画でね、その時、２・２６事件なんですよ。それで、ビックリしましてね、当時、熱海、3時間くらいかかって行ったんですよ。で、撮影中止で、家に帰ったんですが、我が家は２・２６の渦中のすぐ百メートルもない近いところにいたんで、[註1]避難したりなんかで、そんな一件があったうちに、日支事変が始まって、ハデになってくるんですよ。ニュース映画社が活発になりましてね、ニュースキャメラマンだけじゃ足りなくなったんですね。で、当時はやくざじゃないけれどもキャメラマンの何々組というのがあって、会社はそういう制度を変えようとしていた。私も3本目か4本目で会社もあいつを入れてやろうということになったんじゃないかと思います。20円か25円くらいの月給でね、撮影部に正式に札がかかるようになったんですよ、助手の。で、撮影部の組替えをしようというんで、たまたま僕が青島組についちゃったんですよ。[註2] えらいとこについたな、と思って。とにかくこれまでは厳しくて、つとまる助手もいないというような風評だったんですよ。僕はそういう時には直接ついてないんですよ。村田組の『桜の園』（１９３６年5月封切）というのがありましてね、それが終わった頃かな。それで次に『新月抄』（１９３６年10月封切）という映画にかかるというので、村田組で。

佐　その前に『青葉の夢』（西鉄平監督、青島撮影、１９３６年8月封切）というのがあるんですが。

岡　それは村田組に入る前に、村田組ですからそう簡単に入れないんで、準備が大分あったんですね。西さんはシナリオライターで、監督第一作なんで、会社が青島さんをつけたなら初めてでもうまくいくだろうと。青島さんがつきゃあ、つまらない写真もまとまるという定評もその当時からありましたからね。で、大きな仕事というと村田組ということになるんですね。

佐　『青葉の夢』は田中春男が二枚目をやってるんですね。

岡　それロケーションの記念撮影が私のところにありますよ。青島さんの隣に私がいて、春坊が二枚目なんですよ。彼は『かんかん虫は唄ふ』（日活太秦製作、田坂具隆監督、１９３１年作品、当時流行したルンペン映画の一つ）という、あれで主役をやってるんじゃないですか。

横浜の船のペンキ塗りの、カンカンたたくやつ。

佐　ちょっと傾向映画っぽい。

岡　そうそう。ですから最初は二枚目で。

佐　溝口さんの『愛怨峡』なんかの時はもうちょっと三枚目の役をやってますけど。

岡　ああいう独特の、三木のり平さんとか田中邦衛タイプですよ。清水将夫の奥さんになった高野由美さんという、第一協団の(註3)。

佐　『青葉の夢』は作品としての評価はよくなくて、「水準に達した物は青島順一郎のキャメラのみであった」とありますが。

岡　その通りですね。初めて私はこれについたわけです。

佐　特に印象というのは。

岡　いいえ、無我夢中で。その前に戦争で古い連中がみんなキャメラ持っちゃ集められるんで、3分の1以上、ニュースキャメラマンで集められるわけですよ。それで青島さんの助手でも亡くなった人がいて、先輩がいなくなったものですから、ちゃんとした階段をふまずに突然そこへ上ってしまったわけです。

佐　じゃあ、基礎というか、技術的によく判らないうちに。

岡　そうそう。鈴木重吉が韓国の映画を撮ることになって(註4)、私の上にいたチーフが自分で売り込んじゃって、会社がそれを認めたものだから、さらに僕が上にいっちゃって。正規に3、2、

1とはいかないんですよ。

佐　いきなり1なんですか。

岡　いきなり1だったんです。

佐　じゃあ青島さんに怒られたとか。

岡　いや、そのへんになると青島さんは……。それまでは先輩に聞くと、助手がちょっとでも失敗すると大変だという噂を聞いてたんで。『山の呼び声』かな、当時、雨の日で撮影した人なんかいないのに、雨でも撮ったとかね。伝説的なことは聞いてたんですよ。

（突然、『あゝ故郷』撮影時のスナップ写真を見ながらその話になる）これが柄、悪いんですよ。（私は）下駄履いてるんですよ。今の木下（恵介）さんだったら首になるとこですよ。

佐　溝口さんはあんまりそういうことは言わないですか。

岡　ええ。とにかくロケ現場で顔を合わせて、それから一緒に会食したこともないしね、この頃は。何か部屋へ閉じこもってね。

佐　話とかは。

岡　やらなかったですね。高木孝一とか坂根田鶴子あたりとは交流があったとは思うんですが。我々の範囲にはこなかったです。

佐　じゃあ、ちょっと雲の上の人で。

岡　そうそうそう。当時新興へ来た小石栄一のように青島さんを頼って青島さんと現場で話しながらというような感じじゃない、何か、特殊なある種の雰囲気がある組だったですからね。（写真を見ながら）これが青島さんで、これが水谷浩。これは、当時手回しで、私の同期なんですけどね、強力に手回しのできる助手だけは連れていかないと、溝口組というのは長いから、普通の人は通用しないんですよ。だから同期なんですけどね、溝口組だから頼むよ、ってことで、連れてった。ですからね、この当時のチーフというのはピントをおくらなきゃいけないんですよ。だから今みたいにメーターで計る時代は戦後からですから。戦前はほんとに勘でやってましたから。だから大変でしたよ、これは長回しでね（『あゝ故郷』のこと）。

それで『青葉の夢』のあと、次は岡崎いらないよと、断られるんじゃないかと思ってたんですよ。他の助手にしてくれと、おそらく、くると思ってたんですよ。

佐　それは段階をふんでないから。

岡　ええ、そういうことに厳しかった人だって聞いてましたんでね。この次は大作をやると。村田組だと。『新月抄』にかかるって言ってるうちに、その間に亡くなったんじゃないですか、村田さん。

佐　『新月抄』で病気になり、鈴木重吉に代わるとありますね。それっきりだったわけですね。

岡　そうです。村田さんの葬儀がありまして、目白の教会だったなあ、クリスチャンだったんです。社葬だったんです。

佐　村田さんはクリスチャンだったんですか。そういえばそんな感じもしますね、ちょっと日本人ばなれした。

岡　そうそう。色々と事件のあった人で、例の志賀暁子との、今隠されてる裏があるんじゃないですか。あれ阿部ジャッキーさんが旦那だったんですが、村田さんだとか、色々とあるんですよ。当時活躍してた女優さんで。

佐　『霧笛』に出てますね。

岡　ええ、それから勝浦仙太郎の『傷だらけのお秋』（1935年11月）に出てんじゃないかな。三好十郎の原作で。(註5)

佐　『新月抄』が次ですね。

岡　これでね、駄目だと思ってたら、可愛がられて、一生懸命やったつもりなんです。他の既成の助手はいかに手を抜くかというのが先輩としての心得だったんですが、セットに来ないとか、午前中は下の病気で休みたいとか。

佐　すれた人が。

岡　そう、面白かったですね。古泉勝男さんていうキャメラマンは助手に絶対まかせない人で、この時には何にもできない助手がつくわけですよ。来なくてもいいやつ。それはね渋谷の小学校のそばでパン屋を経営してる助手さんでね、子供にパンを売ってから必ず現れる。なんか不思議な助手が通用してる。そのなかで年少でそのまま私がついたんです。と同時に青島組についてるということは、青島組はうるさいから行きたくないというんで、あまりあそこにはいいのがついてくれたという感じじゃなかったんですかね。

佐　押しつけちゃった、と。

岡　そうそう。あいつがやっててくれれば青島組に引っ張り出されずにすむわ、というのもあったんじゃないのかな。

佐　その頃は具体的にどういうことを。

岡　助手ですか。まずキャメラの整備をやる人が一人。組にはサイレントのキャメラを1台専属にくれるんですよ。でトーキーのは会社に数台しかないんですよ。ですからみんなが今みたいにそれぞれ個人的に最後まで使うというんじゃなくて、トーキーのは整備されてるのをみんなが持ち回りで使うんです。それでこの時に青島さんの『大尉の娘』というんでパルボの機械を使ったんです。それでアウトフォーカスつくったんで責任を感じて会社を辞めるとかという噂があったんです。私は聞いた話なんですが。どの程度ピントがボケてるかも判らないんです。何故それが印象的かというと、その後、そのパルボっていう機械を絶対使わないことになったんです。で会社に唯一ミッチェルというアメリカの有名な機械が入った。その頃に東宝はもう同じミッチェルでも音の出ないNCタイプという、これは実はロケーション用の同時録音もできる機械なんですけども、当時はアメリカにいた三村明さんが早くも新しくできたPCLにキャメラを3台入れたとか。その当時助手会というのがありましてね、各社の助手が月に一遍くらい新宿に集まってたんですが、僕も年期がたってから行きましたけどね、そこで東宝にはそういうキャメラがあるんだということで、それが珍しい時代だったんですね。その当時はピントをしっかり合わせないと間違いが起こる時代だったんです。そんなことで私がついてる時には青島さんはロケーションはベルハウエル、セットは唯一青島さんというと優先的に使えるミッチェル。それで私は青島さん専属でチーフなので、それ以外はやらなくていいことになっていた。俳優で青島さんが可愛がっていたのは菅井一郎とか浦辺粂子。

佐　それで『新月抄』ですが、『キネマ旬報』の批評に「始めに近く、田舎の林で雨の降る場面は、監督の手腕として最もすぐれたところである」とありますが。

岡　これは石神井公園で撮影したんです。

佐　雨が降る、というのが青島さんらしいと思ったんですが。

岡　これは割合早めに撮ったんだと思いますね。

佐　この雨は実際の雨じゃないですね。

岡　そう、やらせ。『都新聞』のUさんの批評に「撮影の綺麗なこと」とありますけどね。

佐　雨というと1923年の『霧の港』で雨の中の大格闘を撮ったということを思いだしたんですが、青島さんは雨は得意だったんですか。

岡　でもないでしょうけどね。当時みんないやがってる雨を大胆にとりいれる特殊な技能があったんじゃないですかね。『新月抄』は鈴木重さんですからね、非常に技巧的に。この人は絵に凝る人で。それで青島さんは村田さんが亡くなってガックリしちゃったんですよ。それでも遺作というか、一緒にやろうとしてた企画なんで割合に本腰入れて撮ったんじゃないですか。

佐　次が『牡丹くづるる時』というのですが。

岡　これは小石栄一という、京都から現れて逃げてくるんですよ。後で東映ですっかり大物になりましたけどね。当時、新興に曽根純三（千晴）という監督がいたんですよ。小石栄一のお師匠さんなんです。で小石栄一は傾向映画を撮っていて、とっても愉快な人でね、こんな面白い監督はないんです。現場でも無声映画で活弁もやるし、僕も「坊や、坊や」って可愛がってもらって。で、外から来たんで青島さんと組んだんですね。この間に青島さんが満映に行くという話もあって。

佐　ああ、ちょっと後になって。

岡　いい監督がいないということで、しかも松竹から技術陣が来たんです。それで会社に抵抗して辞めようとしたんじゃないですか。年代はちょっと判りませんが、そういうこともあったんです。

佐　『牡丹くづるる時』も岡崎さん助手で？

岡　ええ。桑畑にロケに行って。何かいいかげんな話でしたよ。この時も私はチーフでした。

佐　助手は3人つくんですか。

岡　そうですね、大物になると4人つきますけどね、溝口組みたいな。

佐　岡崎さん、この時16〜17ですよね。

岡　ええ、だからさらに若いのが（下に）つくんです。

佐　次が『合歓の並木』ですが、小石一栄とあるのは。

岡　京都から逃げて来て、名前を変えりゃ借金が無くなるんじゃないかと。そうしてまた元へ戻るんですよ。

佐　この人は傾向映画をつくってますけど、そういう思想を持っていたわけでは。

岡　何にもないですよ。当時流行ってるから、便乗して撮ってるんで。でもこのあとは東映でも相当の大監督になったんです。

佐　『合歓の並木』の批評に、「母親が娘と孫の二代に渉る想出の合歓の並木に於る子守のシーンは静かな移動とパーンで此物語の眼目たる重要シーンを的確に生かし得た」（『キネマ旬報』）とあるのですが。

岡　だから要所要所は青島さんらしいものがあったんですね。僕はここまで知りませんでしたけどね。

佐　次は『煙る故郷（ふるさと）』ですか。

岡　そうそう。これは青山三郎さんで、この人は高田稔プロとか、もう何でも屋さんです。器用な人でね、釣りが好きなんですよ。で青島さんも大変釣りが好きなんです。必ずロケーションに行く時には、釣り竿が三脚の横に結わえ付けてあるんです。『模範孝女の殺人』の時には大月のロケーションだったんですが、大月なんか一日で歩きゃ判るってんで、会社に内緒で伊東へ釣りに行ったりね。青島組と青山さんと組むと釣り竿とは離れないという。『母子船頭唄』(おやこ)というのがありますよね。大洗海岸へロケーションしてるんですけどね、そこは物凄く釣れるんですよ。それでねタイトルバックとかそういうものは全部、僕に任されてね。今日は釣りやるから、お前撮ってこい、てなもんでね。

佐　この辺になるとちょっと青島さんも。

岡　そうそう。青山さんとコンビになってくると、岡崎にやらせるということが段々出てきてたんですね。

佐　監督もいないし、キャメラマンもいないという。

岡　そうです。

佐　助監督と岡崎さんでやると。

岡　B班みたいな、実景とか。それでもよく任してくれたと思うんですけどね。

佐　次は『小国民』。

岡　渡辺はま子が出演した。これは津崎タカシというのが抜擢されてやるはずだったんですけど、青島さんになったんです。築地まゆみという松竹の可愛らしい子を呼んだりして、穂高までロケーション、山登りしてるんです。オムニバスで三話に分かれてるんじゃないですか。

佐　ええ三部作と書いてありますね。全部、(青島さんが) 撮ってるんですか。

岡　撮ってます。チーフの助監督が日テレの徳光[註6]の親爺です。徳光寿雄といって。新興が解体したら、日映の製作部長やって、それでテレビへ行ったんです。それで、この時、山へ行くってんで、しばらくぶりで青島さんの嫌いなパルボを使った覚えがあるんですよ。上高地の宿屋はまだランプでしたからね。でもね釣り竿だけは放さずにね、青島さんが梓川で岩魚を釣り上げたのを覚えてますよ。

佐　それを料理したりするんですか。

岡　しないですね。とにかく釣るのが楽しみで。

佐　これも青島さんのキャメラが誉められてますね。

岡　渡辺はま子がまだ横浜の。

佐　ああ先生を。

岡　ええ何かやってる頃で、主題歌「庭の千草」を歌ってね。

佐　それで最初は『庭の千草』という題名になってるんですね。

岡　変わってる。『庭の千草』という題名と三つあるんですよ。

佐　何かね、そのへんよく判らないんですね。もう少し調べてみます。（註7）次はいよいよ溝口さんの『露営の歌』ですが、これは岡崎さんはついてるんですか。

岡　ついてます。

佐　これは評判の悪かった映画なんですが。

岡　これは否応なく、急遽ね。他の映画やるはずだったんですが。

佐　『薔薇合戦』と『拐帯者』ですね。

岡　で穴が開いちゃうんで急遽撮ったんじゃないですか。この前に『愛怨峡』をやってんじゃないですか。

佐　『薔薇合戦』と『拐帯者』が駄目になる前ですね。

岡　『愛怨峡』は三木さんとコンビで撮ってるんです。青島さんは他の仕事してたんじゃないですか。

佐　で『露営の歌』ですが、これはカットが凄く長かったということですが。

岡　ええもう大変ですよ。溝口さんてのは『祇園の姉妹』それから『残菊』、あのあたりからああいうワンシーンワンカットでやるというね、演出方法、スタイルが変わってきたんじゃないですか。それが評判が非常によくて、それと同時に美術とか、ああいうスタイルが完璧に。周辺からも盛り上げられる。そこに三木さんてのが、当時あんまりワイドという不自然なレンズを使って……。

佐　あの『愛怨峡』なんかも長いし、山路ふみ子の顔なんかほとんど見えないですよね。あれは三木稔さんですが、そのスタイルは青島さんも。

岡　いや、ここでもそういうショットになって割れないということはありましたが。

佐　スタイルは違う？

岡　ええスタイルは青島さんなりの。溝口さんも青島さんと呼んで、一目おいてるような感じがしました。

佐　話はあまりしないんですか。

岡　青島さんと溝口さんはやってますけどね、我々とはあんまり。

佐　三木稔さんのキャメラはほとんど顔が見えないくらい暗いんですが、青島さんはどういう。

岡　当時のライティングからすると、あれだけ引かれると無理もあるし、その暗さが溝口さんの演出にマッチングしているということもあるんじゃないですか。青島さんはどっちかというと、画の調子よりも話を撮れというね。いいキャメラマンというのは黒紋付着て、クローズアップでも嫌な顔をしないで撮るのがいいキャメラマンだというのが、私が教えられたことなんです。僕ら、よその映画見てきて、三浦光雄さんの流麗な画調で、綺麗綺麗で。「ああそうかい、あんなのがいいの」なんて。なんでそんなことを言うのかな、と思っていたんですが。

佐　例えば溝口の『血と霊』などを青島さんが撮ってるんで、映像的に凝ってたんじゃないかという気もしてたんですが。

岡　それは当然やらざるをえないし、それ以上のものというのはその後に積み重なってるもんですからね。

佐　そういう過程を経て、たどりついたのが物語を撮れという。

岡　そうそう。ですから村田さんともそういう話になってきてる矢先に村田さんが亡くなられてね、それで次の監督とはそこまでの接点がなくなったという。

佐　『霧笛』ぐらいしか、村田さんのものは残ってないですが。

岡　あれは『モロッコ』を見て参考にしたと書いてあるのを見たことがありますけどね。よく似てるところはありますよね。

佐　あれは青島さんの物語を撮れという路線で。

岡　なってきたんじゃないですか。なってきたと思います。

佐　そのへんの考えの変化というか。

岡　ありますよね。変化と、これからやろうというところで挫折というか。村田さんが亡くなったことによっての。その当時は私もそこまで感じ取れるようにはなってなくて、何しろお師匠さんの仕事にミステークが絶対にないようにしようということでついてましたからね。

佐　今、覚えてられるということは強烈な印象があったということですね、その言葉が。

岡　そう。今はね。

佐　岡崎さん、そのへんは今よく判るわけですね。最初は映像に凝るけれども、そういうものではないという。

岡　そうそう。ですから黒紋付、黒バックというのが未だに頭に残ってます。(註8)その後、僕は世界の巨匠にしごかれた、スタンバーグの、それで更に。その時に、キャメラマンの立場で表現しなきゃいけない時に、ふっと思い出すという。で、この頃に溝口組で、ピントを合わせると（他が）ボケるという、そういうレンズしかないんで、大変です。芝居を見極めなきゃいけませんしね。あの人はああしろとか、こうしろとか、市川崑さんみたいに言うわけじゃないし。そんなことはできないわけがないとか、あんた役者でしょ、とか。デンと座ったままで、大きな黒板があって、坂根田鶴子が全部、台詞を書いて。

佐　当時からあったんですね。

岡　ええ。自分で準備ができてないんですかね、いきなりセットへ来てね、水谷浩がつくったのをトントンと叩いて、「これは水谷君、百年も経ってませんね」と。「百年の堅さじゃないですね」。それから大変ですよ。大道具へ行って、入れてね。なるほどね、昔の旧家というのはツルツルして、コンクリートみたいになってますよね。

佐　そういう理不尽みたいなことを言われて。

岡　ええ理不尽もいいとこですよ。屋根まで、山形の屋根に、僕ら青島さんと一緒に紐で持ち上げて、青島さんもじっと、早くやれとか言わないですよ。青島さんに、どうでしょうか、って言ったら、青島さん、今日は駄目だな、あの屋根の影がこっち来すぎたから、止めよう、って。溝口さんのあれで止めちゃうんですよ。何てひどいことだと、思って。だからあのスナップでも、普通の移動車じゃ足りないんですよ。工事用のトロッコにキャメラつけて。ところがその工事用のガタガタ揺れるということに対して青島さんは文句言わないんです。平気でやるんですけどね。名人なんです。

佐　画面、揺れないんですか。

岡　ええ、キャメラの方を揺らしてるというか、揺れに合わせて。だから撮影しながら、ズーッと行って、ちょっと行き過ぎて、もっといいコースがあるなというと、横にあったライトを片手に持って横に揺れて撮ったりね。

佐　溝口さんはカメラ覗かないと言われてますが。

岡　そう。

佐　青島さんに任せているという。そういう態度は変わってないんですね。

岡　おそらく三木さんとは違った、比較してみないと判りませんけどね、青島さんがここでアップがいるんじゃないかと言って撮ってたんじゃないかと思いますけどね。だからその頃に僕がもう少し、溝口さんてのはどうなんですか、とか。そんなことを質問できる立場じゃないんですよね。

佐　全然、話はしてないんですか。

岡　そんなことはないです。映画に一緒に連れてってくれたりね。例えば『巨人伝』（伊丹万作監督、１９３８年作品）という安本淳さんてのが撮ってるんですけどね、そういうのを一緒に連れてってくれたり。でもねこっちもまだ助手ですからね、色んな映画見ながら、ここはどうですとかは。

佐　じゃあ映画見た後に、特に話をするとかはなかったんですか。

岡　ちょっと、岡崎君、あれは暗いな、ってなことは言いました。なるほど『巨人伝』ってのは暗いんです。

佐　あれは『レ・ミゼラブル』。

岡　そうそう。安本さんてのは大河内さんに気に入られて、東宝へ行くんですけどね。当時キャメラマンてのは監督や役者に御贔屓がいてね。それで移動するということもあったんです。

佐　『露営の歌』は御覧になってますか。

岡　完成ですか。勿論見てます。飯能っていう武蔵野電車で、その裏へ行ってね、部屋の中から菅井一郎が廊下へ出て来て、キャメラが少し左へふれると、五百メートルぐらい向こうの田んぼの道を出征兵士が戦っててズーッと行くなんてのは、アーッ、溝口組だなって感じでしたね。それよりいかにこれを回し切るかという。えらいカットになったなという方が。

佐　当時から奥行きを。

岡　ええ。それで戦争シーンやったんですが、セットでね。あの人、必ずあぐらかいてるんですよ。今でも覚えてるけども、コールテンのズボンをはいて、それも安いコールテンじゃなくて絹のコールテンなんですね。キュッ、キュッ、キュッ、音がするんですよ。それでキャメラがズーッと行って、回想シーンに入る前にキャメラの前でバーンと爆発するシーンがあったんです。当時は紐で引っ張ってね。それがちょっと遅れてね、キャメラが行った移動車の下あたりでドカーンといったんですよ。薬が溝口さんの真上にいやっていうほどかかったんです。そんなふうな。とにかく作品の評判はよくないです。

佐　そうですね、これはね。次が例の『あゝ故郷』なんですが。

岡　これはね、良かったんじゃないですか。

佐　これは当時の批評で色々あるんですが、いいのも多いんです。

岡　そうでしょ。『キネ旬』でも何位かに入ってるんじゃないですか。

佐　そうですね、九位くらいに入ってるんで。これは山形でロケですよね。

岡　そうそう。古い家とか、市庁とか残ってるんで。市役所は独特のものでしたよね。一番最初のシーンが清光園という箱根の湯本にある松竹の定宿で、我々もよく行くんですが、その風呂場から始まったような記憶が残ってます。

佐　坂根田鶴子さんについて大西悦子さんが書いた本（『溝口健二を愛した女』三一書房、1993年）があるんですが。

岡　ああ読みました。

佐　それに坂根さんの日記が全部載ってるんですよ。ここのところに（85ページ）清光園とありますね。

岡　大浴場、これがね、ちょっとツーステップばかり露出が不足だったんですよね。私がミスして、冷や汗もんだったですよ。後で救ってもらったからよかったけど。

佐　修正したんですか。

岡　そうそう。長いこと入ってるから。

佐　これは設定では山形の風呂場ということですか、旧家のね。

岡　そうです。

佐　でもなんでわざわざ箱根なんですかね。

岡　ここは始終貸してくれるし。ここは駅前シリーズの定宿です。新興は松竹系ですからね。清光園のせがれかなんかが、東京にいたんじゃないですか。未だに何かあれば利用してるんじゃないですか。

佐　じゃ大西さんが「溝口の気に入るようなホテルがなかったため、わざわざ箱根ロケになったと思われる」（85ページ）と書いていますが。

岡　いやそうじゃなくて、風呂場はライトも持ってけるし、ここでやっちゃおうという。

佐　馴染みの所だったということで。

岡　そうです。

佐　で山形ロケで。

岡　で行ってってね、夜の駅のお蕎麦を食うシーンがあったんですよ。それを加藤さんが真面目でね、ちょっと口つけて、後は箸の上げ下げだけすればいいのに。

佐　食べたんですか。当然何回も。

岡　まあ何回どころじゃないですからね！

佐　何十回と。

岡　ええ、できないわけないですよ。気の毒になっちゃって、最後はね助監督の高木孝一かな、食べるふりだけしてください、って。

佐　加藤さんは新劇の。

岡　そう、加藤道子のお父さん。それでね、ロケーション行ってね、キャメラ据えるでしょ。当時、物売りというのは独特の地方のモンペはいて。そうするとすぐね、高木孝一に、あっ、いい雰囲気だ、あれ呼びなさい、って。それでちょっと、一時間ばかり、お金あげるから、って。他に行かれちゃ困るから品物買って。

佐　それを撮るわけですか、バックか何かで。

岡　そうそう。怒る声が僕に聞こえてくるんですよ。素人ですから、うまくいかないでしょ。高木君！　あれは君、美的観念が無い！　美的観念、あるわけがない。そんなの覚えてるなあ。

佐　いきなり、そういうことするんですか。あれがいいって。

岡　瞬間にね。内容を説明するとか、こうだからああしよう、って人じゃないんですよ。自分は出来上がってるんですけどね。こうしたらこうなるということは。

佐　溝口さんの映画はバックの人間がいいですよね。

岡　いいです！　それはね、スキのない。ワンシーン、ワンカットで相米なんてのがやるけどね、長いだけでね、内容が無駄なく、主役を生かす背景じゃないんですよ。

佐　聞いた話なんですが、素人さんは別でしょうけども、大部屋俳優のバックを通る人は、お前はどういうつもりで歩いてるのか、を考えさせるという、背景から。今何でそこにいるのかと。

岡　昔の監督はみんなそうですよ。

佐　膨らみが出てくるという。

岡　そうですね。だからね、私がやった中で一番古い監督は二川文太郎さんなんですが。

佐　二川さんとやってられるんですか！

岡　やってるんですよ！　滝沢英輔さんのお兄さんで、並木鏡太郎が愛弟子なんです。宝塚映画で『復讐浄瑠璃坂』という前後篇で撮ることになったんです。それで並木さんが二川さんを引っ張り出してきたんです。で、先生に前篇を撮らせたんです。で前篇で組んだのが僕なんです。今おっしゃったように二川さんも同じで。だけど溝口さんの場合は、例えば大部屋の役者とかなにか、後ろでウロウロしているのも、役者としての心得で動きますけどね、二川さんの場合は同志社とか関西学院の生徒が来てるでしょ。それを集めてね、これからやる背景に対しての出演の心得をやってるうちに夕方になっちゃう。忠臣蔵の討ち入りの原点なんですね、浄瑠璃坂というのは。あれを全部参考にして大石内蔵助は討ち入りをしたというのですよ。だから入っていっても火の元を。たとえ乱入してもまず蠟燭をパンパンと消して。今みたいないい加減な時代じゃないんですね。話は相当いい加減に撮らなきゃいけない時代なんですけども、やっぱり二川さんにしても。南悠子[註9]がいてね、その後ろに松があったんですよ。それが彼女の心象風景をあらわしているんだ、と僕は聞かされてね、構図取ってる。そのうちにねテスト、テストで長くなって、もうちょっと向こうへ動いてくれれば光がうまく当たるようになったんですよ。照明の下村がもうちょっと俳優さん、て言ったら、何で君、動かすんだ、と。老松と彼女とはちゃんと構図の中でつながってるんだから、と。そういう監督。画面の中の、枠の中の［聴取不能］というのはみんな当たり前に演出の範囲にはいってましたね。今みたいにキャメラマンの方から、こいつ歩いて邪魔してんじゃない、なんてことは。大体、助監督が駄目なんです。キャメラから見てね、主役がどの程度、背景の中で邪魔しないで助けるかということを見ないで、何でもかんでも後ろいってね[註10]。

佐　で『あゝ故郷』ですけど、演出上で一番注目されたのは、東北弁を使ったということなんですが、東北弁なんてのは当時使わないですよね。

岡　使わないです。関西の京都弁は別にして、そういうところでも標準語を使うのが普通で、東北の特に重い言葉は避けたんじゃないですか。

佐　青島さんのカメラについてはかなり評価されていて、落ちついた美しさとか、言われてますよね。

岡　だから三木さんとは違うね。あの三本か四本、三木さんと組んだ集大成は別な意味の内容表現ではないかと思いますね。

佐　そのへんが実際に見て。

岡　そう、どこが違うかね。

佐　（フィルムがないのが）残念ですよね。

岡　残念です。もうちょっと僕も早くお師匠さんについて語り部をするべきだったんですよね。その当時ずーっとやってたスチルマンに話を聞こうとしたらボケちゃってね。橋本さんてのがいたんですよ。これが『山の呼び声』とか『灰燼』についてるんですよ。それで撮影なんかできないと思えるのを（青島が）撮ったとかね、移動撮影の比叡山のケーブルカー使ったとかね、そういうことを当時やってのけたというようなね。

佐　青島さんの撮影はその構図に見るべきもの多く、トーンもまた正調であった、とあるんですが、「正調」というのはどういう。

岡　三木さんの暗さに対する正調ということでしょう。そのへんは僕は溝口さんと横田達之さんの長いコンビというのは、横田さんというのはケレンが無いキャメラマンでしたからね。あの人の代表作は『人生劇場』（１９３６年）なんてのを撮ってますけどね。

佐　内田吐夢の。

岡　そうです。

佐　溝口さんの１９２５年の『ふるさとの歌』とか、トーキーの『ふるさと』が横田さんですが、ああいうのが正調という。

岡　そうそう。だから『あゝ故郷』は青島さんと組んで、三木さんみたいな調子ではやらないんじゃないですかね。おそらく青島さんの方からここはこう割ってアップいれたいとか、アイディアが出てたのかも知れませんね。当然そういう発言をしても、溝口さんは納得するキャメラマンだったと思いますから。そこまで私も介入せず、夢中になってましたけど。正調と言われるのは、ああいう作品で完成度が高かったからいいんですが、実際は暗いですよね。あの『愛怨峡』にしてもね。

佐　『愛怨峡』は三木稔ですね。暗いですね。ああいう感じじゃないわけですね。

岡　ないです。

佐　割とクリアというか。

岡　ええ。

佐　見えるものは見えるという。

岡　そうです。あのくらい信用されていれば、おそらくそういう調子がついたんじゃないですかね。

★

岡　青島さんに二人、娘がいたんですよ。東長崎というとこに住んでたんです、武蔵野電車、今の西武。それで僕がそれから三百メートル離れたところに住んだんですよ。

佐　戦後ですか。

岡　戦前。で十三年通り、ってのがあるんですよ。当時珍しい大きな、広い通りだったんですが、その付近に私が住みましてね。青島さんが近所に住んでたから、ってわけではないんですが。で、線路のすぐそばに青島さんが住んでられて、凄くマージャンが好きなんです。僕はマージャンやりませんけど、青島さんはロケーション行って、ガチャガチャというあの牌の音を未だに覚えてますけど。釣りとマージャンと大好きでね。娘さんが二人いて、これは私事なんですが、すぐ上に兄がいて、当時の日本ツーリスト・ビューロー、今のJTBですね、そこに勤めてたんです。それで今日、聞いたら、昭和二十年だと言ってたな、青島さんの娘をどこかに勤めさせたいということで、勤めさせたのが、長女だと思うんですが、ビューロー、交通公社に勤めさせたんです。紹介したんですよ。そこに勤めてるうちに、同じく兄貴のところの佐々部という人が青島さんの長女と社内結婚するんですよ。佐々部もうちの兄はよく知ってたんです。当時は会社の中で結婚するってことはタブーだったらしいんですよ。それでね、佐々部さんてのは復員兵で拓大出身なんですよ。晩年、小学館に勤めて重役になるんですよ。このルートから青島さんの娘さんをたどれるんじゃないでしょうか。

（註1）岡崎は東京赤坂の生まれ。

（註2）このへんのことは『ひまわりとキャメラ』には次のように書かれている。

入社後、しばらくして私は行山さんから青島さんの助手になりました。／というのは、当時の撮影助手では年を取っているけどやる気がなく、なかなかキャメラマンに昇格できない人達が幾人かいたんです。そういう人達は温泉場のロヶなんかには勇んで行くけど気が向かないと会社にも満足に出勤しないというようなある種の馴れ合い的ムードがあったんです。ある先輩は渋谷でパン屋をやっていて、撮影所へ来る前にパンを焼いて小学生に配ってから出勤するのが日課になっていました。また、遊びすぎて悪い病気なんぞ移されてキャメラを担ごうにも下半身に力が入らない……なんて人もいました。／そういう先輩はキャメラマンより年上だったりして、なかなか難しい関係でもあったのです。／会社の技師会も見るに見兼ねて助手のメンバーチェンジを断行することになりました。／ですから私の意志とは関係なく青島さんの助手に配属されたんです。（31～32ページ）

（註3）高野由美は田中春男の相手役。

（註4）鈴木重吉は『新月抄』を監督した後、1936年末には朝鮮聖峰映画と新興大泉の合作映画（李圭煥（イギュファン）と共同監督）製作のため朝鮮でロケ中と『キネマ旬報』1936年12月1日号「本邦撮影所通信」に記されている。この映画『旅路』は1937年5月に封切られた。

（註5）志賀は『傷だらけのお秋』には出ていない。堕胎事件で予定されていた主役をおろされた。

（註6）インタビュー当時、日本テレビのアナウンサーだった徳光和夫。

（註7）『新興キネマ』（フィルムアート社、1993年）の「新興キネマ全作品記録」に次のようにある。

陸軍の演習地での兵士たちの民家宿泊についての少年たちの反応をスケッチした佳作短編。最初は《夜の調べ》《戦友》《庭の千草》からなる渡辺はま子主演の音楽映画として企画されたようで、《庭の千草》篇は、（略）スタッフ、キャストが《キネマ旬報》の624号に紹介されている。が、結局は、《戦友》篇だけが『小国民』として公開されたようである。

岡崎氏の談から類推すると、三篇とも撮影したが、公開されたのは《戦友》篇だけだったということなのだろう。

（註8）このへんのことについて岡崎は、佐藤忠男の「青島順一郎という人はカメラマンとしてはどういう特色のある方だったのですか?」という問いにこう答えている。

話の撮れるカメラマンです。（略）当時、美しい画調で有名なカメラマンがいました。たとえば三浦光雄さん。五所平之助さんとの作品など、構図本位で、物干台に洗濯ものがひるがえっているにしても、青い空に雲が浮いているというふうに、いかにもフォトジェニックに撮ったものです。青島さんは枝正義郎カメラマンの弟子で、十八歳ぐらいでカメラマンになって、四十八歳で亡くなっておられるのです。先輩たちに聞くと、下手な仕事をしたら断わられるぞと言われたものですが……私がついていた頃には、よく仕事をまかせてくれましたし、あまりうるさいことはおっしゃらなかった。こういう映画を見てきました、ああいう映画を見てきましたと言うと、「どうだった?」と聞かれるわけです。そこで、三浦さんの映画なんかすごく雲がきれいでよかった、というふうに答えますと、「ああ、そう。でもね、話が撮れなければダメなんだよ、君」と言うわけです。「話が撮れる」っていうことの意味がわからないわけです。するとまた、「たとえば君、黒紋付を着て黒バックの前でも撮れるカメラマンにならなければダメだよ」とおっしゃる。当時、夜の場面を昼間に撮る疑似夜景をよくやりましたが、疑似夜景だからその効果を助けるために衣裳を選ぶとか、写真のための技巧がいろいろありました。そういう技巧を言うんですね。青島さんのばあいは雨が降っても回して、それがなんとも言えないいい調子だったと言われていました。村田実監督の『山の呼び声』がそうでした。画調よりも内容によって画をつくりあげるというやき方です。しかし私が助手の頃は、それより、美しい調子の画面ということに気をとられていたわけです。そんなとき青島さんは、「話が撮れるカメラマンにならなければ長続きしないよ」と言ってくれたんです。今でもなかなかそうはなれませんけれど。

（「新興のカメラマンは現像・編集までやった＝岡崎宏三」『新興キネマ』フィルムアート社、1993年、91ページ）

（註9）1921年生まれ。1941年に宝塚歌劇団に入団して活躍し、1954年には映画にもデビュー。『復讐浄瑠璃坂』にも出演している（『日本映画俳優全集・女優編』）

（註10）『日本映画監督全集』（キネマ旬報社、1976年）によると、二川文太郎（1899〜1966）は1939年に松竹下加茂で『虹晴れ街道』を監督してから、一線を退いていたが、1955年に宝塚映画で並木鏡太郎と共同監督で『復讐浄瑠璃坂』（一・二部）を監督している。これが最後の監督作品である。

岡崎宏三インタビュー（1999年12月17日）

佐　青島さんとは私的なつきあいというのはそれほど。

岡　そうなんです。

佐　無口な？

岡　まあ無口な方ですね。

佐　じゃあ、あんまり自分の手柄話をするというような人ではない。

岡　そうですね。そういう人じゃなかったですね。

佐　実直な感じなんですか。

岡　うーん、そうですね、何となくつきあいにくいというか。

佐　ああなるほどね。年も離れてますしね。

岡　そうそう。でもね、照明と喧嘩して、僕が若気の至りでいい調子になって青島さんから任されていると要求したら、照明がはねたことがあるんですよ。そんなことはできないと言って。それをちゃんとかばってくれたりね。[註1] それから伊奈精一という頼まれてチーフでいった、中井朝一さんという、黒沢組のずーっと専属でやってる人がいるんですよ。その人が私を抜擢してくれたんですよね。だから青山三郎がやってるのが初めてというんじゃないんですよ。その前の『模範孝女の殺人』というのは私がほとんどやったんです。会社が、技師会が色々とクレームつけて。

佐　共同ってなってますよね。

岡　だからその当時の宣伝には撮影補導となってますよ。当時、一本立ちになって必ずお師匠さんが補導してくれるわけですね。そういうタイトルがあったんです。

佐　実際は？

岡　会社としては撮影としては認めないということで。でも現場は青島さん、やってないですから。いることはいましたけど。ですからそれが第一回目みたいなもので。正式に会社から免状をもらったのは伊奈精一さんの『愛の記念日』だったんです。(註2)

佐　他にも共同になってるのがありますが。

岡　これはB班で、『病院船』はキャメラ3台持って上海へ行って。

佐　これは青島さんも撮ってるんですか。

岡　もちろん。これは全部タイトルをお師匠さんが入れてくれてるわけですよ。『北極光』もそうですしね。この間、『狼火は上海に揚る』っていう、『映画評論』の広告に撮影主任という名前で青島順一郎が出てまして、その他に中国の人が一人、高橋武則というこれも直系の弟子と私がやはり撮影として出てるのをコピーで貰ったんですけどね。

佐　ところで戦後の方になると。

岡　合併して『英国崩るゝの日』と『狼火は上海に揚る』を手伝って、誰もやらない監督の仕事が僕のとこにきたりするんです。『重慶から来た男』(註3)という、この監督とは一切みなやらないというような仕事がきたりしたもんですね。で、青島さんに相談して、ここにいたってあれだから、辞めました。青島さんがかつてやってたという渡辺孝さんという、晩年はトンカツ屋のおやじさんをやってましたが、渡辺邦男さんの親戚で、その人の紹介をもらって理研映画と

いうところへ行ってしまうんですよ。それで戦後になるまでそこで軍の教材映画を撮ってたんです。[註4]

★

佐　（青島のフィルモグラフィーに戻って）次は１９３８年の『声なき万歳』という。これは岡崎さん、助手ですよね。覚えてられます、これ。

岡　これはね、青山三郎さんという釣りの監督で、なんでもこなすという。本名は違います。青山三郎はいわゆるペンネームで。[註5]青山さんとは割合親しいというか。

佐　青島さんが？

岡　ええ、釣り仲間でもあったということでね。だから青山・青島の作品は割合多いんじゃないですか。これは大作というんじゃなくて。

佐　評判悪いですね。

岡　浪曲映画で。

佐　芝居が長いとか。

岡　そうそう。

佐　あんまりカットしない。

岡　そうですね。ですからこういうのは私などがやらせてもらえるんですよ。

佐　これ、実際に回して？

岡　私がですか？　いえ、まだ回してません。この写真はあまり覚えてないですね。

佐　これは青島さんがもうやる気を失っている？

岡　流れ作業で。だから非常に無難というか、特別なあれはしませんよね。

佐　次が『母子船頭唄（おやこせんどううた）』というんですが。

岡　これはね歌謡映画です。これはタイトルバックを任されて、千フィートか二千フィート回したんで怒られちゃった。大洗で二人（青山と青島）が釣りをやってる間にタイトルバック撮ってこいというんで、喜んで尺数なんて関係なく、うんと撮って怒られたことがある。

佐　青島さんが撮れと？

岡　そうです。これは浪花節か、歌謡映画ですよ。

佐　当時のはやり歌の？

岡　そうです。評判良くないでしょ。

佐　良くないですね。あまり工夫するとかなかったわけですね。

岡　そうですね。

佐　次が『鉄窓の応召兵』という。

岡　ええ、これはね、犯罪者が刑務所に入っているのに出征するという。私は助手で、毎朝、仕上がってきたネガを青島さんがチェックするんですよね。ネガの濃度といいますかね、撮影所の裏の編集の部屋へ二人で行って、ネガをほどいてロールへしまって、ドアを開けた瞬間にドアの反動で青島さんが左手をケガしたんです。それで急遽、製作部が飛んできましてね、撮影中止しようかと言ったんですよ。大泉学園ですからね、石神井公園に古泉(こいずみ)勝男さんていうキャメラマンがいるんです。仲の良かった先輩なんですが、何かあるとすぐ助けに来てくれるわけですよ。で、製作部は古泉さん呼ぼうかということになったんです。そしたら青島さんがね、いやいやもうロケーション今日あるから。確かね五本煙突のあるどこか下町の。

佐　北千住ですね。

岡　ああ、そうですか。あの辺のロケーションだったんですね。それでね、このまま いくぞ、ってわけですよ。大丈夫ですか、って言ったら、いや大丈夫だということで。繃帯つけて。それでね現場へ行ったら、主役が家から出て来て、多少のキャメラのパンニングがあるところなんですよ。お前やれ、ってわけですよ。

佐　青島さんが？

岡　ええ。それまで我々助手は人の映画見ちゃあ、どうとかこうとか言ってたのが、私にやれと。だから、いらないと言った時にそう考えてたんですよね。

佐　それは岡崎さんが初めて？

岡　その日、一日だけですけどね。

佐　いきなり。

岡　そう、いきなり。一日キャメラを操作して、それからしっかり勉強したという、きっかけになる。あがってしまってファインダーがよく見えなかった記憶がありますよ。ちゃんと映ってましたけどね。

佐　何か青島さんが言ってられたことは。

岡　いや別にそういうことはないです。

佐　じゃあ、思い出の映画ということですね。

岡　そうですね。

佐　次が『嵐に立つ女』ですが。

岡　これはね面白い話が残ってましてね、湯沢に着いて、新雪が降ったんですね。その日、若い私達助手がスキーはいて遊んだんですよ。翌日のロケーションでみんなが歩いて行くのに、僕だけスキーで行ったのが失敗のもとなんですよ。青島さんが深刻な顔して現場にいたわけですよ。ちょっと、って呼ばれてね、他の助手がマガジンをチェックした時に開けたような気がするから、調べてくれというわけですよ。おどしたら開けましたってわけです。あやしげなスクリーンプロセスで実景を撮ったやつが二百フィートくらいあったんですね。それがうまくいってるかどうかということで、彼は開けて見ちゃったんですよね。それは今日はフィルムがこれだけ残ってるからどうだということを私が指図をしなければいけない立場なのに、そういうことになったわけですね。

佐　駄目になっちゃったんですか。

岡　それで駄目になっちゃって、その当時はフィルムの二百フィートも回しますと、与えられた尺数とかうるさいですから、いかにこれをごまかすかということで、監督には内緒で、後から撮り直した。

佐　次が『血の歓喜（かんき）』。

岡　「よろこび」。

佐　あっ。これは岡崎さんが助手で。

岡　ええ、これは従軍看護婦の。平井岐代子さんを抜擢したんじゃないですか。

佐　この人は後で溝口さんの映画に出てますね。

岡　出てますよ。美術の下河原友雄さんの奥さんです、後になってね。[註6]これは千鳥ヶ淵へ行って、野戦病院になるようなところにロケーションしたような気がしますけど。

佐　次が『海棠の歌』。

岡　深田修造さんて監督が新興キネマに移籍したんです。初めてで、青島さんと。これも大した映画じゃないでしょ。

佐　これは『ひまわりとキャメラ』にありますが、[註7]岡崎さんがキャメラオペレーターを。

岡　ええ、あまり深田さんと合わなかったんじゃないですか（青島が）。青島さんがポジションつけて。このあたりからやらせてもらえたんですよ、オペレーターを。正式にやれということじゃなくて、やってもいいよということで。それに対して深田さんも大先輩の青島さんですから、それはまずいとか言わなかったですね。私はこれでずいぶん勉強になったんですよ。

佐　全部ですか。

岡　ほとんど、でしたね。で、この次に一本立ちになるんです。

佐　『模範孝女の殺人』ですね。

岡　これは私の考えですけども、青島さんはこれで一遍キャメラ操作や何かをやらしてみて、次はこいつを一本にしてやろうという何があったんではないかと。ということはこれで正式に一本立ちになって、会社の宣伝部からプレスシートで私がやるという発表があるんです。ところがこれがまた問題で、技師会とか助手会とかにかけなければいけなかったんですね。まだ早いとか、そういうことがあるんですね。でもこれに関しては、監督も青山三郎さんですし、ほとんど私が回したという。タイトルは青島さんになってますけども、これは私の作品といっていいくらいにやらせてもらえた。

佐　青島さんは現場にはいたんですか。

岡　いますよ。

佐　この時はもう前のように段取りはつけないで。

岡　ええ、もう、おまかせ。青山さんも信用してくれましたからね。

佐　じゃあ、岡崎さんの作品と言ってもいいくらい。

岡　いいんじゃないですかね。

佐　青島さんはほとんど何もしない。

岡　ええ。

佐　当時の色んな事情でタイトルは青島さんになってるけども。

岡　そうです。というのはこの時、新人が一本になる時には、それまでのキャメラマンが撮影補導という名前で撮るのがしきたりなんです。

佐　でもならなかったんですね。全然（タイトルに）出なかったんですか。

岡　出ません。当時は撮影助手まで出てなかったでしょ。

佐　ええ、出てませんね。青島さん、この頃は段々やる気をなくしてたという。

岡　そうですね。脚本読んで。でもこの作品は受けたんですよ。今でも覚えてるんですが、琵琶が入ったんです。で、佐々木清野(註8)という継母の役、大女優なんですよ。

佐　カムバックって書いてありますね。

岡　栗島すみ子と同列くらいの女優さんだったんです。当時所長さんが六車修さんで、彼が連れてきたんです。でこの陶山密(すやま)さんは新興キネマの座付きの脚本家で……。学校の先生が教えていて、あとで検事か弁護士になって教え子を助けるという。大当たりしたんです。

佐　当時の批評を見ると新興キネマはメロドラマでどぎつい、と。

岡　ええ、メロドラマと浪花節と化け猫と……。芸術性のある作品を撮るってのは……。あとメロドラマの大家というのが曽根純三という。

佐　結構受けたりしてたんですか。

岡　お客はね、新興キネマならこれだという、決められた番線のなかで満足感を。松竹とか日活・東宝とは一線画してもっぱら浪花節映画とか母物とか、そういう路線ですよね。だから時々、あとから青島さんが撮った『母代』だとか。これは特殊な作品だということで。新興でもまあ色々なことをやれたのが若き日の田中重雄さん。メロドラマは曽根純三さん、伊奈精一さん。そういう専門家がみな分かれてね。今日何か事件があって、今日シナリオ書いて、明日撮影となると青山三郎さん。

佐　際物ですか。

岡　そう、台本がなくて、原稿用紙2ページくらい書いてあって。

佐　どうですかね、当時評判悪くても今見ると面白いというのもありますけどね。

岡　ありますよ、きっと。私の撮った『真人間』(註9)なんてのはフリッツ・ラングの焼き直しらしいですよ。

佐　判らないんですよね、当時メチャクチャに叩かれていても、たまたま今フィルムが残っていて、見ると面白いというのもあって。

岡　そうなんですよ。

佐　だからそれをそのまま鵜呑みにしてはいけない。

岡　そうだと思います。意外に最近、私もね。雷蔵の写真なんかは『御法度』（大島渚監督、1999年作品）なんかより格調が高いですよ。ラストの河原のシーンなんか、珍しがってますけど、あんなのは大映京都や松竹下加茂でいつもやる手なんですよ。

佐　大映京都は光と影の独特の。ただそれがしょっちゅう作られてるから、もう飽きたということになるんですよね。

岡　そうそう。

佐　だから当時飽きるほど見ていたのが、ポンと出てきて見たら面白いかも知れないですよね。まあ無いから何とも言えないですけどね。で、次が『暴風（ぼうふう）の姉妹（しまい）』。

岡　これは「あらしのきょうだい」。

佐　あっ、「あらしのきょうだい」と読むんですか。

岡　これ高木さんはね、溝口さんの助手でついてましたからね。奥さんは草島さんで。高木さんは非常に真面目な。

佐　岡崎さん、助手についてますか。

岡　ついてますね、これは。

佐　これは青島さん撮ってますか。

岡　これはやってます。新人高木孝一ですし。青山三郎と組んだりすれば私んところへくるわけですが。

佐　次が『父は九段の桜花』というので。

岡　これはもう唄の通りで。

佐　際物ですね。

岡　ええ。浪花節映画。

佐　鈴木照子という子供が浪花節。

岡　ええ、「丈」がつくんですよ。

佐　有名だったんですか、当時。

岡　うーん、その当時は虎造が新興の映画に出てますからね。ですからこの当時ね、子供でもって浪花節唸るというんで「鈴木照子丈」というんで。

佐　画面に出てくるわけじゃないですよね。

岡　出てきません。カラオケ映画みたいなもんですよ。背景は私が任されてね、助監督と一緒に何フィート撮ってこいと。

佐　風景描写みたいなもんですか。

岡　そうですね、役者の出ない。九段があって鳥居から桜にパンするというような。

佐　で背後に浪花節が流れるという。なんか面白いですね。

岡　面白いですよ。石田民三さんが撮った『新佐渡情話』(註10)は花井蘭子と黒川弥太郎が出てる。なかなか良かったですよ。それから浪花節にかけてはこの人っていう監督がいるんですよ。フ

（イ?・）ナヤマエイトク?・さんていう。この人は浪花節の大家です。

佐　マキノさんの次郎長ものは面白く見たんですが。

岡　マキノさんになってくるとバックミュージック的な入れ方なんですね。我々の方はストーリーと同時進行するような浪花節映画。

佐　浪花節がストーリーを語っていく。

岡　そうです。肝腎な所になってくると仕種だけになって。

佐　歌舞伎みたいな。

岡　浄瑠璃ですよ。鈴木照子丈が台詞で言うところを切れて、パッと実際の台詞になったり。面白いですよ、今見たらね。

佐　次が『若い力』。これは岡崎さんついてますか。

岡　ついてます。小石さんは大変愉快な監督でね。彼は「栄一」だったんですよね。京都で借金して、曽根千晴を頼って助監督をしてから元に戻れるという約束が会社とあったんじゃないですか。相当いい映画撮ってましたからね。それで新しい監督がきたから青島さんでということでしょう。

佐　次が『荒野の妻』で。

岡　これでまた深田修造さんでしょ。青島さんが傍にいて私がオペレーターです。

佐　批評があってローキーってあるんですが、これはコントラストがあまりないっていう意味ですよね。

岡　そうですね、暗いっていうか、割合暗めに撮ってたんじゃないですか。

佐　これはいつもそうだというわけではなくて。

岡　いやそんなことはないです。

佐　この作品がということで。内容に合わせて。

岡　内容が良かったのかな、こういうことを青島さんが。ライティングは勿論青島さんがやりましたからね。

佐　このへんは前に岡崎さんが言われてましたが、青島さんが作品によって。

岡　そうですね。いけるというストーリー、脚本によってこれやってやろうという余裕といいますかね。これは一つこれでやろうというのがあったんじゃないですか。

佐　ローキーでやるというのはちょっと冒険というか。

岡　うーん、まあその当時はね、明るくはっきり俳優さんが見えるというんで。

佐　次が『或る女弁護士の告白』というんですが。

岡　これはもう私はついてないです。これは金井成一の一本立ちなんです。岡崎宏三だけキャメラマンにするのはというので、三人くらい一年くらい遅れてキャメラマンにしたんですよ。それでこの金井君というのは韓国の人なんです。金学成といって……。三木さんと今日出海、で今さんが朝鮮にロケーションしまして、朝鮮の歌姫の崔承喜を主役にして『半島の舞姫』(註11)というのを作ったんです。その時に専修大学出身の金学成という青年が何とかして日本の映画に入りたいと、私は直接ではないんですけども、そういう意味で金君がそれに現地の助手としてついたんじゃないですかね。三木さんを頼って新興に入ってきたんです。それで金井君が僕と同期ですから、助手時代は色々と仲良くして江古田に住んでましたね。私とは一年か半年遅れて一応一本立ちになったんですよ。それでそれじゃ一本撮らせようということで、金学成は、金井成一は、深田修造と組むなら青島さんにやらせようということで撮影補助ということになってるんです。実際はどこまでついてたかは知りませんよ。私はこれ助手じゃないから。

佐　この人はその後どういうふうに。

岡　ええ、この人はその後数奇な運命を。この人なりにあるんですよ。戦争が始まってからすぐ帰りました。韓国の高麗映画にいましてね、あと北朝鮮との戦争の時にはアメリカ軍に従軍して、そのあとまた劇映画に復帰して、でずいぶんシネマスコープとかカラーとか、韓国映画界の大長老ですよ。[註12]

佐　今は？

岡　亡くなりました。これは佐藤忠男さんが調べてますけどね。私が『トラ・トラ・トラ！』を封切った時にね、役者の三橋達也と仲良くて、韓国に一緒に行かない、というので、私はこの金君に会いたかったので、同行したんですよ。その時に彼と会ってるんです。「朝鮮日報」という新聞社がかぎつけてね、「週刊朝鮮」というのかな、破れるような紙でしたけどね、二人が握手している写真が出ましてね、そして何て、題名だと聞いたら、「玄界灘を越えた友情」っていう題だと。で彼が機材が不足してましてね、僕が日本からフィルターだとか色んなものを送ってやったんですよ。韓国にないものを。向こうの第一期の人が金井君だとすれば、今は四期ぐらいになってると思いますけどね。韓国にないものを。この人の奥さんが、例の北朝鮮に拉致されてね。朝鮮の田中絹代という女優さんだったんですよ。[註13] で、その人が北朝鮮に拉致されて、その時、北朝鮮におそらく拉致されていたシンさんという監督[註14]がいて、その人と一緒になったんです。元は金井君の奥さん。[註15] 金井君の話によれば、拉致されたんだけども、ここにいろと言われて、言われたんだけども、自分はうまいこと奥さんと別れてまで逃げて帰った、という人なんです。[註16]

佐　奥さんであった時に拉致されたんですか？

岡　そうなんです。で、金井君は癌で、私が行った時は、無理してね、歓迎してくれてね、韓国の撮影監督協会なんかに。それから御対面という番組がありましてね、向こうにも。私も出演して、何年振りに再会したという番組に出演させられたりしてね。

佐　『トラ・トラ・トラ！』ですから１９７０年くらいですか？

岡　いや、その後しばらくたってから韓国で。で、その後、３本くらい撮ったんじゃないかな。

佐　あっ、日本で？

岡　ええ。新興系の作品を。[註17] それで韓国に帰りましたからね。日本のメジャーのクレジットタイトルにのって帰った人はいないんじゃないですか。あと助監督では日夏さんというのがついててて。ですから深田さんは金井君を知りませんから、青島さんがついてどこまでどうやって協力したかは知りませんけど。

佐　青島さんの助手だったんですか？

岡　ではない。全然ない。

佐　どうして青島さんが？

岡　青島さんは深田さんとやってますからね。

佐　この映画（『或る女弁護士の告白』）は見ておられますか？

岡　その時は見たと思いますけどね。

佐　次が『太平洋行進曲』なんですが。

岡　これは深田修造と曽根純三が二人でやるはずだったんです。ところが最初っから深田修造はやらないことになりまして、曽根純三だけがやったもんですから、これは最後まで私が。青島さんタッチしてません。

佐　じゃあ名前だけですか、これは。やらなかったというのはどういう？

岡　一人で間に合ったということでしょうね。実際は曽根千晴(註18)さんがやって。

佐　で岡崎さんが。

岡　そうです。B班も深田さんがやったということは全くありません。

佐　じゃあ全く名前だけということで。次は。

岡　『病院船』ね。

佐　当時、評判が良かった。

岡　良かったんですよ。これは。

佐　見ましたけども、私。[註19]

岡　あれは欠落してるんです。

佐　五十何分あるはずなんですが、三十何分しかなくて。欠落してる部分はどこなんですか。

岡　私もあれ見たんですが、全体によく覚えてないんですが、実写部分が大分なくなってるんじゃないですか。変に演出して下手な芝居してるところが残っちゃった（笑）。

佐　当時の批評を見ても、記録の部分がよくて、ドラマの部分は白々しい、と。

岡　そりゃそうなんですよ。いいところあるんですよ。最後の上海でね。

佐　上海ですか、これ。

岡　そうです。『病院船』は岡崎、行こう、というんで行って、ドキュメンタリーなのに大きな、いつも使ってるご愛用のミッチェルを上海へ持っていってるんですよ。（青島さんと私と）二人でアイモで撮ったんです。

佐　ああドキュメンタリータッチで。

岡　宇品の港から白山丸という船が出航して、玄界灘でやった方がリアルだというのでやったんですよ、手術のシーンを。ところが揺れて助手が酔っぱらっちゃって撮影どころじゃないですよ。バケツを下に置きながら、［聴取不能］から手でまいたのを覚えてますけど。

佐　本当の手術ですか。

岡　いや、やらせ。白山丸って船は小さいんですよ。そして我々はスイートルームをとってそこにいたんです。

佐　それは本物の病院船満杯ですから。帰りは病院船？

岡　有名なドイツの。

佐　上海の部分があるという。

岡　これは野戦病院ですね。現地行ってね、実際の野戦病院は実写だけ撮って、ほんとの兵隊を撮るのは顔もあるし。現地の報道部が世話してくれたんですよ。サントウショウに行きなさいというわけですよ。イットウ、ニトウ、ニトウとあって、上海の郊外かな。病院なんですけど、みんな健在なんですよ。元気で、繃帯してるのいないんですよ。で女優がね、兵隊さん、どこやられたんですか、と言ったら、ニタニタしてるわけです。みんな、下の病気なんですよ。花柳病。だから元気なわけですよね。それに繃帯巻いて、それで患者にして、やったんです。それと最後の患者を搬送するところで小雪がちらつきましてね。非常にリアルな、たまたまそんな感じの中で、患者を船に乗せましたので、そのへんがよかったんじゃないですか。そこが無いようだな。

佐　この波止場というのは向こうの波止場ですか。

岡　そうです。全部、本物。四人くらいで行ったんです。

佐　青島さんと。

岡　ええ、私と。

佐　今村さんは？

岡　今村さんというのは松竹の製作部にいた人ですね。松竹がニュース映画を作ったことがあるんですよ。その時に製作部長か何かをやってて、六車さんに可愛がられて、それで新興キネマの製作部長として来たわけですね。で、自分としてはドキュメンタリーをやりたかったわけですね。そして新興キネマもドキュメンタリーをやれば、フィルムが入ってくるから、やってみようかということで、第一回目の作品がこれですね。文化映画部の企画の責任者として市川久夫さんがなった。

佐　市川さんは現地には行かれてない？

岡　行ってません。

佐　じゃ現地に行かれたのは今村さんと。

岡　青島さん、私でしょ、助手でしょ、製作担当。

佐　助手というのは撮影の？

岡　ええ、これは久慈君といって、新藤兼人の奥さんの弟。ずーっと僕のとこについて。彼は特殊才能はね、当時手回しで手で回すんだけども、キャメラを操作する時にキャメラマンがこうやってるとパンできませんから、フレキシブルっていうフリースタイルのものがあるんですよ。それで遠くからキャメラの操作を邪魔しないように回すんですよ。それが抜群に彼はうまいんですよ。で、溝口組というと彼をひっぱりだして助手につけるんです。亡くなりましたけど。(註20)

佐　これは劇映画の部分を岡崎さんが担当するというようなことは？

岡　そんなことはない。全部一緒に。劇をドキュメンタリー風にごまかしてますから、いわゆる今言うならやらせの。あくまでドキュメンタリー・スタイルでやろうということなんで、新興キネマにセット組んで、女優さんが出てきてスタジオでやって撮ってるところが空々しく見えるんじゃないですか。

佐　あの女優さんは？

岡　大部屋の。でも当時、大部屋でも粒そろってましたからね。だから現地行って、撮影がなくて、慰問に行って、あやしげな踊りなんかして。で、兵隊さんを楽しませてね。それで白衣を着て、看護婦に交じってやったんです。

佐　劇映画部分も現地へ行ってるんですか。

岡　全部行ってます。スタッフは五人だけども、その他に女優が行ってるんです。三人か四人。

佐　じゃ、あれはセットで全部やってるわけではないんですね。

岡　病院のところはとてもできませんから、セットでやったんです。

佐　これは基本的には文化映画というより、劇映画をやろうということで。

岡　そうです。そのへんの新興キネマがなぜこの『病院船』という映画をやろうと思ったのかは、是非市川さんの口から裏が聞けると思うんです。

佐　当時は文化映画の中に入ってるんですよね。

岡　その後、新興キネマは二本かな、撮ってますね。これは私がやってるんです。それは兵隊でやったんですが、だけどもあくまでも基本的にはやらせなんです。よそさまの『戦ふ兵隊』とか『南京』とか『上海』とか『或る保母の記録』とか名作一杯ありますよね、でも我が新興キネマはあくまでもドキュメンタリー。ですから私が撮った『通信隊戦記』[注21]ってのがあるんですが、これは津村さんが書いた批評に軟調に流される、とか、碧川さんに、ちょっと劇的すぎると言われたことを覚えてますけどね。

佐　ちょっと話が変わるんですが、今、軟調ということを言われましたけど、軟調とローキーというのは違う意味ですよね。

岡　ええ、軟調というのはソフトで、いわゆるディフュージョンてのがソフトにかけましてね、ハイライトがとんで、いかにも綺麗に。ローキーてのは作品的にいえば『浪華悲歌』とか『祇園の姉妹』とか、暗いなかでの。

佐　軟調というのは暗いという意味ではない、と。

岡　ええ。非常にソフトな。ですから私の撮った『ねむの木の詩(註22)』は軟調で。軟調でハイキー、明るいと。

佐　両方あるわけですね。

岡　両方あります。

佐　概念が違う。

岡　そうです。

佐　軟調に対して硬調という言い方は？

岡　あります。例えばグレッグ・トーランドの『怒りの葡萄』などは硬調ですね。

佐　コントラストが強い。

岡　そうですね。皮膚感が出るんですね。それからグレタ・ガルボを専門に撮っていたウィリアム・ダニエル。『裸の町』ってありましたよね、ニューヨークへ行って撮って、あれが軟調を撮っていたウィリアム・ダニエルが突然リアルな。ですから軟調、硬調。ローキー、ハイキー。

佐　ハイキーというのは明るい。

岡　明るい中にドレミファソラシドがあることですね。ですから暗い中にもドレミファソラシドがなければいけない。

佐　溝口の『マリヤのお雪』は非常に暗いんですが、ライトの当て方がポイント、ポイントに。

岡　おそらく溝口演出というのはロングになりますと、人物が浮いてこないというのがあるんですよ。そうなってくると舞台ではないんですが、スポットライトみたいに要所要所に人物を浮かびませんとね、非常に背景がみごとなもんで、それにライティングしちゃうと人物がめりこんでしまう。それで逆算して芝居本位ということになるとそういうことになるんじゃないか。

佐　行燈があってその光で撮ってるみたいに見えるわけです。実際はライトを当ててるんでしょうけど。人間が半分陰になってしまう。動くと全く見えなくなってしまう。

岡　オリジナルなら少しは見えてるんですね。まあドレミファの。モノクロのものをビデオで再現されると似ても似つかないものになってしまう。特に私の撮った『六條ゆきやま紬』[註23]などは白い雪の中に黒い衣裳を着た人物を撮ったんですが、フィルムだと綺麗に出るんですが、ビデオは駄目です。

佐　真ん中が全部とんじゃうんで真っ黒になっちゃうんですよね。

（註1）このへんのことについて『ひまわりとキャメラ』には次のように書かれている。
私はこの間で如何にライティングの主導権を握ることが大切であるかということを痛感しました。助手時代に青島さんの下で任されてキャメラオペレイト（操作）、露出まで担当していたからです。というのも、青島さんは撮影に対して少し冷めていた時期だったので、私に現場を任せて録音や編集の方に重点を置いていました。そんなことで若い私に現場を仕切らせてくれたのです。／私はそんな青島さんに恥をかかせてはいけないという一心で務めていました。／私も任された以上ライティングに対しても照明部に自分の意見を主張しました。／あるとき、担

当の照明技師と口論になったことがあったんです。彼は私よりベテランで「こうして下さい」と言っても「だめだ」と反対されたんです。青島さんが中に割って入ってくれて「君、俺が岡崎に任せているんだから、そうしてくれ」という一言でそのときは、収まったんです。

（44〜45ページ）

（註2）このへんちょっと判りにくいが、『ひまわりとキャメラ』にはこうある。

先輩たちが報道で駆り出され欠員が生じたという追い風も吹いて、四〇年に技師会に承認されて技師補の辞令を受け『愛の記念日』というシャシンでキャメラマンとして一本立ちになりました。／ちょうどその年には映画法が制定されて、監督・俳優・撮影技師は、登録制が内閣情報局より義務付けられたのです。／その後キャメラマンとしての適性を判断され、結果が出れば改めて正式に撮影技師の辞令が下りるのです。中には仕事が満足するものでないと判断された人は、もう一度助手に逆戻りするという憂き目にあった人もいました。／青島さんも自分の専用機であったサイレント・ミッチェルをかしてくれ、特にアドバイスは受けませんでしたが、撮り終ったフィルムの編集をかってでてくれました。／これは嬉しかった。無言の愛情に思えました。

（39〜40ページ）

（註3）1943年11月封切。大映東京作品。山本弘之監督、長井信一撮影。

（註4）このへんの事は『ひまわりとキャメラ』の46〜48ページに描かれている。それをかいつまんで述べると、1942年4月に新興キネマは日活・大都と合併して大映となり、岡崎は大映でキャメラマンとしての辞令を受けるが、1944年に退社し、青島に身の振り方を相談して、青島の弟

子だった渡辺孝が、当時理研映画のボスだったので、そのツテを頼って理研映画に入り、海軍航空隊の記録映画を作ることになる。

（註5）『日本映画監督全集』によると青山三郎の本名は望月幸三。

（註6）『日本映画俳優全集・女優編』によると水谷浩の妻とある。岡崎の記憶違いと思われる。

（註7）『ひまわりとキャメラ』307ページの「年表」に次のようにある。

青島の撮影補導により『海棠の歌』深田修造監督、『模範孝女の殺人』青山三郎監督でキャメラオペレーターを務める。

（註8）『日本映画俳優全集・女優編』によると、佐々木清野（1906〜?）は、1924年に松竹蒲田に入社し、1928年まで準幹部として活躍して退社。1939年に新興キネマに助演として返り咲き、同年末に退社。

（註9）1940年9月封切、新興東京作品、伊奈精一監督。フリッツ・ラングの『真人間』（アメリカ映画、1938年作品）は1939年10月に日本で公開されている。

（註10）『新佐渡情話』は1936年1月封切、日活・太秦発声の合作品で、監督は清瀬英次郎、浪曲口演は寿々木米若。石田民三というのは岡崎氏の記憶違いと思われる。石田にも広沢虎造の浪曲映画があるが。

（註11）新興キネマ作品。今日出海監督・脚本、三木茂撮影。1936年4月封切。

（註12）朝鮮に戻った金学成（キムハクソン）（金井成一）は1941年高麗映画で『家なき天使』（崔寅奎（チェインギュ）監督）の撮影を担当しているが、その後の動きについて佐藤忠男は次のように述べている。

一九四八年に韓国で『麗水・順天叛乱事件』というドキュメンタリーを作っています。朝鮮戦争の前に起こった軍隊内部の共産主義者の反乱事件を自分で撮影し、編集したものですね。非常に深刻な作品だそうです。朝鮮戦争のときには釜山で「国防ニュース」というニュースと記録映画が作られましたが、そこでもカメラマンとして重要なメンバーのひとりになって活躍していますね。

（註13）そして1961年には『誤発弾』（兪賢穆（ユヒョンモク）監督）の撮影を担当している。
（『新興キネマ』フィルムアート社、1993年、95ページ）

（註14）崔銀姫（チェウニ）（1926～2018）のこと。1950～60年代の韓国の代表的女優。佐藤忠男は彼女のことを「日本で言えば原節子に相当する。固くて生まじめで育ちの良さそうな美人であり、あまり演技しなくても一生けんめいそうな健気さが身辺にたちこめ、観客は彼女を倫理的に支持したくなる。そういうタイプであることが共通している」と述べている（『韓国映画の精神』岩波書店、2000年、80ページ）。

（註15）申相玉（シンサンオク）（1926～2006）。1950年代から60年代における韓国映画界の代表的監督。妻は女優の崔銀姫だが、1970年代に入って朴正熙との間に確執が生じ、妻とも離婚、1978年に朝鮮（北）に拉致され（崔はその前に拉致されている）、1986年に脱出するまで、北で7本の作品を監督する。

（註16）崔銀姫が金学成の妻であったというのは何かの間違いであろう。
（四方田犬彦『電影風雲』白水社、1993年、731～750ページ）
金学成が北に拉致されそうになったという話が本当なら、それはおそらく朝鮮戦争の時のことではあるまいか。『家なき天使』の監督である崔寅奎などこの時に北へ拉致された映画人は多いからである。

（註17）金学成（金井成一）は新興キネマで『或る女弁護士の告白』の他に『妻よ何処へ行く』（1940年3月封切、須山真砂樹監督）の撮影を担当している。

（註18）『日本映画監督全集』には、「はじめ曽根純三と称していたが、戦時中に千晴と改める」とある。（「新興キネマ全作品記録」『新興キネマ』フィルムアート社、1993年、165ページ）

（註19）1997年2〜3月にフィルムセンター（現国立映画アーカイブ）で上映された時に見ている。

（註20）『ひまわりとキャメラ』には次のようにある。

新藤さんの第一回監督作品、大映東京『愛妻物語』（51）は、ご自身の最初の夫人であった久慈孝子をモデルにして映画化したものですが、劇中の孝子さんの役は乙羽信子が演じています。久慈さんは新興で溝口組のスクリプター（記録係）をやっていまして、弟の敬二君は撮影助手で私の下で働いていました。／青島さんの溝口組なぞで、彼はよく駆り出されました。というのも彼は天才的フレキシブルマンだった。普通の助手は一〇〇フィートも連続で回すのが精一杯なんですが、久慈君は体力的に恵まれていたこともあって、二〇〇フィートは正確な回転を保てるんです。ですから、青島さんからも「久慈君を呼びなさい」って指名されるぐらい彼はクランクがうまかった。

（41〜42ページ）

（註21）1942年新興大泉作品、今村貞雄監督。

（註22）1974年、宮城まり子監督。

（註23）1965年、松山善三監督。

2000年2月21日　岡崎・下村一夫（1921〜2003）

この回から岡崎氏と名コンビを組んだ照明の下村一夫氏も加わった。下村氏について岡崎氏は『キャメラマン魂』（フィルムアート社、1996年）で次のように語っている。

第一回担当作品は『愛の記念日』というシャシンでした。／まわりはみなベテラン・キャメラマンばかりで、私もなんとか、自分の個性を発揮しようと、コンビのライトマンを探していたんです。そして、六本目の『真人間』から松竹にいた下村一夫さんと出会い、彼が私の照明技師となり、現在まで五十数年もの長い間、付き合ってるんだからね。……人と人の出会いぐらい不思議なものはないと、つくづく思います。だから、キャメラマンとしての表現を助けてくれる理解あるライトマンは、絶対必要なんです。
（215〜216ページ）

岡崎　（下村は）新興では青島さんとは組んでないで、僕と組んでたんですけどね。大映の青島さんの仕事っぷりってのはよく知ってるんですよ。

佐相　兵隊に入る前に岡崎さんと何本か撮ってられるわけですね。

下村　四、五本やってる。

岡　私が『病院船』を撮りに上海へ行った時は兵隊さんで上海にいたわけですよ。会うことはできませんでしたけどね。

下　(私は)『太平洋行進曲』に助手でついてる。

岡　(下村と岡崎のコンビは)『真人間』からですね。これはプリントがあるんですよ。アメリカから返ってきたんです。その後、『良人なきあと』(１９４０年)、『暖きふる里』『新生の歌』(１９４１年)。

佐　そのへんずっと。じゃ何時、軍隊へ行かれたんですか。

岡　下ちゃんは何年に行ったんだっけ。

下　(昭和) 16年。

岡　ということは１９４１年に行ってるんだ。『病院船』の時はいなかったんだ。僕が『戦う軍楽隊』で行った時だ(１９４２年)。その時いたんだ。中文にいたんです。

佐　じゃあ『北極光』はやってないんですね。

岡　そうそう。

下　『北極光』は僕がちょうど兵隊に行ってた時に。

岡　このへんで行ったんだよね、確か。で僕が１９４２年に上海にいるってことは判ってたんだけども、何せ部隊と連絡がとれないんで。それから何年に帰ってきたんだっけ、下ちゃん。

下　帰ってきたのは昭和21年。

佐　帰ってきて、新興はなくなっていて大映になっていたという。

下　大映で一年近く手伝いましたけどね。

佐　その頃、青島さんがいて。

下　青島さんは田中組専門だったですよ。高峰三枝子が出たやつない？

佐　あります。『今宵妻となりぬ』（1947年）、田中監督で高峰三枝子に入江たか子で、宇佐見淳を二人が好きになるというような話だったようですね。

下　照明が佐藤寛[註1]さんで、僕が兵隊に行ってる時に大映から慰問袋が来たんですよ。

佐　佐藤さんという人はかなり古い人なんですか。

下　古い人ですよ、日活の。この人と青島さんはずーっとコンビだったんです。

岡　そうですね。人柄の快活な、明朗な、柔軟性のある。照明でも自分の形を守る職人がいますけども、そういう感じではなかったですね。

佐　最後の『土曜夫人』も佐藤さんと山口さんですね。このへんの青島さんはどんな。

下　僕ら挨拶するだけですよ。新興キネマにいた時もそんな感じですよ。

佐　じゃあ、上の方の人で、話すこともないという。

下　ええ、ただ同じ会社だから現場だけはいつでも見られるから、見に行くんです。

佐　何か印象というのは？

下　びっくりしたのは、移動車で横移動する撮影があったんです。サイドライトがあって。

岡　安全光ね、キーライトじゃないから。全体的に抑えるライトがあるんです。

下　移動で普通なら終わってるんですが、片手でもってライトを。

佐　青島さんが。

下　マガジンをこう見てね、自分の目に入ったんでしょうね。

岡　なかなか大胆不敵なんですよ。

下　とにかく普通じゃなかなかできないですよ。ここからここまで撮影するということでライトを置くでしょ。でもマガジンを覗いていて、普通は見えないんだけれども。

佐　ああ邪魔だと。もう一回撮りなおすってことは。

岡　そんなことはない。

下　大体ね、映らないですよ。

岡　だからね天気が雨で中止するって時にも撮るっていう技術につながってるんじゃないですか。有名な話ですよ。雨降りに撮ってね。当時は天気が悪いと感度も低いし、雨降りを映画の基調にするというのは相当な技術を持ってないとできないですよね。

佐　それが一番印象に残っている。

下　うん、普通はできないですよ。

佐　それはどの作品のことですか。『今宵妻となりぬ』の時ですか。

下　うん高峰三枝子の。

佐　他には何か印象に残ってることは。

下　それしかないですが、青島さんのお嬢さんが宣伝部にいて。

岡　妹の方じゃないかな。

下　妹の方かな、宣伝部にいたんです。大映の社宅にいたんですね。

岡　社宅で亡くなったんですね。この間そのお嬢さんに聞いたんで。東長崎に住んでいて、社宅へ移って助かったんだと。東長崎は焼けちゃったんじゃない。

下　そうそう。

佐　『映画技術』という雑誌に、1941年当時、青島さんの住所は豊島区長崎4―135―2になっていて、岡崎さんは豊島区椎名町7―4031長崎ハウスとなってます。

岡　私のアパートから1キロはないな。配給物が余ったりすると行ったことありますよ。

★

（三浦光雄の追悼文「輝く技能の高さ」『映画評論』1948年7月号［後掲］を見ながら、そこで言及されている山本冬郷について）

岡　この話は山本冬郷という。

佐　『幻の帆船』ですね。

岡　この時、稲垣浩さんが助手でつこうと思って、向こうへ行ったら船が来なかったという話を聞いたことがあるんです。山本冬郷という不思議な。

佐　何かアメリカへ行って。

岡　おおぼら吹きです。とにかく密入国した話なんて、面白おかしくね。僕ら大映にいた頃、空襲の防空班てのがあって、各部から一人ずつ泊まったりするとね、そんな時に冬郷さんの話を面白おかしく。彼は自分の金で作ったんじゃないですか。

佐　三浦光雄さんも枝正さんの弟子ってことなんですね。

岡　ええ。だから系統は同じという。

佐　そのへんでちょっとライバル意識みたいなものがあったんですかね。

岡　そうですね。地道に努力してもそういうものは認められないで、ピクトリアルトーンで画調がただただ綺麗という。三浦さんは上山草人が日本の技術を向上させるために日本人をアメリカへ呼んだことがあるんですよ。ハリウッドを見学させて。その時に三浦さんが行ったんですね。その時に初めて特殊のレンズを開けても撮れるというフィルターができてたんですね。これも伝説的な話なんですけども、三浦さんてのは技術を公開しない人で、おおらかじゃなくて、極秘の技術を独自にやる人なんですよ。そのフィルターも一説によると自分だけが極秘に。普通でしたらアメリカにこんなのがあったよって見せるんですけどね。だから青島組とは……。三浦さん、三浦さんて、持て囃されるあれがあったんじゃないですか。僕が聞くと特にそのことは強調して言ってましたから。それでこの当時のキャメラマンの交流は各社で密接な個人的なつきあいもあるということで。ですから人間分析というか、あのキャメラマンはこうだというような、三木君はこうだということは聞いたような気がします。それから青島さんが奥さんと結婚されたのは尾上松之助さんの仲人だって話です。

下　僕らが新興に行った時に、撮影所の真ん前に食堂があって、そこにいつも青島さんと新藤さんと田中さんがしょっちゅう屯してましたね。

岡　うさぎ屋っていうね。何とかっていう役者がやってて。会社へ行くまでは畑がズーッとあって、石神井公園の前では大きな甕で福神漬けを足で踏んで漬けてるっていう時代ですからね。『幻の帆船』は上海まで行ったと聞きましたけど。

佐　『幻の帆船』の頃の青島さんはあちこちで撮ってるようですが。

岡　このへん割合、キャメラマンは移動することによってギャラが上がったのかな、転々と動いてる人が多いですよ。転々とする理由ってのが何かあるわけですよ。日本のキャメラマンの流れってのがあるわけですよね。例えばキャメラの交流でもね、パルボというフランス製のキャメラね、それからベルハウエルというアメリカのキャメラと、どっちを天秤にかけるかというと、アメリカのベルハウエルが八百円で、フランスのパルボが三百円だと、どうしても日本では軽量で、四畳半でも使えるパルボを採用するという。未だにそういう傾向がね、日本映画の宿命みたいになっていくわけです。青島さんは『大尉の娘』でパルボを使って、ピントがぼけたことがあって、進退伺いを出したという。それからはパルボを非常に嫌って、僕がついた時には絶対使わなかった。

★

佐　ではこの間の続きで、『病院船』の次が『女性本願』ですが、この頃は岡崎さんは全然ついてないいんですよね。見てはおられますか。

岡　これは見たような気がするな。（下村に向かって）照明は守田。[注2] 田中さんとは青島さんは初めてじゃないですか。

佐　あっ、そうですね。

岡　田中さんてのは新進気鋭の。それで組んだんじゃないですか。

佐　次が『玩具工場』（おもちゃこうば）と読むんですかね。

岡　これは荻野頼三の一本立ちの作品で、新人ですよ。新人には老練の軌道修正のできる人ということで会社が指定したんじゃないですか。なかなか、しっかりした助監督でしたね。これ一本しか撮ってない。

佐　あっ、そうですか。次が『白衣の天使』。

岡　主役は誰ですか。

佐　真山くみ子。

岡　あーっ。

下　一番若手のスターですね。

岡　この脚色の内山二郎というのは誰かのペンネームかな。

佐　次が問題の『母代』ですね。花村禎次郎という人が『映画技術』に細かく批評していて助かるんですが。

岡　当時、花村さんとあと田中としお、デンビンさんといって『アサヒカメラ』の編集をしていた人がよくカメラの批評をしてましたね。

佐　ローキーというのは青島さんにしては珍しいんですか。

岡　いや作品によって。当時の画調から大胆にやったということは目立つことですよね。話の内容をうまく再現してるんではないかと思いますね。鈴木英夫は僕らの同期で、なかなかの粘り屋さんで。

佐　花村の批評では「野外は明るい調子で描かれ意識的に刑務所と対照的な効果を上げる事に成功している」とありますが、戦後の青島さんの作品をビデオで見たら、暗いところはすごく暗く撮ってて、明るいところは非常にクリアに撮ってるのが印象に残ったんですが、やっぱりこういう感じなんでしょうか、全部トーンを同じにするんじゃなくて。三木さんなんかは全部暗いですが。

下　調子を揃えちゃう。

岡　その当時は調子を揃えるのが普通だったですね。

佐　青島さんはそういうことにはこだわらなかったんですね。その場、その場の。

岡　内容でね。

佐　あとのところは欠点の指摘で、ダブル・エキスポージュアがうまくいってないとか。

岡　そうでしょう。この当時はね、現像が自動現像じゃないでしょ。手でオーバーラップしたわけですから。肉眼で全くマニュアルでやったもんですからね、ひどいもんですよ。

佐　「ショート・フォーカスのレンズを使用した為前面最前列の女の手が」と。ちょっと歪んじゃったんですかね。

岡　そうそう。おそらく25ミリぐらいを使ったんじゃないですかね。三木さんが溝口さんのワンシーンワンカットをして。ああいう長回しと、情景をすべてフレームの中に収めようという傾向から今まであんまり使われてないワイドね、ショートフォーカスというのはワイドのレンズを使ってるんです。だけどそんなにクローズアップを使いませんからね。その当時のレンズは、今は直ってますが、ひずみというか、そういうのが矯正されてないのがあるんです。そういうのをあまり使ってないから、見た印象としてはそういうことが気になる。今は逆に便利なカメラでピントおくらないから、どんどんワイドで顔が大きくなったりが当たり前になってますけど。花村さんが見て、そう感じたということは、おそらく今までの常識の（ものよりは）ちょっと変わってるんじゃないかと。

佐　それから最後に「窓の外の光線の具合が夕方から夜る(ママ)になり月が出るまでを十二三のカッ

トで示しているがこれ等は余り凝りすぎで思案に余った感がないでもない」とありますが。

岡　おそらくあれじゃないですか、この『母代』みたいに密室というか、檻の中というか、『十二人の怒れる男』は時間経過をライティングで見事に表して成功した作品ですが、そういうような。

佐　あー、それを狙ってるんですね。

岡　『霧笛』は『モロッコ』の画調を研究したという話がありますから、当時何か外国映画の影響があるかもしれない。当時は二、三カットで変化させることが普通だったのが、大胆にやったんじゃないでしょうかね。これは是非見たいですね。このシナリオで鈴木英夫は一気に認められた。

下　たしかこの映画は中野の刑務所で撮影したという。

佐　実際に借りて。

下　そうです。僕、兵隊に行くちょっと前だったですね。

佐　当時、刑務所で撮るというのは珍しかった？

下　**岡**　珍しいですよ。

下　中野は女性だけの刑務所で。

佐　これは刑務所の部分がいいという批評ですね。で、次が『鉄の花嫁』というのですが、これは特に？　次が問題の『北極光』です。

岡　これは鈴木英夫が助監督、応援してるんですよ。それと新藤兼人。私がB班でね。新藤兼人と鈴木英夫と私と新藤兼人の女房の弟の久慈っていう助手さんと実景を撮りに豊原から真岡へ行って苦労してます。

佐　岡崎さんは主に実景を。

岡　それとね、やってるうちにロケ費が足りなくなっちゃったんですよ。その時にはそんなこと言わないけど、今思うとね。今村貞雄っていうプロデューサーがいて、彼が北海道の出身なんです。北海道から樺太庁という、そこに顔がきいたんじゃないですか。ところがやろうかという時にもめて大変だったんですよ。男が何十人も泊まってるうちに仲間割れしてみたり、小道具と喧嘩したりして。常にその大騒ぎを仲裁してたのが青島さんですよ。そのうちに、苫小牧の王子製紙があって、突然、ロケーションの終わり頃になって今村さんが文化映画を受注したわけです。『紙の出来るまで』というのを無理矢理作らせたんじゃないですか。それで何万円かの資金を調達して。私がセットへ帰って応援しようって頃にはもうその映画は終わってましたよ。

下　プロデューサーは六車（ろくしゃ）さんでね。

岡　これは有名な松竹出身の、正しくは「むつぐるま」という。この人が出てくるというのは超大作なんですよ。

佐　で実際は今村さんが。

岡　そうそう。

佐　批評に「トリックと樺太ロケは成功している」とありますが、トリックを使ってるんですかね。

岡　ええとね、僕もよく覚えてないんだけど、雪の鉄道工事のそのへんのことができないんですよ、うるさくて。憲兵がついていてて。地平線を撮ることもできなかったんです。

佐　ああ国境になってしまうということで。

岡　ええ、岡田嘉子が越境したところがあって。

佐　そこへ行かれたんですか。

岡　そこまで行きました。

佐　何もないところで。

岡　えらいところでしたよ。私はキャメラが凍らないようにということで。

佐　それは青島さんも座談会で。[註3]

岡　何せ今みたいに暖房はないしね。軍艦ストーブといって北海道とか樺太独特の石炭をくべると窯ごと変えるようなシステムで、それから汽車の中にはダルマストーブで、そんなんでいってね。たまたま真岡ってところに、うちのお袋の親戚がいましてね、僕は確か親戚の家を訪ねたことがあるんです。炭鉱ロケーションなんかするとおそらく樺太なんかから引っ張って来たんじゃないですかね。記念写真なんか撮られたくないような感じでした。だから蛸部屋と称して、当時の樺太史をひもとくと色々あるんじゃないでしょうか。そういう中での撮影ですからね。でも交通機関だって何もありませんからね。だからそこへ行く時には雪橇に乗るんですよ。橇は四人で組になって乗って、真ん中に湯たんぽを入れて、一時間も二時間もかけて撮影に行くわけですよ。もう酔っちゃうんですよ。そんな撮影でしたね。

佐　ギリヤーク人とかが。

岡　出てこないですよ、寒がって。最初はキャラメルでね。あそこはフルヤの。で樺太は酒の税もかからなくて、とにかくもう外国でしたよ、よくこんなところまで来たという。

佐　大変だったんですか、行くだけで。

岡　大変でした。北海道へ渡って、さらに汽車で。それから連絡船で。そりゃあ、大変でしたね。

佐　評判としては現地ロケの部分が非常にいいという。

岡　そうでしょう。それは何せあまり取り上げてない。

佐　ギリヤーク人が出てくるところとか。

岡　ギリヤークは一日で嫌になっちゃって出てこなくなっちゃった。キムチを漬けるような甕があって、トナカイの皮は冬場にやらないといけないんですよ。

佐　それを甕の中に入れとくんですか。

岡　トナカイの肉を塩漬けにして。聞いたところによるとギリヤークというのは全部逆スパイなんですよ。こっちの情報を持ってってたり、向こうの情報を持ってきたり。平気で三十八度線か、六度線か行けるんですよ。ロシアへ。何とか殿下というのがいて、そこからエキストラに入れて、不思議な何かインディアンの踊りみたいなのをやった覚えがありますよ。それを帰って来て夜のシーンを松明かなんかつけてやったんですが、雪のシーンを塩かなんか撒いてやったんですが、うまくいかないですよ。

佐　それは書いてありますね。要するにロケの部分は綺麗なんだけども、セットはそれに比べて「格段の不調、明暗の度が乱れがち」とありますね。やはり全然画調が違っちゃってたんですかね。

岡　そうでしょうね。それで美術が植田種康といって松竹から来た人で、新藤兼人が時代考証ですか。おそらく新藤兼人はB班の監督のようなことをやってたんじゃないですか、僕と実景を撮りに行ってますからね。（キャストのリストを見て）原聖四郎が出てる。

佐　この人は松竹の人ですか。

岡　原聖四郎ってのは帝キネだよな。

下　時代劇の。

佐　小柴幹治さんは溝口の『祇園囃子』に出ている、ちょっと面白い俳優さんですが。

岡　これはちょっと面白いキャラクターの俳優さんですよ。

下　この人は最後は京都に行ったんじゃないかな。

岡　そうそう、時代劇[註4]で。

佐　『北極光』は資料がいっぱいありますが。

岡　そうですか、当時としては異色作ですからね。

佐　樺太で撮ったということ自体が初めてで。

岡　そうでしょうね。文化映画みたいのはあったんでしょうけども。

佐　岡崎さんはドラマの部分は撮ってないんですか。

岡　撮ってません。実景だけで。俳優さんの方は青島さん一人で。何せタイトルまで自分で撮りたい人ですからね、あんまり一緒にするということは。

佐　で次が『春星夫人』というのですが。照明は？

下　これも守田さんですね。ずっと。

佐　そのへんの関係というのは青島さんが主導権を取るんですかね。

下　色々ありますね。

岡　だから青島さんの癖をのみこんで柔軟性のある。青島さんと照明のコンビと同じように、僕と下ちゃんとは大体作品によってね。

佐　変える？

岡　変えるんです。

佐　事前の打ち合わせで？　それとも阿吽の呼吸で？

岡　阿吽ですね。例えば初めての監督で山本薩夫と小さな芸苑社というプロダクションで『華麗なる一族』を撮るというと、やっぱり如何に華麗に見せるかという。それにロケセットが多いんですよ。そんなことで青島さんの場合も照明はその都度変えるという流れはあるんじゃないですか。俺はこういうふうにやるという個性の強い人もいるわけですよ。例えば石井長四郎とか。

佐　成瀬さんのをよくやっている。

岡　そうそう。そういうタイプではないんです。この人に頼ってれば、キャメラマンも安心という。その代わりスタイルは決まってますから。この守田って人はいい人ですよ。ですからおそらく青島さんがこういう狙いと言って修正していくと、それをこうこうって積み重ねていける人ですよ。

佐　次が『英国崩るゝの日』ですね。国策映画ですから資料はたくさんあるんですが、田中・陶山・高岩・青島・今村の五人が先発したけれども、俳優がなかなか来なかった、とありますが。

岡　出発はしたんだけれど、台湾へ行ったらストップしちゃったんです。ということはもうアメリカの潜水艦が来てるから、定期便みたいなのはないわけ。二班に分かれて入船して、特殊の喫水の浅い船で香港まで行ったんですよ。

佐　岡崎さんはその俳優と一緒に？

岡　そうそう。貨物船と貨客船といって貨物と両方で。凄く待遇が良くってね。客船で行くよりも貨物と客船の合いの子で行った方がいいということでした。女優も一人乗ってましたしね、黒田記代ってのが。だから船員が喜んじゃってね、待遇は良かったですよ。

佐　5月30日に香港に着いたと書いてありますが、一カ月くらいかかったんですか？

岡　どのくらいかかったかな。

佐　もっと早く来る予定が来ないんで、軍隊の協力で俳優の出ないところを五人で撮って大変だったと。

岡　大変でしょうね。火薬関係は硝煙といって人工的にやる火薬じゃないんです。全部本物でやった。

佐　軍隊が大分協力したとありますが。

岡　軍隊が協力しなきゃ、普通の人が入れない時ですから。普通は戦争が終わると、占領当時は工兵隊が全部地雷とか死体とか、清掃というか、片付けるんですよ。それで初めて人が入れるようになるんですよ。我々が行ってる時はまだゴロゴロあってね、死体は熱いから、シャレコウベになっててね。骨付きの靴だとか、ビクトリアピークという、大正公園という名前にしちゃいましたけど、そこはまだそんなような戦跡が生々しい時でしたよ、着いた時に。だからそれ以前にこういうふうにやりたいという。シナリオは高岩肇さん、陶山鉄さん、この人は『土と兵隊』を書いた人です。鉄さんというのはなかなか芯のある。その後、監督になって僕等と一本やったことがある。

下　封切らなかったけどね。

岡　サンカの話でね、三角寛の話でね。部落同盟が反対して。完成したんだけど。安井昌二が主演で。撮るには撮ったんだけど、だんだん金が無くなってきてね、フィルムが途中で無くなってみたり、宿屋に金払わなかったり、その方がよっぽどドラマチックな（笑）。

佐　で、下村さんはその頃もう兵隊に行かれてました？

下　兵隊に行ってました。

佐　香港でロケをして、帰って来て箱根でロケをしたと。

岡　箱根ロケは何故かというと、香港の裏っかわというのは箱根と同じなんですよ。松が生えてて。大涌谷の横に排水路みたいなのがあるんですよ。それをトーチカに見立てて。で千葉から兵隊呼んだり、日大の学生を兵隊にしたりしてね。それでほとんど戦闘シーンていうのは仕込みの爆薬で。その時、ヘルメットをかぶって突撃してたのが、後に監督になった松林[註5]、日大の生徒で。

佐　これは英国兵に白系ロシア人を使ったとかありますが。

岡　日本でね。

佐　向こうでは？

岡　向こうではおそらく、公表できないんですけどね、オーストラリアの兵隊を。

佐　あー、捕虜を。

岡　芝居はさせませんけどね。延々と捕虜になって行進する場面を。向こうも映画に出てた方が楽だという。セキチュウ（赤柱）半島っていう、いいところがあるんですよ。そこへほとんど英国やアメリカの連中が難渋してたんですよ。それで捕虜とかスタンレーの刑務所とかにインド人、これは早くから降参してね、我々の警備は全部インド人がしていた。だから割合にエキストラとかそういうのはリアルなんですよ。実際使えたから。交戦状態になってまだ間も無い頃で、この頃に多摩川は『シンガポール総攻撃』を、東宝は『あの旗を撃て』(註6)を撮ってた。それで大映の日活グループは『マレーのハリマオ』という、際物も一緒に撮ってた。

佐　みんなやってたわけですね、争うように。

岡　そうそう。だからこれがきっかけで戦後総プロデューサーの六車さんはパージになった。それでしばらく出てこれなくて。それでこの後半の戦闘シーンは爆発なんてのは物凄いんですよ。でも迫力はないんですよ。物が飛んでくる力とか、見た目は弱いんですが、破壊されるものの迫力は凄くて、危なくて仕様がないんですよ。タンクは本物が出るしね。そして珍しくチロレン（紫羅蓮）さんという中国の女優さんを日本へ引っ張ってきたんですよ。

佐　杉村春子さんも出てるんですよね。

岡　あー、セットで出てるんですね。現地には行ってない。

佐　現地に行ってるのは黒田さんだけですか。

岡　そうです。

佐　紫羅蓮さんというのは有名な人じゃないんですか。

岡　ないですよ。箱根へ行くのでもなんでも、全部特高がついてるんですよ。

佐　やっぱり警戒されてたんですか。

岡　その当時、戦中ですからね、日本へ来るというのは大変だった。よく連れて来たと思ってね。

佐　この映画は劇の部分と記録映画の部分の落差が激しいという批評が多いですね。ようするに記録映画の部分が良くて、劇のところは悪いという。

岡　そうなりますね。あのピースミッションが香港島に渡るシーンを再現するんですからね。[註7]香港島と九龍島との間を頻繁に。そんなこと絶対にできないんですけど。海峡を一艘も船を通さなかったたです。そのぐらいのことをやってのけたわけですから。

佐　軍の協力があったということですね。

岡　そうそう。今のハリウッドのモブシーンと同じようにね。それで私は香港島に行って、香港島のあらゆる箇所から、観艦式といって船を全部スモークで隠しちゃうという大きな発煙筒があるんですよ。それを全部裏方に持たせてね。僕の飛行機が香港島の側へ寄って、合図で僕の乗っている飛行機の羽が右左に振ったらつけろって言ってるのに、やっぱりあわてものがいるから、私の飛行機を香港島のはじのほうへつけちゃった。時間が決まってますからね。あわくって撮影しましたけど。

佐　撮影のクレジットには青島・杉本・岡崎・古泉と四名いますが。

岡　実際は私と親爺さんと二人なんですが、（杉本・古泉は）B班で、箱根で撮ってるんです。箱根にきて、キャメラ数台で、一気に盛り上げて撮ったんで。

佐　じゃあ、杉本・古泉は香港へは行ってなくて、箱根だけなんですね。

岡　そういうことです。

佐　青島さんと岡崎さんが中心ということで。分担はあったんですか。

岡　僕は戦争シーンで。

佐　青島さんが劇の部分と。

岡　僕はドラマを撮るということはなくて、空撮とか、敵前上陸とか。カメラは1台、2台、3台と持ってってたんですから。大変でしたよ。

佐　箱根も岡崎さん行かれたんですか。

岡　もちろん行きました。

佐　セットも全部。

岡　セットはやってないです。

佐　それで次が『菊池千本槍』ですが。

岡　これは特撮をやった。その頃ね、私は日活組とはあまり交流がないんですが、青島さんにしてみれば、かつての助手の渡辺五郎とかがいるわけです。横田達之は昔の友達ですから。技術部長で長井信一という古い人があるんですが、その人も青島さんに一目置いていた。で棚上げといっていいのかどうか判りませんが、この三人のグループが特撮をやるわけですね。

佐　青島さんはその前の年は全く撮影がないんですよね。何かあったんですかね。ほされてるとか。

岡　いや、そんなことはないんだよね。青島さんを引っ張ってきて撮るようなものが無かったんじゃないですか。田中重雄も仕事してないと思いますよ。

佐　で特撮というのは青島さんやってたんですか。

岡　やってないです。

下　おそらくやったのは横田達之だと思う。

佐　これは建武中興から始まって……、菊池千本槍を発明したというところから始まって、橘公子さんが入水すると、その池から潜水艦のシーンにつながるとシナリオではなってますね。このへんが特撮なんでしょうけども。

岡　敵の船を撃墜するところもあるんじゃないですか。

佐　それを特撮でやってるんですね。特撮の部分は当時『海軍』(註8)という映画があって、それでもやってたらしいんですが、それと比較されて正攻法ではないけれども、よくできていると批評されてますね。

岡　特撮はうまくいってたと見て覚えてますね。このへんは撮影部の人員があふれてましたからね。

佐　次が問題の『狼火は上海に揚る』です。これはかなり古く企画がされていて、二年越しくらいですかね。

岡　僕が、青島さんがいつも使ってる新興キネマのミッチェルを持って、京都へ行って、京都のスタッフと合流して行ったわけです。青島さんの直系の高橋武則さんという、私の兄、兄弟子ぐらいのがいるんですね。京都の帝キネ時代についてたんじゃないですか。高橋さんは野淵昶とコンビで、結構仕事してるカメラマンなんです。その人が上海に『狼火』の応援に行くと。東京から私が応援に行くと。あとは全部中国人でやろうということになったわけですね。

佐　青島さんが向こうで技術的な指導もしたようですね。

岡　中国はあの当時、日本の軍閥に色々いじめられて撮影も不自由でロケーションもできないというような制約があったんですよね。だから撮影所を借りて、我々が日本の100ボルトの電源の玉しかなかったですからね。最後まで100ボルトでできるということで撮影所を探したんですよ。ところが100ボルトでやるというのは1カ所くらいしかなかったんじゃないですか。それで結局、220ボルトの電源のある撮影所を借りることになった。大変なことなんですよ。玉を二ついっぺんに付けなきゃいけないんで。言葉は不自由だし、そんなこと関係なしに、玉を一つ入れて電気をやると玉は無くなるし、日本からの補給はきかないし、何でもないことで随分苦労して。それで延びてるわけですよね。物価は上がるし、物凄いですからね、この頃は。インフレが。

佐　この頃はアメリカが来るってことで結構大変だったんですか。

岡　最後はね。もう防空演習がありましたもん。灯火管制があって、全部暗くって。この頃に北九州に来てたんじゃないですかね。

佐　ああ、来てますね。

岡　ですから特別製作担当が海軍に呼ばれて、何時船が出るか判らないから、全員帰り支度をして撮影しろと。早く仕事を終えろと。

佐　もう映画どころではないということなんですね。

岡　もう、とても、とても。それからしばらく経って、イタリーの船が黄浦江（こうほこう）というところで自爆して沈んでたりね。中国はアメリカが日本へあれすると判ってたんじゃないですか。当時、桂林（けいりん）というところに基地があって、日本へ初めて犬吠埼へきたのかな。そういう意味で撮影はスムースのようですけども、裏ではそういう政治的な流れが中国側でも把握されてたんじゃないですか。

佐　これは白系ロシア人を使ってるんですか？

岡　使えないんですよ。トルコとか。イギリス人は交戦国だから使えない。これは大変でしたよ。

佐　そのへんの人を捜して？

岡　そうなんでしょうね。ユダヤ系の人がいたりね。そういう人を連れてきたんでしょう。

佐　主要な俳優は有名な人ですよね。

岡　大変な人ですよ。この人も戦後、漢奸といってね。香港へ逃げたり。アメリカへ行ったりしたんじゃないですか。その中で王丹鳳（ワンタンホウ）さんだけはね。

佐　残ったんですか？

岡　まだ子供ですからね。16〜17じゃなかったかな。

佐　この作品は当たったと言われてますね。

岡　当たったですね。高杉晋作と太平天国が交流があったという。お互いの政府の、日本も中国も刺激しないというあれがあったんじゃないですかね。

佐　共同のあれになってますが。こちらに主導権があったんですか。

岡　技術的にはこちらですね。（撮影の＝佐相註）黄（ホアン）さんというのは有名な人で今年まで生きてたんですよ。私が会おうとしたら、亡くなってた。中国では一番偉い人で、この人がＯＫださないとプリントが焼けないというくらい。

佐　これは中国語版もありますか。

岡　当然あります。

佐　吹き替えですか。

岡　吹き替えじゃないですね。北京にもフィルムがあるんですよ。見てこようと思ってルートはつけてあるんですよ。上海の資料館にプリントがあるんです。

★

佐　あとはざっと戦後の作品を。『最後の帰郷』の高橋通夫というのは。

岡　これは『愛染かつら』のキャメラマンで、松竹の。それで新興キネマに入った。何故入ったかというと、飯田蝶子さんの旦那さんの茂原さんがキャメラマンやめて轆轤（ろくろ）の研究してたんですよ。ところが松竹には土橋系というシステムがあるんですが、それを茂原式に変えようというんで、茂原さんを呼んで、茂原さんが新興へ二人のキャメラマンを。高橋さんは非常に几帳面な人で、大映に行って田中重雄さんと組むようになった。高橋さんは青島さんに一目おいてる、大先輩だし。

下　僕の判断だけど、高橋さんは吉村さんと組んで、青島さんと田中さんが組んだんじゃないか。

佐　『犯罪者は誰か』の撮影助手は間宮義雄とありますが。

岡　間宮さんは後に日活で中平康さんと。

佐　『幾山河』は戦前に撮ったもので。

岡　これは良かったような気がするな。

岡　『第二の抱擁』の原作者・倉谷勇は稲垣浩の助手で日活京都の監督だった人。

（青島順一郎関係文献や覚書を見ながら）

岡　バート・グレノンの『駅馬車』は僕と上海に見に行った。『病院船』の時に。だからオリジナルを見たんですよ。

佐　アストロというのは何ですか？

岡　ドイツのレンズの会社の。当時、質的に良かった。今のものに比べれば欠点はありますが。新興キネマはアストロが主流でしたから。

岡　片岡潔は松竹下加茂で時代劇専門。江後岳翠は浅草大勝館の弁士かなんかでキャメラマンでもある。

★

佐　私が青島順一郎について調べるきっかけになったのは、溝口と青島と一緒の作品は評判が良くて、大震災で京都へ行って、青島さんと離れちゃうんですね、溝口は。それで青島さんは村田実とやっていい作品をボンボン出すんですけども、溝口さんは大スランプに陥って……。何かカメラマンの影響というのがかなり強いんじゃないか、と。

岡　それはあるかも知れません。キャメラマンが技術的に選択して、俺はこの人と一緒にやっていけば、という傾向があるんですね。私も特に川島雄三とやってみたいという。演出家の表現とキャメラマンがピッタリ合うことがあるんですよ。逆に今まで大キャメラマンとやっていた豊田四郎と私が組んだ時は私は軌道修正されるというか。

佐　溝口さんの場合、三木稔の影響もすごく大きい感じがしますね。

岡　三木稔は切羽つまってしたのでは。溝口さんのああいうことやるために。溝口さんの影響を解読してできた調子があるあいう。それで成功してる。

（註1）1910年生。大映において1944年第1回作品『ベンガルの虎』の照明を担当。戦後は『犯罪者は誰か』『踊子物語』『土曜夫人』などを担当する（『日本映画大鑑・映画人篇』キネマ旬報社、1955年）。

（註2）守田芳彦のことと思われる。守田は新興キネマの『激流』（小石栄一監督、古泉勝男撮影、1940年）や『江戸の朝霧』（仁科紀彦監督、竹野治夫撮影、1942年）の照明を担当し（『フィルムセンター所蔵映画目録』東京国立近代美術館）、戦後の1950〜60年代は新東宝で照明を担当していたようである。

（註3）座談会「『北極光』樺太ロケ」（『新映画』1941年6月号）において、青島は次のように語っている。

零下三十度前後の撮影、毎日九時頃から二時頃までしか撮れないので、カメラが動かなくなつては大変だと、ハクキン懐爐を用意してゆくつもりだつたが、満鉄の早川技師が発表された実験を頂戴して懐爐灰を入れるあの普通のものをカメラに当がつて、この心配は一掃出来たが、それでも百呎巻の、八十呎あたりになると、俄然ハンドルが重くなり、うん〳〵力を入れる始末だつた。

（註4）『日本映画俳優全集・男優篇』（キネマ旬報社、1979年）によると、小柴幹治（1916年生）は1938年に新興キネマ東京撮影所に入社し、主演格として活躍、1942年の統合後はそのまま大映に在籍。1954年に東映に転じてからは三条雅也と改名して時代劇の敵役となる。

（註5）松林宗恵（まつばやししゅうえ）（1920〜2009）。1941年に龍谷大学卒業後、日大法文学部に入学。在学中の1942年10月に東宝撮影所に入社。エキストラとして参加したのはこの頃のことと思われる（『日本映画監督全集』、『日本映画作品大事典』三省堂、2021年）。

（註6）『シンガポール総攻撃』は1943年4月封切。大映東京第二作品、島耕二監督。『あの旗を撃て』は1944年2月封切。東宝作品、阿部豊監督。『マレーのハリマオ』は1943年6月に封切られた『マライの虎』（大映東京作品、古賀聖人監督）のことと思われる。これは1942年当時実在していたハリマオ（マレー語で虎のこと）と呼ばれた日本軍諜報員を描いた作品。

（註7）1941年12月8日、日本軍は空陸から香港を攻撃し、九龍島を占領、13日と17日には日本軍使が「ピース・ミッション」と大書した横断幕を持って、イギリス側に降服を迫ったが、イギリス側はこれを拒否。日本軍は香港島上陸を敢行し、日英で激しい戦闘となったが、結局25日にイギリスは降服した（和仁廉夫『香港』梨の木舎、1996年、15〜18ページ）。

（註8）1943年12月封切。松竹作品、田坂具隆監督、伊佐山三郎撮影。

ビデオを見ながら（岡崎・下村）　２０００年４月12日　於・イマジカ

✧『最後の帰郷』

（航空隊のシーン）

岡　吉村廉さんと高橋通夫さんのコンビで。これは軍の協力を得ているからね。

佐　どのへんで撮ってるんですかね。

岡　軍の秘密なんですよね。

佐　これはどっちだか判ります？

岡　これは青島さんでしょうね。この絵の［聴取不能］方からいっても。

佐　この歌は？

岡　これ、航空隊の歌じゃないですか。

岡　このへんずっと青島さんですね。吉村さんがやったところはあまりないですね。吉村さんはこういう歯切れのよい演出はしないです。田舎くさい。

岡　この兵隊の服なんかは正しいですよね。この間、ＮＨＫで変な服着てたけど。飛行機は本物ですね。

（栗原軍曹［若原雅夫］と弟［黒須清彦］の会話のシーン）

岡　このへんはＢ班でしょう、こんな甘いサイズで撮らないです。青島さんだと風景と背景ともっとうまいこと（やります）。

（栗原の母［英百合子］らの会話。やがて栗原が来る）

岡　こういう構図は青島さんの構図だよな。

佐　どのへんが？

岡　きちっと。

佐　人物を？

岡　ええ、人の見てる［聴取不能］をピタッと。

（栗原と父［高山徳右衛門］の会話）

下　これは誰だ？

佐　高山徳右衛門です。

岡　ああ薄田研二だ。

佐　ああ、当時そう言ってたんですか。

岡　当時は望遠レンズなんてのがなかったんだよね。これ片山明彦のところだけセットで撮ってる。彼はどこか他へ出ずっぱりじゃなかったのかな。全員集合の時、彼一人だけ足りなかったんですよ。それをセットでピックアップして撮ってるんです。

（水戸中尉［宇佐美淳］とその父［斎藤紫香］が釣りをしている）

岡　こういう横線の安定感があるでしょ、下手だとこれが上へいったり下へいったりする。青島さんはこういう安定感のある撮り方をする。だから人によっては物足りないというか、凝りがないから。カットが変わってもそう変わらない。

（佐相註＝川の向こう側にある草木の線の位置がショットが変わっても一定している。それが岡崎氏の言う「横線の安定感」であり、このシーン全体の画面に安定感を与えていることがよく理解できる）

（水戸が相撲をとっている）

岡　これはB班ですね。青島さんだったら光が時間が経つとこう変わるだろうと計算して撮りますよ。こんな構図撮らない。

（お祭りのシーン）

岡　B班だね。

（満月のショット）

岡　月光で絵がいいですね、お師匠さんの絵ですな。

（栗原とお繁［月丘夢路］が水辺を右へ歩きながら話している。カメラはそれを横移動でとらえる）

下　これなかなかいい写真ですね。

岡　こういうの見てると、『御法度』の最後なんか、昔からあったものでね。

佐　これセットですよね。

下　セットですよ。

佐　水の光なんかがいいですよね。

下　なかなかのもんですよ。

佐　こういうのは青島さんっぽいですか？

岡　そうですね。

下　これ電球だね。

岡　当時バッテリーないからね、コード引っ張ってるんじゃないの。

佐　あのあかりがポイントでしょうね。（綺麗なお月様、というお繁の台詞が聞こえる）

下　そうです。

佐　今みたいなショットというのは割とあるんですか、青島さん。月のああいう自然のショット。

岡　ああいうところってのは下手するとすごく事故っちゃったりしてね、あのへんの後ろをきかしてるところが青島さんなんですよ。もうここぞとばかりにね。

（ここまでずっと祭りの囃子が聞こえている）

※このシーンについて、キネマ倶楽部のＶＴＲの解説に山根貞男は次のように書いている。

若原雅夫が結婚相手の月丘夢路と夜道を歩くシーン。彼女はことば少なく一生の別れを悲しむけれど、彼は元気な声で、おれ、一所懸命やるよ、と言う。と、彼女が夜空を見上げ、まあ、きれいなお月さま、と言うや、画面はこうこうと輝く月を描き出す……。生死の運命を自然に関わる詠嘆に解消するこのシーンは、おそらく当時の日本人の精神構造を象徴していたにちがいない。

（「山根貞男のお楽しみゼミナール」）

（宮木准尉［花布辰夫］と妻［村田知英子］の会話）

岡　ここは高橋さんだね。ちょっと絵が甘いです。立ちあがるために上の方をあけてたりして。サイズがちょっとね。青島さんならもうちょっと締めますよ。青島さんならこんな大きなアップは撮らないですよ。

佐　ライティングも違いますか。

下　うん。

岡　もうちょっと長回しでやればよかったんだよな、これは吉村さんらしいな。

（別のシーン）（片山・宇佐美）

佐　このへんの軍人の描写は正確なものなんですか。

岡　正確でしょう。

（初めBGMが流れる。森軍曹［光山虎夫］と父母［見明凡太郎と小峰千代子］のシーン）

岡　これはB班ですね。この当時は横須賀あたりは撮れなかったですね。軍装はきちっとしているね。みんな栄養不良みたいでしょ、当時の俳優、食料がもうないから。太ってるなんてのはいないですよ。

岡　こんな中途半端なのは青島さんだったら撮りませんよ。

佐　中心が判らない？

岡　誰が主役か、ね。全然甘いだろ、絵が。

佐　この兵隊のエピソードは全部吉村さんが撮ってるんですね。

岡　そうそう。

（片野伍長［片山明彦］と母［浦辺粂子］の会話）

岡　これも違うね、B班だね。

佐　後ろの影は意図的にだしてるんですか？

下　そうですね。

岡　（浦辺さんは）自動車の事故にあって恐怖症なんですよ。

佐　戦後のことですか？

岡　戦前ですよ。

（片野とその母を慰労する栗原ら特攻隊の面々）

岡　これもB班だな。後ろの女の子がもっと浮いてこないといけないですね。浦辺さんと片山のところは全部吉村廉さんですね。後ろの人間のポジションなんか青島さんだったらそう気にならないんですよね。えらく後ろの人が浮いちゃってるでしょ。

岡　号令のかけ方がうまいね、当時のあれで。

（同じ慰労の場で特攻隊員たちが「桜花」の歌を歌う）

佐　この歌は？

岡　映画のために作ったんじゃないですか。

（特攻隊出陣のシーン）

岡　吉村さんの演出がおとなしすぎますね。ただ衣裳なんかは本物でいいよな。全部本物で（飛行機のことか？）、軍の協力がこれだけあるということは大したもんですよ。

佐　こっちの方がよく青島さんのあれが出てますか。

岡　こっちの方がいいですね、戦後の（『犯罪者は誰か』）よりは。相当不便というか、不自由で青島さんの本当の調子が出てないです。

✧『犯罪者は誰か』

岡　スクリーンプロセスに合わせなければいけないから、手前に合わせると駄目なんですよ。このへんが良くないな、と思って。

佐　当時は、実際に走らせるということはできないですか。

下　できない。

佐　ハリウッドもそうですよね。

岡　ハリウッドはプロセスがしっかりしてたから、ビリー・ワイルダーの東ドイツのデートリッヒがスパイで。よくできてたもんねプロセスが。

岡　人物配置とか動きとかそういうのはやっぱり青島さんだけどね、全体の仕事の流れがね、やっぱり戦後だっていうか、何か不安定ですね。

下　小松原重政は菅原謙次ですね。平井岐代子は水谷さんの奥さん。

岡　これは中野正剛が戦争に反対する映画ですよ。彼は自殺したんじゃないですか。

（抒情的な音楽のシーン・みどり［鈴木美智子］と皎太郎［若原雅夫］の会話）

佐　これは実際はもっと明るいんですかね？

岡　そうですね、大事なところになるとビデオは駄目ですね。きちっと狙ってるんですけどね、こういうところは。

佐　ちょっと暗いですね。

（阪妻の演説）

下　合成だね。

佐　どことどこが？

岡　屋根の上だけ。カメラの前にガラスで絵を置いて、描いたのを置いて、やってんですよ。そういうトリックは昔から時代劇などで唯一合成で。このへんの構図はどうも良くないですね。何となく青島さん力が無いんだよね。演出もよくないよね。

（別のシーン・植森［阪東妻三郎］と妻［平井岐代子］の会話）

岡　これちょっと空間が空いてますよね。この当時の製作情況とかあるから、当時の他の大映の作品と比較してみるといいと思うんですがね。

佐　カメラを覗いた時にガッカリするような俳優ってあるんですか？

岡　ありますよ。何か全然しようがないというようなのがいますね。

佐　そういうのは何しても駄目ですか？

岡　駄目ですね。

（別のシーン・阪妻の声）

岡　このへんはいいですね、青島さんらしい。上は意識的に空けてるんじゃないかな。空間が多いのは戦前の厳しさを人物の配置によって、ということを考えてるんじゃないですかね。青島さんのロングは……。

佐　あまり撮らないんですか？

岡　あまりね。話が面白くないからね。

（別のシーン・失明した皎太郎とみどりの会話）

岡　このへんはレフが動いたりなんかして。フィルムがなかったのかも知れないね。

（別のシーン・中江［見明凡太郎］と植森の論争）

佐　こういうシーンは引きが多いですよね。さっきといい。

岡　何か迫力が……。情景から攻めていくという。

佐　そういう感じですよね。

下　これ（中江のこと）、モデルは東条です。

岡　（？）

今のあれと違ってこういう軍服はしっかりしてるね。これを今も参考にすればいいのに。

その点アメリカ映画はしっかりしている。

佐　こういう構図が多いですね、わざわざ空けているような。

岡　青島さん、あまりのってないような気がしてしょうがないんだ、この映画。

（別のシーン・みどりの声）

岡　（？）

これ田園調布だね。

（別のシーン・中江が皎太郎とみどりに語る）

佐　セットはこの時代にしてはちゃんとしてますよね。

下岡　そうですね。

佐　青島さんらしさがよく出ているのは、『最後の帰郷』の夜の月明かりの、あのあたりの叙情性みたいなものですか。

岡　そうですね。あのへんのテクニックはお手の物なんです。フィルムが残っているものでは『霧笛』が一番いいですよね。

◆

新興キネマで青島と仕事をしている新藤兼人監督（1912～2012）にもインタビューした。

新藤は、1935年に新興キネマに入社、1936年に村田実監督の『桜の園』、翌年に溝口健二監督の『愛怨峡』に、ともに美術助手として参加、1939年に『嵐に立つ女』（青山三郎監督、青島順一郎撮影）で美術監督として一本立ちする。その後、同年の『海棠の歌』（深田修造監督）、翌年の『女性本願』（田中重雄監督）でも美術監督として青島と仕事をともにしている。その後、多くの作品で美術を担当するが、1940年11月封切の落合吉人監督の『南進女性』で脚本家としてデビュー。1941年に入って『北極光』『春星夫人』（ともに田中重雄監督）の脚本で青島と仕事をともにしている。

新藤兼人インタビュー　2000年2月28日

新藤　『桜の園』で美術の水谷浩の助手についたんですよ。現場にほとんどつきましたね。青島さんについては村田さんとずっとやってこられて名キャメラマンだということは聞いていたわけですよ。特徴はキャメラをスタンダードに目の位置にもっていく、低くもなく高くもなく。俯瞰するとか、あおってやるとかは、よほどの監督の注文がなければやらないんですね。それは非常に特徴でしたね。ファインダーを覗きながらパンをするわけですが、ファインダーはレンズの横についているから、少しずれてるわけですね、けれどそれを少しもはずさない。慣れない人は修正したりするんだけど、青島さんは流れるようにしましたね。非常に上手い人だったですよ。当時は一級のカメラマンがずっと一流の作品につくということだったんですね。『灰燼』は見ましたが、中野英治が主演で、負傷して官軍に追われて山を走るところがあるんです。比叡山のケーブルにキャメラをのせて、そういう撮影をした。僕は『摩天楼』の「争闘篇」と「愛欲篇」を両方見ましたけど、その頃から青島順一郎の名は知ってました。村田実は巨匠だったもんですから、重要な作品は全部村田実がやってましたね。青島さんがトップのキャメラマンだったから、ずっと組んでやったんだと思いますね。村田さんは素晴らしい人で、今はみんな昔の映画を知らないからあまり評価しないけれど、日本映画にとってこの人の功績は大きいと思いますね。

それで青島さんのことですが、背の高い人で、ガッチリした人ですよ。『桜の園』の脚本の国広周禄は村田実のこと。撮影は大きな家でなかなか一杯には入らないから、三つに割っていれたんですね。表も老木などがあって、ほとんどセットでしたね。二階の撮影をするのに一日やってもすまないんですよ。村田さんは何遍も何遍もテストやるから、みんな立ちっぱなしなんですよ。村田さんはその時糖尿病だから助監督のもってきた一升瓶の水を飲みながらやっている。

それで村田さんが亡くなって、青島さんは田中重雄と組んだ。それは田中さんが新興では一級の監督だったから。そして『北極光』という映画がある。僕はシナリオと美術をやったんです。樺太へ行って、シナリオはできてたんですが、その手直しをしたり、美術のことをやったりして、その時に青島さんと一緒だった。酷寒の真冬に行って、ウタス（？）の森にロケーションに行ったり、幌内川の。ウタスの森というのはギリヤークやオロッコやアイヌがいて。その島に閉じ込めたわけですけど。国境線ですが、岡田嘉子が越境した所へも行きました。それで僕は新興をやめて溝口健二の『元禄忠臣蔵』に行きましたから、その後の青島さんの新興から大映のことは知らないですね。

佐相　『北極光』のあとに新藤さんが本を書いておられる『春星夫人』がありますね。

新　それはシナリオライターだから現場へは行ってない。『北極光』はたまたま美術をやったために現地に行った。青島さんは大先輩ですから、僕等は軽々しく声をかけられない。遠くから見てましたけどね。あまり喋りもしないし、冗談も言わないしね。むやみに人を叱ったりもしない。昔はネガを見て、うまくいってるかどうか判断しますね。そういうのを見て凄いと思いましたよ。名人芸みたいでしたね。ライトや絞りは全く勘というか技術の経験でやる。例えば潰し、夜のシーンは赤いフィルターをかけて撮る。そのフィルターを間違えると映らなくて全く真っ暗になってしまう。青島さんはその加減がとっても上手いですよ。

佐　ちょっと話を戻して『桜の園』なんですが、これは当時の評判があまりよくなくて、簡単に言えば新劇趣味であると。新藤さんが凄いといわれるのはどのへんを？

新　東山千栄子さんの、原作のラネーフスカヤが帰ってくるところ、それがとっても魅力だったですね。この箪笥も、とかいうところがありますよね、そこは移動したと思いますけど流れるようなキャメラでよかったですねえ。評判が悪かったのは、原作をそんなに変えないでそのままやったわけですよ。例えば万年学生の千田是也の役なんかは日本にはそんなのは存在しない。

佐　批評に書かれてますね、千田是也のは。

新　それはね、そういうふうな映画を撮っていた人ではないんですよ、村田さんというのは。『摩天楼・愛欲篇』にしても『霧笛』にしても『女の友情』にしても。どういうわけか『桜の園』だけは原作と同じようにしたんですよ。千田是也が目立つ役で、この人の芝居はオーバーでしょ。だけど僕はそれなりに村田さんもそれを予期して、青春時代というか、新劇をやってきて、チェホフといえば新劇の中心にあったような劇だから、そのまま果たそうとしたんじゃないですかね。それはね換骨奪胎して描く能力を十分持ってるから。それまでの作品、見てもね。『灰燼』なんてのは傑作でしたね。それの感動なんてのは忘れませんよ。中野英治が逃れて家に帰ってくる。兄が小杉勇で、弟が中野で、お母さんが英百合子。お父さんは誰だったか。みんな集まって、弟が帰ってきては家の不名誉になる、と。そこで兄は腹切って死ね、と。お母さんが、すまないねえ、と言うんです。その次のカットは行燈に向けて血が飛ぶんです。それが死んだ象徴になる。そして行燈に火がついて家が燃える。そのへんが素晴らしい演出。映画のモンタージュも、空間的な処置も実に新感覚で素晴らしいんですよ。比叡山のケーブルで撮ったのも。チェホフそのままに撮ったのも村田さんに意図があったと思うんですよ。

佐　例えば千田是也の演技なんかもそういうふうにさせたと？

新　そうそう、そういうふうに演出したんですよ。

※佐相註＝千田是也については同時代の批評に次のようにある。

一層醜悪なのは千田是也（原作のトロフイモフに当る役）であり霧立のぼるの少女相手のラヴ・

シーンで築地の翻訳劇そのもの〻絶叫をする。これは正視するに忍びない。

（『東京朝日新聞』１９３６年5月20日「新映画評」）

特別出演の東山千栄子、千田是也の演技も香しくない。殊に千田など、時に醜体に近いことがあつたが、これはやはり映画の演技を知らないことから来るのであらう。

（滋野辰彦「主要日本映画批評」『キネマ旬報』１９３６年5月21日号）

千田是也の学生を見たまへ、菅井一郎の禄平を見給へ、一は、人間の言葉にならぬ台詞を朗読し、他は、わざとらしい身振をやる。大正八九年の信州の田舎といふ写実、つまり、この一家の没落の背景をなすものへは、何ら顧慮が行はれてゐない。

（戸方左千夫「映画批評」『映画評論』１９３６年6月号）

千田是也の恋人は扮装醜悪を極め、そのおちよぼ口でしやべる夢見たいな台詞は、時に不愉快にさへなる。これが先づ重大なミス・キヤストである。

（『報知新聞』１９３６年5月16日「試写評」、［中代生］筆）

新　タイトルは白バックに桜の園と黒で書きましたね。横移動で。

佐　村田さんはカットが細かいんですか。

新　細かいのもあるし、これは長かったですね。新劇出身の村田さんが長い間の夢を実現したような作品だったんじゃないですかね。日活時代の『摩天楼』とか『この太陽』とか受ける作品を随分やってるんですよ。『この太陽』なんかは日活が看板作品として作ったものですね。

佐　１９３９年の『嵐に立つ女』とか『海棠の歌』で新藤さんは美術を担当されてますが。

新　僕は新興キネマで七十本くらいセットをやってますよ。それは記憶にはないですが。当時はひと月に大泉で四本、京都で四本、同時にやってるわけですよ。『桜の園』の美術は舞台からやったんですけど、いい美術ですよ。

佐　このセットは賞められてますね。

新　そうでしょ。酒田の本間美術館に行って、あの家の見取り図を持って来て、それをアレンジして作ったんですよ。

※佐相註＝この点について『中央新聞』１９３６年5月10日夕刊「映画セットの劃期作」には次のようにある。

新興東京村田実監督の全発声『桜の園』は本格的芸術映画となすべくあらゆる点に周到な注意を払つてゐるが、特にセツトは一万円を投じて従来にない凝り方を見せ、安藤家の内部のみに十五杯のセツトを組むと云ふ大がゝりなものである、その主なるものを記せば

安藤家の本陣（三〇〇坪）中庭（二五〇〇坪）桜の園（厖大な山を取入れ二〇〇坪）納屋（十二棟）穀物小屋（五棟）厩（三棟）倉庫（六棟）

等で、安藤家のモデルは北陸坂田の某邸と云はれ、すべて北信州の様式を参考に水谷美術部長が苦

新　ほとんどセットでやったんですよ。街道で物乞いする野原などもセットでやりましたから。そういうふうなセットを中心とした様式ね、統一するためにほとんどセットだったんです。特に村田さんがそうやったんです。

佐　やはり新劇的にということがあるんでしょうね。

新　一つの世界をつくるために。だから実景的なことは撮らない。

佐　桜の木はやはり作って。

新　桜の木は始めのシーンに僕と水谷さんで、大泉の大きな桜の木を切ってきて、植えたんです。門の前に。そしたら村田さんが来て、駄目だと言うんです。つまりほんまもんだから。骸骨みたいのを作れと言うんです。それで新たに材木に縄を巻いて粘土でやって、色を塗って骸骨みたいのを作ったんです。桜が美しく咲く花ではなくて、貴族階級の崩壊というのがテーマですから、桜の生々しく咲き誇っているのではなく、骸骨のようなものでなければいけないというのが監督の狙いなんです。会社は村田実の言いなりなんです。何でも思う通りにやれるんです。映画は儲かってましたからね。つまらない作品もあったけれども何を作っても入るんです。

佐　ああそうですか。『桜の園』の撮り方が凝ってるというようなことはなかったですか。

新　ありましたね。青島さんが力入れてやりましたね。監督の意図を生かすように。

佐　面白そうですね、これね。

新　みんなに糞味噌言われるような作品じゃないんですよ。

佐　ちょっと意図が判らなかったという。

新　そのまま翻案してやったというような、ということで、映画的ではないというふうに言われたと思うんですけれども。意図があってそうやったんです。

佐　なるほどね。

新　村田実の『霧笛』だとか、『灰燼』だとか、『摩天楼』だとか、それと比較しての反論はありましたね。何だ、っていうような感じで。

佐　それと違うということでね。

新　そうそう。

佐　村田さんは『霧笛』ぐらいしかフィルムが残っていなくて、我々は今見ることができないんですが、評価する人とぼろくそに言う人と分かれている感じがするんですが。

新　進歩的な考えを持った人で、実験的なことをやってますからね。

佐　それを評価するかどうかということなんですね。

新　それが凄い人なんじゃないですか。『路上の霊魂』やったりね、新しいもの、新しいものへと入って行こうという。

佐　『桜の園』が１９３６年で、この翌年に溝口さんの『愛怨峡』があるんですよね。似たような旧家の話で。

新　あれは信州の宿屋なんです。

佐　あれは本物を使ってるんですか。

新　本物を使いましたが、中はセットで。水谷浩の助手についたんです。水谷さんという人は日本建築に興味をもっていた人で、日本建築ではちょっと右に出る人はないいんじゃないかと、美術監督としては。その後、溝口さんの美術をずっとやることになって、『残菊』もいいし、『浪花女』もいいし、最後の『近松物語』もいいし、『雨月物語』もいいし、いい作品をたくさんやってますよね。大変、才能を発揮した人ですが、僕はその人に弟子入りしましたが、個人的な付き合いも深いんだけどね、尊敬してましたね。溝口さんも水谷さんの美術を見てビックリしたんだと思う。それまで村田実がずっとやってたんだけども。それで新興キネマから下加茂へ行く時に溝口さんに乞われてセットに行くんです。『残菊』と『浪花女』と『芸道一代男』をやった。『元禄忠臣蔵』は僕もいっしょにやりました。水谷さんが美術監督で、僕が建築監督になってますが、現場は僕がやったんです。新興と日活と大都、三つが一緒に大映になって、大変なので水谷さんは東京を離れられないんで、僕が京都で現場を受け持ったんです。

（以下、テープの劣化のため聴取不能）

（テープの交換で聴取が可能となる。『北極光』の話に移っている）

新　樺太は北海道と違って雪が積もらない、風が強くて。王子製紙が樺太で製材をやってるから、その施設を借りて、撮影したんです。そういうことで樺太で全部撮っていこうという。風土に慣れてなくて、大変でしょ撮影も。それでスタッフが反乱を起こしたんです。

佐　ああ、そうですか。

新　反乱を起こして要求を出したわけです。僕はずっと美術監督でやってるから、スタッフの長になってるわけよ。小道具・大道具・カメラ助手・助監督それに美術がいて。マネジャーの田代という人をみんなで殴ったんです。

佐　（笑）

新　殴ったんですよ、部屋へ呼んできて。小道具に強いのがいましてね。とにかく戦争の映画を撮ってるわけですから、軍靴があるから、それで部屋へ呼んでみんなでひどく殴ったんです。でも樺太だからすぐ復讐するわけにもいかないわけです。こっちもそういうことを見込んでやったわけです。撮影は続けたんですよ。謝ったんですよ。何が待遇が悪かったのか、はっきり覚えていませんが、僕が代表ではあるんですよ。僕は美術監督で、待遇が悪いとは思ってなかったんですが、まあ大変ではあったと思うんですよ。それで不満がつのって殴って、その人は暴力団と関係があるということになって、理由を言ったらお前らバラバラにしてやるということで、撮影ができなくなる。暴力団は結局来なくて、何でもなかったんですけどね。

（以下、テープの劣化のため聴取不能）

◆

この新藤氏へのインタビューで、私は『桜の園』に興味をもち、少し調べてみた。映画『桜の園』のシナリオは『近代映画』第3号（1936年3月）に掲載されているが［その全文は後掲］、その末尾には「附記」として村田実が「演出に際しては構成に多少の訂正を加へ、時代も大正時代の初期に改めるつもりです」と書いているから、シナリオと映画には違いがあると推定できる。しかしここではチェホフの原作とシナリオとを比較しながら、新藤の語っていることを理解していこうと思う。

新藤はここでまず東山千栄子が演じた役と、千田是也の演じた役について述べている。東山千栄子の役はシナリオでは、大地主安藤雅晴（演じるのは汐見洋）の妹・兼子であり、原作のラネーフスカヤにあたる。新藤はその東山千栄子が「篳篥云々」というシーンの移動撮影の素晴らしさを指摘しているが、それは原作の第一幕（1998年発行の岩波文庫で28ページ、以下原作のページ数は同書による）で、パリから五年振りにロシアの故郷の桜の園と呼ばれる領地に戻ってきたラネーフスカヤが我が家に入ってきてこんなことを言う場面のことであろう。

わたし、じっとしてられないの、無理なのよ（跳びあがってせかせかと歩き回る）嬉しくて息が止まりそうだ……ばかな女と笑ってちょうだい……なつかしい本棚さん（本棚に接吻する）、わたしのテーブルさん……

（小野理子訳）

シナリオではここのところは東京から五年振りに広大な桜林のある安藤家に戻ってきた兼子が母屋に入ってこんなふうに言う。

あゝあたしぢつとして座つてゐられない。笑つて頂戴。あたしなんて馬鹿なんでせう。この戸棚だつて懐しいわ。この机もこの衝立も。（39ページ）

新藤はそのシーンの素晴らしさを六十年以上経った時にもしっかりと覚えていたのだ。「そこは移動したと思いますけど流れるようなキャメラでよかったですねえ」と語っているから、青島の移動撮影が冴えていたのだと想像できる。

さて一方の千田是也の役は農場の苦学生・芹沢友夫であり、原作のトロフィーモフにあたる。トロフィーモフが最初に登場した時のいでたちは、「着古した学生服姿で眼鏡をかけている」（39ページ）とある。彼はラネーフスカヤの息子・グリーシャの家庭教師だったが、そのグリーシャは溺死してしまい、ラネーフスカヤはその悲しみに堪えきれず、愛人とフランスに出奔してしまう。それから五年経って、今、彼女は故郷の「桜の園」に戻ってきたのだが、彼女はトロフィーモフに会っても初め誰だか判らない。ラネーフスカヤは言う。

あの頃は子供みたいな可愛い学生さんだったのに、今じゃ髪もまばらで、眼鏡なんか掛けて……それでもまだ学生なのね。(41ページ)

トロフィーモフは「多分、僕は永遠の大学生なんです」(41ページ)と答えている。こんな「永遠の大学生」なんか当時の日本には存在しないと新藤は言っているのだが、シナリオではここのところは少し変えている。兼子が、「友さん随分老けてしまつたわねえ。あの時分あなたは、まるで子供でほんとに可愛い学生さんだつたのに。大学はもう卒業したんでせう」と言ったのに対し、友夫は「金が続かないので、途中で止しました。今は農場で働き乍ら勉強してゐます」と答えている(40ページ)。つまり友夫を「永遠の大学生」ではなく、今では農場で働きながら勉強している存在に変えているので、これなら当時の日本にも実際にいたように思えるが、新藤はこれをも日本には存在しないと感じたようだ。

トロフィーモフの考え方は、第二幕の66~67ページによくあらわれている。「労働することこそが大切」だと彼は言う。人類は働いて、真理を求める人達をできるだけ助けなきゃいけない。それなのに、わがロシアのインテリは何もせず、百姓を家畜同然にあつかい、誰もが深刻な顔で哲学論議をするが、その目の前で労働者はひどい食事に、ひと部屋三十人、四十人もが枕なしに寝ている。

別のところでトロフィーモフはアーニャに言う。

あなたの先祖は代々農奴主で、あなた方が控えの間より奥へ通しもしない人達の稼ぎによって生きていることに気づいていない。そうした過去に償いをし、決着をつけなければ現在を生き始めることはできない。その償いは、苦労すること、絶え間なく限りなく労働することによってのみ可能だ。（74ページ）

トロフィーモフはアーニャに自分の思想を語りながら、気分が昂揚してくる。

僕を信じて下さい、アーニャさん。僕はまだ三十に満たない若造で、学生です。でも、すでに人生の辛酸をなめてきました。まるで冬のように飢え、病いと不安に苦しみ、乞食のように無一文で、運命の意のまま西に東に、地の果てまで追われ、さすらったのです。それでも僕の心は、いつも、どんな時にも、夜も昼も、名状しがたい予感に満ち溢れていました。僕は、幸福を予感します。すでにそれが見えているのです……（75～76ページ）

ほら、そこに幸福が来ている。もうどんどん近づいてくる。僕にはすでにその足音が聞こえる。だから仮に、僕たちがそれをこの目で見、現実に触れることができないとしても、かまわない。ほかの誰かが、きっと見てくれるだろうから！（76ページ）

こうしたトロフィーモフの考えはロシアの思想のどういうところに位置づけられるのだろうか。トルストイの思想とも関わるだろうか。社会主義思想とはどうだろう。

宇野重吉『チェーホフの「桜の園」について』（麦秋社、1978年）の「資料」（尼宮玲子編）によると、「トロフィーモフの語る思想には、ラヴローフやミハイローフスキイの影響がみられる」という。ラヴローフ（1823〜1900）は、バクーニン、トカチョーフらとともに「七十年代」のナロードニキの代表的な一人である。「ロシア革命の福音書」として十九世紀ロシアの良心の書であったラヴローフの『歴史書簡』（1868〜69年）には、ナロードニキの行動の精神的な出発点となっていた「人民に対する負債」の思想が明確に表現されているし、ナロードニキ運動の基である「最高の真実、最高の幸福」という人類の「真なる進歩」のための倫理基準が提出されている（『チェーホフの「桜の園」について』329・335・342ページ）。

第三幕の87〜92ページまでのトロフィーモフとラネーフスカヤの対話。ラネーフスカヤの愛人を非難するトロフィーモフに、ラネーフスカヤは堪忍袋の緒が切れて言う。

一人前の男にならなくちゃ。あなたの年齢なら、恋する者を理解出来なくちゃ。自分も恋をして……ぞっこん惚れてみなきゃ！（腹だたしげに）そうよ！　あなたなんか、純潔ぶってる恋愛恐怖症に過ぎないわ。バカの変人の、出来損ないよ！

「恋愛を越えた高みにいる」ですって？　そうじゃないでしょ。恋愛まで成長してない、フィールスの言う「未熟者め」じゃないの。その年で情婦（いろおんな）の一人も持てないなんて！（91ページ）

トロフィーモフは怒って「あなたとは絶交です」（92ページ）と叫んで、控えの間の方へ去る。やがて階段で大きな音が聞こえる。アーニャとワーリャの悲鳴がおこるが、すぐに笑い声にかわる。

ラネーフスカヤとトロフィーモフの深刻な言い争いが、トロフィーモフが階段からころげ落ちることによって、一瞬にして「悲劇」は「喜劇」に転化する。それはトロフィーモフの階段からの落ち方がとても滑稽に見えたからであろう。作者チェホフはトロフィーモフの真面目さそれ自体に、どこか滑稽なところを付与させたくて、こんな場面をこしらえたのだろう。

第四幕冒頭のトロフィーモフと実業家ロパーヒンとの対話は興味深い（１１２～１１４ページ）。ロパーヒンが「わたしは百姓だ」と言ったのに対し、トロフィーモフは「あんたの親父さんが百姓なら、僕の親父は薬屋だった」と言っている（１１３ページ）。この台詞について岩波文庫の訳者・小野理子は訳註に「薬屋（アプテカーリ）は医師の代用もつとめる下級知識人である。このせりふはトロフィーモフが貴族でない、いわゆる雑階級出身者であることを示している。彼がロパーヒンに抱く親しみと反撥の微妙なゆれを理解させる」（１１３ページ）と述べている。現実的であり、金を重んじる実業家のロパーヒンに対し、金なんか何の権威もない、自分は自由な人間で、人類の最高の真理、最高の幸福を目指して進んでいくんだ、というトロフィーモフ。しかし、トロフィーモフはロパーヒンに「ま、そうは言っても、やっぱり僕はあんたが好きだけどさ」と言う。

さて一方、シナリオにおける芹沢友夫はどのように描かれているだろうか。

友夫が初めて登場するのは40ページ（『近代映画』第3号）である。故郷に戻ってきた兼子にあいさつに来た友夫。養女の浪江は兼子に、「此の方、安来村の友夫さんですわ。そら良一の家庭教師に来て下すつた」と言う。兼子は「あの良一の……」と泣く。「あの子は、ほんとに可哀さうな子……でも友さん……卒業したんでせう」と言うと、友夫は「金が続かないので、途中で止しました。今は農場で働き乍ら勉強してゐます」と答える。この友夫のありようは前にもふれたように原作のトロフィーモフとは変えている。

そのあと兼子の娘の綾子がやってきて、友夫の腕を抱いて出て行く。綾子は浪江が私達のことを変に思って監視してる、と言うと、友夫は「あの人はね、僕達が、恋愛を超越してゐる事がわからないんだ」と言う。そのあとの友夫の台詞は基本的には原作と同質だが、ただ「労働することが大切なんだ」というトロフィーモフの台詞は抜けている。これが社会主義的な意味合いを持つとして検閲に引っかかることを考慮したのだろうか。

友夫と綾子が手をつないで桜林の中に立っている（43ページ）。友夫は言う。「一切の古い生活。一切のとらはれた考へから解放されなければいけない。真に自由を得た時、道が開けるのだ。」「御覧なさい、骸骨のようなこの桜の園を。君達の御先祖は、百姓達を、奴隷のように使役して、この桜の園を造つたのだ。この木の一本一本は、百姓の血と汗とを吸つて、こんなに肥つたのだ」。そしてト書きには、「凄い顔をした百姓の幻想が、桜の根をほつてゐる。恐ろしい彼等の、うめき声が聞えて来る」とある。非リアルな象徴的な場面である。綾子は友夫の考えに共感し、「あたし、こんな家から出て行くわ」と言う。友夫は言う。「新しい時代がやつて来る。新しい時代の足音が聞えて来る」。

43ページ下段からは友夫と兼子の対話である。ここは基本的には原作と同じである。そして怒った友夫が「梯子段からおつこちる」のも、階段から落ちる原文と同質である。ただこの時、女性達が傍におらず、彼女等に笑われることがないのは原文と違っている。そしてこの違いは大きな違いであったと思われる。映画では友夫が落ちるところを実際に見せたようだ。それも階段から落ちる音と女性達の悲鳴と笑い声という声だけで表現した原作と違っている。その違いは、同時代に次のように批評されている。

原作では第三幕の印象深い劇的技巧の一になつてゐる、トロフイーモフが、大いに昂奮して饒舌(しやべ)つて引退ると、やがて、けたゝましい音が、裏階段の方からきこえる。アーニヤが腹を抱へて出て来て、泣いてゐる母親に、トロフイーモフが階段から落つこつたのよ、と告げる。あの辺を、千田是也に現実に階段から滑り落ちさせて、それを見物に「見せて」ゐる点などは、およそお座がさめる。

（西村晋一「桜の園」『日本映画』1936年7月号）

原作とシナリオを読んだ私の印象もこの批評と同じであり、間接描写によって趣深い味わいが出ている原作に対し、ただ「梯子段からおつこちる」と直接描写しているだけのシナリオは原作の味わいをすっかり失わせてしまっている。村田が何故原作のようにしなかったのか。何か意図があったのかどうか。

44ページ中段からの友夫と禄平（電鉄会社の重役）との対話。ここは原作のトロフィーモフとロパーヒンとの対話とは少し違っている。次のところである。

禄平「君は矢張り農場で働くつもりかね？」
友夫「あゝ。」
禄平「君の様な学者を、あんな農場で働かして置くのはおしいでなあ。」
友夫「君の知つた事かい。」
禄平「君をもう一度、東京へ出して大学を卒業さしてやりてえだ。」

これは40ページで友夫をトロフィーモフとは違った境遇にしたことから出てくる違いであるが、友夫が今農場で働いており、これからも農場で働くことになるところが原作との大きな違いである。しかし、友夫も「貧乏人も金持も一様に有難がるお札といふ奴が、僕に取つては紙屑も同様なんだ。ね、いいか、僕の求めてゐるのは真理だ。金でもなければ、学校でもない。」というように、窮極的な目的が「真理」を求めるところは原作のトロフィーモフと共通している。

人々が皆出発する日、友夫は「新生活万歳」と叫び、綾子も続いて「万歳」と叫ぶ（45ページ下段)。

◎骸骨のような桜の木について

シナリオでは冒頭の「安藤家の桜林」のシーンは次のように書かれている。

道路から安藤家の門に通ずる真直ぐな路の両側は、二町歩からの広大な桜林である。／冬、十二月、雪は一面に地を覆ふて、二百年を経過した桜の巨木は、骸骨の様に冬枯れの姿を夕空に伸ばしてゐる。(35ページ)

すでにここで桜の巨木は「骸骨の様」だと描写されている。原作にはこんな描写は無い。原作では第四幕の最後に、「遠くで音が、天から降ってきたような、弦の切れたような、すうっと消えていく、もの悲しい音が響く」とあるように、音を象徴として使っているが、シナリオではそれをヴィジュアルな骸骨のような桜で表現したのである。

シナリオでも最後の「桜林」のシーン(46ページ)で、「崩潰を象徴した怪奇な響が起つて、桜の巨木は花吹雪を立てて、バタリバタリと倒れる。」とあるように、「音」によって古きものの崩れることを表現しているが、同時に画面上でも骸骨のような桜の巨木が倒れるところを表現したと思われるので、舞台上にはあらわさず、ただ「音」だけで表現した原作とは違っている。原作の最後の「天から降ってきたような」云々という「もの悲しい音」は桜の木が倒れる音とは別のものであり、完全に非リアルで象徴的な音になっている。その点がシナリオとは違っている。シナリオの最後の音はあくまで現実の桜の木が倒れる音であるが、しかし同時にそれが「崩潰を象徴した怪奇な響」になっているのである。映画はこれをどんな音で表現したのか、興味深いところだが、その音を担当した人の名前も資料には載っていない。

◎街道で物乞いする野原もセットでやったということ

これはシナリオの「一里塚のある街道」というシーン（42ページ）。家が差し押さえられ、憂鬱な気分で、兼子・雅晴・綾子・浪江が歩いている。「その時崩壊を象徴した怪奇な響」。そして「あだかもこの怪奇の響の中から出て来たように浮浪人が現れる」。浮浪人は浪江に十銭恵んでくれと言う。浪江はおびえて逃げる。しかし兼子は小さいのがないから、と言って、五十銭銀貨を恵む。家が困っているのに、「わたしつて、なんと云ふ馬鹿なんだらう」と兼子は泣く。

ここは原作では第二幕。打ち捨てられた小さな礼拝堂のある野原。そこにラネーフスカヤ、ガーエフ、ロパーヒンがやって来る。ロパーヒンは、土地を別荘用に貸すかどうか回答を迫る。話をそらすラネーフスカヤとガーエフ。そこへさらにトロフィーモフ、アーニャ、ワーリャが来る。ここでトロフィーモフは働くこと、真理を求めることの大切さを熱弁するのだが、やがて「遠くで音が響く。天から降ってきたような、弦の切れたような、すうっと消えていく、もの悲しい音である」。そこに白いよれよれのハンチングをかぶり、コートを着て、少し酔っている男が通りかかり施しを求める。ワーリャは悲鳴をあげるが、ラネーフスカヤは金貨を恵む。彼女は自分のことを馬鹿だというが、シナリオの兼子のように泣くことはない。（71ページ）

★

トーキーシナリオ〝桜の園〟　村田実

主要人物概説

大地主……安藤雅晴（汐見洋）

五十歳。その地方きつての郷士だけに、名門特有の気品はあれど、祖先の名誉に対する誇りと、過去の栄華に対する夢を、ひたすら追求するばかりで、現実生活に対しては、全くの無能力者。

性は善良であるが、臆病で、怠慢で、無気力で、世間知らずで。性格自体が危機である。

雅晴の妹……兼子（東山千栄子）

四十歳は越してゐる。雅晴と同一型の名門婦人。伝統の夢より覚め得ない点では彼と同一であるが彼よりも強い意地を持つてゐる。性生活に対する熱情をもつてゐる。母性愛をもってゐる。感情生活は、彼よりも遙かに豊で、悲劇の主人公たる資格を具備してゐる。

兼子の娘……綾子（霧立のぼる）

十八歳。女学校卒業間際である。彼女は若いのだ。身も心も生き生きしてゐる。彼女の未来は太陽の如く耀いてゐる。

彼女の現在は青春を歌つてゐる。彼女は輝かしい前途の夢より他何ものも無いのだ。

兼子の養女……浪江（伏見（ママ）信子）

二十三歳。彼女には暗い憂鬱な陰がつきまとつてゐる。それは彼女の生ひたちにあるのだ。

自殺した父、崩壊した一家、孤児となつて、兼子に拾はれ、養女として育てられたのだ。

彼女は、安藤一家に恩義を感じて、女中のように真黒になつて働いた。家政を心掛ける者のない、安藤家のためには、青春を忘れて、家政婦同様に、一家の切り盛りに心を砕いた。

だから彼女の性格は現実的である。恐らくは、安藤一家の興亡を心から心配してゐるのは彼女だけなのではあるまいか。然し彼女にも夢はあつた。寂しい夢だ。トラピスチスに行つて修道女になりたいと云ふ。また恋もあつた。ほのかな。それも唯禄平が、彼女を思つてゐるといふ事を聞いたからである。

電鉄会社の重役……江口禄平（菅井一郎）

三十歳を越した若さで重役の位置を占めた精力絶倫の活動家だ。彼は貧農の家に生れて、赤手空拳無一文から叩き上げた新興資本家階級の代表的人物である。百姓出身で粗野ではあるが、性は善良、事業に対しての熱情は、火の如く燃え盛つてゐる。力のかたまりの如き彼は、精力のやり場のない時は、常に両手を振り廻すと云ふ癖をもつてゐる。そんな時でも彼の眼前には、大事業の夢が、チラついてゐるのであらう。

農場の苦学生……芹沢友夫（千田是也）

二十七歳。夢想家である。人類最高の理想を夢みて、現実の人生を把握してゐない。夢見る人としては雅晴と同様である。唯雅晴は年老いて過去を夢見、彼は、若さの故に未来を夢見ると云ふ違ひがあるだけである。そして、彼の若さは、熱をともなひ、熱が人の心を動かす力を持つてゐる。だが病身であり、実際的の才能に欠けてゐるから、夢は、いつまでたつても、唯夢として残つて行くだけである。純潔で、勇敢であるが、実行力はない。彼も、貧農の出ではあるが、彼の顔に耀く大きな鉄ぶちの眼鏡が、智的なものを暗示するので百姓の面影はない。寧ろドンキホーテのユーモアを漂はしてゐる。

安藤家の下男頭……久爺（三桝豊）

九十歳を越してゐる。耳は遠く、身体は震へ、腰は曲つて、杖無しでは歩けない。伝統を象徴した人物である。

同　支配人……栄蔵（宮島城之）

三十歳。農民の憂鬱を象徴した人物。決して笑つた事がない。微笑もしない。

同　下男……留吉（森元千万雄）

二十三歳。無智の象徴。

同　女中頭……お島（浦辺粂子）

三十歳。苦労人。下積みの者の不幸を代表してゐる。

兼子の小間使……お滝（高倉輝子(ママ)）

二十歳。無智で本能的ではあるが、東京への憧れと夢を持つてゐる。留吉の正直さに比較して彼女は甚しく生意気である。

地主……篠山（藤嗣日出夫）

四十六歳。金銭万能の象徴。

浮浪人……（錦町慶二）

四十歳。陰惨の象徴。彼の持つ雰囲気は、この劇の主要な役割を演じてゐる。

兼子の情人……（南部章三）

四十三歳。兼子を説明するための人物。兼子の好みに適する程度の紳士風。だが、無能力者特有の無気力、怠惰を暗示する動作、眼のみは狡猾に動く。

＝安藤家の桜林

道路から安藤家の門に通ずる真直ぐな路の両側は、二町歩からの広大な桜林である。

冬、十二月、雪は一面に地を覆ふて、二百年を経過した桜の巨木は、骸骨の様に冬枯れの姿を夕空に伸ばしてゐる。

此の巨木の間を、杖に頼つて、這ふ様に歩いてゐるのは、此の家の久爺である。何か訳の解らぬ事を呟き乍らふるへる手で、地に落ちた枯枝を集めてゐる。

その時、一陣の風の如く、何処ともなく湧き起る怪奇な響、崩壊の象徴だ。

ひと度、物凄い唸りを上げると何処ともなく遠く消え去つて行く。

久爺は、恐しい暗示を受けたものの如く、拾ひ集めた枯枝を抱へて、安藤家の門の中へ逃げ込み母屋の土間の障子戸を開ける。

＝母屋の内部

久爺は、あわてて障子戸を閉め

久爺「御維新の時にも、あの音が聞えただ。」

台所にゐたお島が怪訝な顔で久爺を見てから一寸、聞き耳を立てて

お島「何も聞えやしねえよ。よつぽどうかしてゐるだ。やつぱり年のせいかな。」

お島は、おひつを抱へて

お島「さあ皆、おまんまだよ。」

天井裏に架つてゐる梯子から留吉が降りて来る。

この大きくて、時代の錆のついた、土間から囲炉裡端へかけてのガランとした空間は、物

凄いまでの寂しさ。留吉と、久爺は、板の間に腰をかける。大きなおひつと、四人分の食器が寂しく並んでお島は、土瓶に、お湯をさしてゐる。栄蔵は、表に面した帳場から出て来て炉端に坐る。それから茶碗に飯をついで、物ほしさうにあたりを見廻す。小鉢物などは見当たらない。

留吉と顔を見合せ唖然としてゐる。飯をかきわけると処々に豆が入つてゐる。お箸の先に豆をつきさしてつくづく眺める。

お島「そんな顔をするでねえだ。毎日毎日豆飯ばか喰べさせるなあ、俺がのせいぢやねえだよ。」

その時奥へ通ずる椽側の戸口が開いて、怒りをふくんだ、蒼白い浪江の顔

浪江「何だつて？　お豆の御飯がどうしたんだつて。」

お島「……」

浪江「今、家が、どんなに苦しいかお前達には解らないのかい。昔の事を考へたら、そんな事が云へた義理かい。（お島に向つて）お前なんか、内のお祖父様に拾はれたんぢやないか。角兵衛獅子の子にしておくのは可哀さうだつて。お豆の御飯ばかり喰べてるのが嫌だつたらさつさと出て行つておくれ。」

浪江は眼に一パイ涙をためて、持つて来た土瓶にお湯をさし、奥へ入つて行く。

四人は黙々としてゐるが、お島が小声で

お島「自分だつて拾はれたでねえか。あの子のとつつさまア首くつて死んだだよ。」
久爺「さうよ。あの子の父ツアマは、地主は地主だつただが、すつかり左前になつてよ。内の奥様はお優しいお方だで、養女に貰はつしやつただよ。」

＝茶室

綾子の伯父雅晴は、一生懸命、謡曲を唸つてゐる。側に食後のお膳がおいてある。浪江が入つて来てお茶をつぐと、雅晴は一口に飲んで

雅晴「綾子も、もう東京へ着いたらうなあ。」
浪江「えゝもうやがてつく時分でございませう。でも心配ですわ。綾ちやんは初めての一人旅ですから。」
雅晴「うん。あの子も一生懸命なのだよ。」

と云つて又謡ひを唸り出す。

浪江「お母様きつと帰つて来て下さいますわねえ。」
雅晴「今度は、帰るだらう。もう五年になるからなあ、わしも逢ひたいよ。たツた一人の妹ぢやからなあ。」

＝東京の場末のアパート＝兼子の室の前

雅晴の妹兼子は倒れるやうに部屋のドアへ消える。

＝兼子の部屋

兼子は畳の上に、泣き崩れる。

二間つゞきではあるけれど、小さく汚い部屋だ。あの安藤家の豪壮な屋敷に並べて、余りにも貧しげである。

窓には夕暮の空がかゝつて、裏町の屋根、屋根。細い煙突から煙が上つて、物干の干物がゆらゆらと風のまにまに。

時々近くの省線のガードから、電車の走るけたゝましい響。

＝同じくアパートの玄関

兼子の情人が外から入つて来て階段を上つて来る。

＝廊下

情人は、兼子の部屋の前に立止り、そつとドアをあける。

兼子の手が、コップの水の中へ毒薬らしい粉末をあけてゐる。

情人は狼狽して、靴のまゝ駆け上り、その手をつかむ。水は飛び散り、コップは落ちて壊れる。

兼子「死なうと生きようと自分の勝手ですわ。」

情人「まだ、そんな事を云つてゐる。だから俺は、謝つてゐるんだ。さあ、俺と一緒に帰つてくれ。」

兼子「私は、故郷も、娘も、親戚も、みんな棄てゝあなたの処へ来たんです。分けて貰つた財

産は、みんな貴方の為に、使ひ果して了ひました。それだのに、それだのに……」（涙）

情人「だから、あの女とは手を切つたぢやないか。」

その時ドアが開いて女中のお滝が帰つて来る。情人はテレる。兼子は涙をふく。お滝は見て見ぬふりをする。だがお滝は、畳の上に靴のまゝ上つてゐる男には思はず唖然とした。

情人もそれに気がつき、あわてて、靴ぬぎの処まで退却する。

お滝は、買つて来た切り花を、流しの上におき

お滝「先程、電報が参りました。」

と云つて電報を兼子に渡す

「ユウ六ジ　ツクアヤコ」

電報を見てゐた兼子の顔には忽ち微笑があふれ、嬉々としてお滝に

兼子「まあ、綾子が来るんだよ。娘が来るんですよ。迎へに行つてやりませう。」

そわ〳〵して立ちかけ、腕時計を見る。

兼子「おやおや、もう間に合はないね。滝や、なぜもつと早く云はないんだねえ。でもお花を買つて来てくれて丁度よかつたよ。その花瓶に早く持つておいで。」

ふと気がつくと、入口の処に、情人がまだ立つてゐる。

兼子「あなたはまだそんな処にゐらしつたの。綾子が来るんですから、早く帰つて戴きます。」

情人「さういふことなら一まづ帰るが、機嫌を直してくれよ、」

兼子は相手にならずに花瓶に花を生け、お滝は雑巾で、こぼれた水や、靴跡をふいてゐる。

情人は、放りツぱなしにされた自分を哀れみつゝ、割切れない気持で帰つて行く。

兼子「もう一つの花瓶はどうしたい。」

お滝「お隣りですわ。」

兼子「あゝさうだつたねえ。」

と云つて出て行く。

＝廊下

兼子が隣室のドアに消えた時静かに階段を上つて来たのは綾子。女学校の制服、外套、帽子毛糸の手袋。古びたスーツケース。

一つ一つ名札を見て、やつと兼子の室を探当て、ドアをノツクする。お滝が首を出す。

お滝「まあ、お嬢様。」

綾子「滝やかい。まるで変つてしまつたねえ、すつかり東京風になつて。」

お滝「あらお嬢様――さあ、お這入り遊ばせ。一寸奥様を、およびして参りますから。」

と云つて隣室へ行く。

お滝が隣室のドアを開けつぱなしにしておいたので、綾子がそつと覗くと、部屋には人が一ぱいゐて、煙草の煙がもうもうとしてゐる。女給や、ダンサーや、学生や、サラリーマンが集つて麻雀をしてゐる。

兼子は、お滝に花瓶を持たせて部屋から出て来る。五年振りの親子の対面だ。はじめは昂奮で口もきけなかつた。唯涙が何かなしに流れる

綾子「お母様！」

兼子「大きくなつたねえ。」

兼子は綾子を抱いて部屋へ入つた。

＝兼子の部屋

二人は、卓の前に坐して、手を取り合つた。

綾子「お母様からの手紙を、読みましたら、心配で心配で、それに学校もお休みでせう。だから飛んで来ましたの。」

兼子「もう来春は卒業だねえ――伯父様は？」

綾子「とてもお母様に、逢ひたがつてゐらつしやいますの。――すつかり内の工合が悪くなつてねえ。みんな抵当に這入つて了つたのですわ。」

兼子「伯父様は、人が好いんだからねえ。騙されて、そんな事になつたのだよ。――内の兄妹は、みんなさうだよ。わたしだつて……」

ふと写真立を見る。そこには可愛い六歳の男の子、良一の姿がある。

兼子「あゝ良一、可哀さうな私の良一（と云つて綾子に向ひ）お父様が亡くなつて、一月たゝない中にこの子が――それも家の前の川へ落ちて死んだんだからねえ。私はお家を見て

も、あの川を見ても、悲しくつて、じつとしてゐられなかつたのだよ。だから東京へ逃げて来たんだけれど、今では、やつぱりお家が懐しいよ。」

綾子「ぢやお母様、私と一緒に帰つて下さる？」

兼子は思はず、自分の胸へ、ひしと綾子を抱きよせて

兼子「帰りますとも、帰りますとも、あすこが私の故郷だもの」

＝雪の積つてゐる故郷の村（朝）

＝雪の積つてゐる故郷の村

兼子の声「世界中で、たつた一つの私のお家だもの。」

＝雪の積つてゐる桜の園

＝安藤家の全景（朝）

カメラは静かに移動して、母屋の入口に迫つてゆく。

篠山が土間の入口から這入つて行く。

＝母屋の内部

囲炉裡端で、花瓶に、水仙を生けてゐた栄蔵が、振り向いて

栄蔵「おやつ、篠山の旦那かね。珍しいでねえか、どう云ふ風の吹き廻しかね。」

篠山、腹立たしげに栄蔵を見る。

栄蔵「お前さんとこも借金で苦しんでるだつて評判が立つてるが、どこの地主さんも同じこん

だ。」

篠山（相手にならず、お島に）「奥様が、今日お帰りにならつしやるつて本当だかね。」と云つて疲れたらしく欠伸をする。

お島「本当とも、本当とも、旦那様はじめ皆でお出迎へに停車場へ行きなさつただ。」

＝雪の積つてゐる村の停車場

汽車がつく。雅晴と浪江が、留吉を連れて、迎へに出てゐる。

兼子、綾子は、お滝をつれて二等車から降りる。

雅晴（走りよつて）「兼子や、よく帰つて来て呉れたねえ。」

兼子「お兄様。」

あとは唯涙

浪江「留や、早く荷物を下すんだよ。」

留吉とお滝が、鞄類を下してゐる。

浪江（綾子の側によつて小声で）「二等で来たのねえ。」

綾子「それがねえ、お母様つたら、どうしても二等でなくては嫌だつておつしやるの。滝やまで二等なのよ。——利子は払つて？」

浪江「駄目なの、もう直き差押へになるんですつて。」

＝電鉄会社の事務室

給仕達が机の上を整頓してゐる。外で大きな声がする。

緑平の声「あゝいふ記事の書き方をされちや困るだ。」

緑平は、両腕を振り廻しつゝ新聞記者と共に入つて来る。

緑平「第一、ハツキリと線路のある電車にひかれるなんて、間がぬけてるだ。それでも会社は、チヤンと病院へ入れただからな——何が不誠意ぢや——今後、君とこの新聞には一切広告を廻さんぞ。」

緑平は懐中時計を見て

緑平「こりあいかん。汽車は着いてしまつただ——君の為に奥様の出迎ひも出来んぢやないか。」

記者「あゝ、安藤さんの未亡人がお帰りか。」

緑平（急に笑顔になつて）「奥様はお優しい方でな、俺の小せえ時分にや、よくお世話になつたもんだ。その時分はまだ、お若くてお美しかつただ。俺の親父は安藤家の小作人だつたでなあ。」

記者「ほほう、世の中は変れば変るもんぢや。その小作人の伜が、今ぢや重役様、総支配人。そして御主人の安藤家は左前。」

緑平「だから我輩は、奥様の為に一骨折らうと思つとるだ（折鞄を抱へて）一寸、お屋敷まで行つて来るだて、御無礼する。」

慌てゝ事務所から出て行く。

＝事務所の前

幾條もの線路、覆ひかぶさるように立てゐる車庫の壁。地には雪が残つてゐる。

禄平はすぐ自転車にまたがつて走り出した。

＝母屋の内部

旅装のまゝの兼子は、雅晴、浪江、綾子と共に、レンズ前から囲炉裡端の方へ上つて行く。

浪江「お母様。お母様のお部屋は、もとのまゝにしてありますわ。」

兼子（囲炉裡端に立ち止つて）「私、子供の時分、よく此処で、うたゝ寝をしてしまつたものだわ」（ふとお島に気がついて）

兼子「お島や、お前、御亭主と別れたんだつてねえ。」

お島「はい……」

何かつゞけて云ひたげなお島にかまわず、兼子は、雅晴について、浪江、綾子と共に奥へ入つて行く。

＝廊下

雅晴は、かまわず自分の部屋へ。兼子は、懐しさうにあたりを見つゝ浪江、綾子と共に離れの方へ。

＝安藤家の離室

兼子（娘達の部屋に立つて）「お前達のお部屋も、もとのまゝだねえ。」
　と云つて部屋を出て二階の階段を上つて行く。浪江、綾子それにつゞく。

＝馬小屋の側

お滝「お前さん誰れ？」

留吉（皿を持つたまゝお滝に）「すつかり見違へてしまつただ。まるで、お嬢様みてえだ」

お滝「ふゝん（留吉に近づいて）お前さん一寸好い男だね」

留吉「忘れただか、心細えこんだ。太郎兵衛の息子だに。」
　留吉は、有頂天になつた拍子に手に持つてゐた皿を落す。こわれる。
　その音にお島驚いて、馬小屋の方をのぞく。
　お滝、すばやくかくれる。

お島「お前さん其処で何してゐるだ」
　栄蔵も馬小屋の方を振りむく

＝母屋の表

　緑平自転車で着く。そしてそつと中を覗く。

＝母屋の内部

　浪江と綾子が、奥から出て来て、囲炉裡端に座る。

＝母屋の表

緑平は自転車の喇叭をはづして、そつと中へ這入る。

＝母屋の内部

緑平は、こつそり浪江の後に近づき、急に喇叭をならす。

浪江「アツ……」

綾子も驚く、緑平は大笑ひして逃げる。

浪江は鼻にしわをよせて「イー」とやる。

緑平「ハツハハ……」

大笑し乍ら、帳場へ行き栄蔵、篠山達の仲へ入る。

囲炉裡端では、綾子が、あごで緑平の方をさし

綾子「あの人、まだ浪ちやんを貰ひに来ないの。随分あなたを思つてるつて話だけれど。」

浪江「でもあの人、仕事の方が忙しくて、私なんかにかまつてはゐられないんでせう（と言つてから調子を変へて）あなたのブローチ、飛行機ね。」

綾子「これお母様が買つて下すつたの。（と言つて寝転んで）東京でね、あたしデパートへ行つたわ。」

浪江「あたしは、あなたが立つてから色々な事考へたの。あなたをお金持の処へお嫁にやつて、あたし安心が出来たら北海道へ行きたいの。奇麗な修道院があるんですつて。そんな所で暮したらどんなにいいでせう。」

浪江が話してゐる間に綾子居睡りをする。

浪江「綾ちやん。汽車で寝られなかつたんでせう。寝たらどう。」

奥から久爺が出て来てお島に

久爺「奥様はこゝでお茶を召上るだ。仕度は出来てるだかね。」

お島狼狽てる

久爺「早くしるだ。何愚図々々して居るだ」

浪江「爺や、急に元気になつたねえ。」

久爺「えゝ待つた甲斐がござえました。奥様にお目にかゝりや今死んだつて思ひ残りはござえましねえ」

奥から雅晴は謡を唸り乍ら兼子と出て来る。

雅晴「昔わし達はよく此の囲炉裡の側へ来たがつてお母様に叱られたもんぢや。」

雅晴（鼻を蠢かして）「誰れかこゝで味噌を焼いたな。」

綾子（浪江に）「わたし行つて休むわ（と云つて母と伯父に）おやすみなさい。」

兼子「おやすみ。お前ちつとも寝なかつたからねえ。」

雅晴（兼子に）「お前もあの位の時分はあの通りだつたよ。」

篠山と禄平、兼子のところに来て

篠山「随分おくたびれでござえましたらう。」

緑平「奥様覚えてござらつしやるかな。緑平でごぜえますだ。」

久爺は雅晴と兼子にお茶を持つて来て出す。

それで緑平の話の腰が折られる。

兼子「爺や有難う。よく気がついてお呉れだつたね。わたしが囲炉裡の側でよくお茶を飲むことを忘れずにゐて呉れたんだねえ。」

其処へ荷物が届く。浪江は立つて行つて、留吉や滝やお島、栄蔵等にその荷物を運ばす。

兼子「まるで夢の様だ。あゝわたしうちが一番好き。爺や、お前が生きてゐて呉れたんで、どんなに嬉しいかしれやしないよ。」

久爺「おとゝひでごぜえましたよ。」

雅晴「爺やは耳が遠いんだよ。」

此の間、篠山と緑平は隙があつたら兼子に話しかけ様としてゐる。

緑平「奥様、わしの親父はあんたのお父様や、祖父様にお仕ひした百姓で御座えますだ。」

だが兼子はまだ緑平の存在を認めない。

兼子「あゝあたしぢつとして座つてゐられない。笑つて頂戴。あたしなんて馬鹿なんでせう。この戸棚だつて懐しいわ。この机もこの衝立も。」

緑平はしきりと両腕を振り廻し出した。

雅晴（兼子に）「お前の留守の間に婆やが死んだよ。」

兼子「可哀さうなことをしましたね。」

雅晴「それに藪睨みのチビはわしの手を離れて上原さんのところへ勤めてゐるよ。」

篠山（夫人に）「うちの娘が宜しく申しましただ。」

緑平（ソワソワして時計を見乍ら独白）「わしは仕事がうんと溜つとるでなあ。」

兼子は初めて緑平の方を見る。

緑平（それに気づき急に笑顔をつくつて）「奥様は何時までたつてもお若うごぜえますだ。」

兼子「あら緑平さんね。まあ随分立派におなんなすつたわ。」

緑平テれて「いやナアニ…その…時に御無礼でごぜえますが、お宅の家屋や桜の園が抵当流れになると云ふ様なお話しを伺ひましたで。」

兼子（思ひ出して雅晴に）「お兄様うちの地所が差押へられるつて本当なの。」

緑平「奥様、そりやさう御心配なさらなくとも此の緑平にいい案がごぜえますで……。」

雅晴「何んぢや、何んぢや。」

緑平「まづ第一に、町からこゝまで、電車を敷きましてな。」

兼子「あゝさうさう。あなたは電鉄会社にゐらつしやるんですつてね。」

緑平「はあ。そこで此の桜の園と川沿一帯の土地は風景もよろしいで、此処をこまかく分割致しやして住宅地にするでごぜえますだ。少なくとも年に万の収入は間違ひねえ処と思ひますで。」

雅晴 (憤然と)「君は何んて失敬な馬鹿げたことを言ふんだ。」

兼子 「緑平さん、あなたのお話しはよく解りませんわ。」

此の頃から篠山は疲れて居眠りをはじめ、いびきをかく。

緑平 「つまり住宅地にいたすと申しますのは、田畑を潰して地均しをし、道路をつけて、古い家なぞ現に、このお屋敷なぞも、もう何んの役にもたたんものだで、とり毀してしまひ、前の桜の園なぞも伐り倒して……」

兼子 (驚いて)「伐り倒してしまふんですつて？ 此の桜の園を…あなたは何んにも御存じないのね。此の地方で何が誇りだと言へば、この桜の園だけですわ。日本中探したつて二百年からの桜の古木がこれだけ集つてゐる処はありはしません。」

緑平 (やつきとなつて)「そらあ、確かに大したものには違へごぜえません。だが花が綺麗だと云ふだけで実が喰べられるわけではなし、それに桜の寿命つたらさう永えものではごぜえましねえだ。もう二三年もしたらあの古木もみんな枯れてしめえますだ。」

雅晴 「此の桜の園は日本歴史にもちやんと載つてゐるのだ。」

緑平 (時計を見て、ソワソワし出して)「だが何とか方法をとらにあ抵当流れになつて、競売で叩き売られて了ふだで」

久爺 「十一代将軍様が江戸からわざわざござらつしやつて観桜の御宴をお開きになつた事もごぜえますだでなあ。」

雅晴（久爺に）「お前は黙つてゐろ。」

久爺はすごすごと引つ込む。

緑平「まあよつく考へて下せえまし、電車がひける自動車道が出来る。あの川にあボートが浮ぶ。赤い屋根や緑の屋根の文化住宅が、彼処にも此処にもと云ふわけで、十年の後には、理想的な田園都市が出来上りますだ。」

雅晴（ますます怒つて）「馬鹿な、馬鹿な、何んて馬鹿げた話だ。」

電報が来る。

浪江が兼子にそれを渡す。

兼子（読まずに引き裂いて）「東京からだね。東京とは縁切りだ。」

緑平は又両腕を振り廻しはじめた。

雅晴「お前はこの戸棚の年を知つてゐるかい。これは百年前に出来たもんだ。」

篠山（居眠りをしてゐたが、身体が急に前へのめつて驚いて）「百年！　へえ！」

雅晴「尊敬すべき戸棚だ。この家代々の人に仕へたんだからなあ。」

兼子「お兄様は相変らずね。」

雅晴はテレて謡を唸り出す。緑平は時計を出して見て

緑平「わしは出掛けにやならんでー」

久爺は何かブツブツ言ふ。

兼子「爺や、何を言つてるんだい。」

浪江「爺やは三年越しブツブツ言つてるんですよ。」

禄平（時計を出して見て）「ではまた伺ひますで。一つよつく考へて下さらんか。わしの案を御承知下さるなら五万円工面して参りますで。どうか真面目に考へて頂きてえと思つとりますだ。」

浪江「もういい加減にして御帰んなさいよ。」

禄平「帰りますだ。帰りますだ。では御免下せえまし。」

と云つた拍子に手にもつてゐるラッパが鳴る。狼狽てて去る。浪江微笑をもつて見送る。

禄平は振り向いて敬礼のまねをし自転車に乗つて去る。

雅晴「下等な奴だ。」

と云つて浪江を見て

雅晴「ご免々々。」

と云つて兼子に向ひ

雅晴「あれあ、浪江を貰ひたがつてゐるんだよ。」

浪江「伯父さま、余計なことを言はないで下さい。」

兼子「まあさうですか。結構ぢやありませんか。仲々親切者の様ですわね。」

篠山「さようさよう。親切者でごぜえますだ。」

と云つて篠山はすぐ居眠りをし、また急に眼を醒まして

篠山「奥様実はそのお願えに上つたわけぢやで。わしにその、百円貸して下さらんか。明日抵当の利子を払はにやならんで。」

浪江「家にお金なんかありませんよ。」

兼子「ほんとに、わたし一文無しなのよ。」

篠山「御冗談で御座えませう。奥様は東京にござらつしやつたでエツヘヘ……」

兼子「わたし何だかまだ汽車に乗つてゐる様な気がしますわ。」

久爺（雅晴の外套を掃除し乍ら）「また焼焦しだね。一体旦那様と云ふ人はどうすりやいいだかね。」

雅晴（兼子に）「お前も疲れたらう。一休みしなさい。」

兼子、雅晴、浪江奥へ這入つて行く。篠山あわてる。その時入口から友夫這入つて来る。

兼子が奥へ這入つて行くのを見てすぐ裏庭の方へ廻る。

＝本陣の側（本陣とは、昔領主の泊つた部屋）

兼子、本陣の所へ来る。

兼子「お殿様がいらつしやると、此のお部屋へお寝みになつたのねえ。お母様がよくそのお話をなさいましたつけ。」

友夫（椽側のところへ来て）「奥様ちよつと御挨拶にあがりました。」

浪江（兼子に）「此の方、安来村の友夫さんですわ。そら良一の家庭教師に来て下すつた。」

=綾子の部屋

綾子、部屋で眼を醒まし、友夫の声を聞いて、ソツと障子の隙間から覗いてゐる。

=本陣の側

兼子「あの良一の……」（と云つて泣く。）

雅晴「いいよ、もういいよ。」

兼子「あの子は、ほんとに可哀さうな子……でも友さん随分老けてしまつたわねえ。あの時分あなたは、まるで子供でほんとに可愛い学生さんだつたのに。大学はもう卒業したんでせう。」

友夫「金が続かないので、途中で止しました。今は農場で働き乍ら勉強してゐます。」

その時篠山庭先へ来て

篠山「奥さま、わしはもう帰りますだ。」

兼子「ありませんよ。」

篠山「でもたつた百円だで…きつと返しますだ。」

兼子「では考へておきませう。」

篠山「有難う御座えますだ。御願え致しますだ。」

（と云つて何度も頭をさげる）

兼子「兄さん貸してお上げなさいよ。」

雅晴「まあ財布を開けて待つてるがいい。今に沢山貸してやるよ。」

兼子「お貸しなさいよ。あの人きつと返しますよ。」（と云つて兼子庭を見る）「あゝ私まだ、お庭を歩きませんでしたわ。」（と云つて庭へ降りて行く。）

雅晴「兼子はまだ金をまき散らす癖がなほらない。」

と云ひつゝ浪江と共に庭下駄をつつかけて兼子のあとからついて行く。

浪江「ほんとにお母様は昔と同じね。お母様の云ふ通りにしてゐたらお金をありつたけまいてしまふわ。」

雅晴「あれは気のいい親切な女で、わしは心から好きだけれど、東京へ出て行つたことは、よい行ひと云ふことは出来ない。結局、身持が悪いと云ふことになるな」

とり残された友夫と篠山、顔を見合はす。

友夫「君は年中、金の工面で歩き廻つてゐるが、これだけの精力を以つてすれば世界を征服する事も出来るがなあ」

篠山ふくれつ面をして去る。

その時離屋の障子のかげで綾子の笑ひ声。

青春を思はせる。その高らかな笑ひ声。

友夫の眼は輝き離れ屋の方へ進む。

障子がさつと開いて綾子が現れた。

綾子「あなたの声がしたから、すぐ出やうと思つただけれど（ママ）浪ちやんがゐたから、止したの。浪ちやんたら、あなたが来ると、妙に監視してゐるのよ。私達のことを変に思つてゐるんだわ。」

友夫「あの人はね、僕達が、恋愛を超越してゐる事がわからないんだ。」

綾子「誰か来ると、うるさいから、裏へ行きませうよ。」

綾子は友夫の手を引つぱつて走り出した。

＝裏の土蔵の前

二人来る。

綾子「此処なら大丈夫よ。誰も来ないから。」

綾子は友夫の腕を抱いたまゝ、二人で石段に腰かける。

友夫「東京はどう面白かつた。」

綾子「とても眼まぐるしかつたわ。あたし本当に田舎者だと思つたわ——でも大きなビルデングが沢山あつて立派だわ。」

友夫「そりあ東洋一の大都会だからな。あれだけの処は世界中にだつて数へるほどしかありやしない。だがねえその立派だと云ふ事が何だと、云ひたくなるんだよ。僕は苦学してゐる頃、餓えと戦ひ乍ら東京のいろんな町で生活したからよく知つてるが、あの壮大なビルデイング街の一方には、塵芥と煤煙に埋れた汚い町が沢山あるんだよ。其処には餓えと寒さにふるへてゐる人々が充満してゐるのだ。」

綾子はじつと友夫の顔を見つめてゐる。

友夫「つまり日本は、今異状な飛躍をとげてゐる。科学でも芸術でも素晴らしい進歩だ。だがかうした文化に、取り残されてゐる者が無数にあることを忘れちやいけないと云ふんだよ。御覧、この農村を御覧、手近にうろついてる者達を御覧、彼等の何処に文化があるのだ。」

綾子「さうね、本当だわ。」

友夫の熱弁に、感激して、綾子は、ますます友夫の腕を強く強く抱いて行く。

友夫「だが人間は、真理を求めて、一歩一歩に自分の力を拡げて行く。今、出来ないことでも、明日は出来る。明日だよ明日だよ。我々の前には、その輝かしい未来が、あるぢやないか。」

綾子「素敵ねえ。」

＝桜の林

兼子、雅晴、浪江があるいてゐる。久爺が、杖をたよりに、雅晴のインバネスを持つて走つて来る。

兼子「子供の時代が懐しいわ。よく此処で、コートロ、コトロを唄つて遊んだものでしたわ。桜の木は、あの頃とちつとも変つてやしない。」

久爺「旦那様、外套なしでは、お寒うごぜえますだ。」

雅晴（久爺に、インバネスを着せて貰ひ乍ら）「これが借金のかたにとられるとは、どうも本当とは思へない。」

雅晴（地面を見て）「御覧、わし等の踏んでゐる土地を、十一代様も、この同じ土をお踏みになつたのだよ」

十一代将軍の観桜の御宴の幻想が、雅晴や、兼子を取りまく、奥女中達の美しい姿や、いかめしい家来達の姿。

雅晴「まことに素晴しい、御宴だつたさうだ。あゝ安藤一家は、何たる誇り高い家ぢやらう。」

この幻想を、ぶちやぶるような車輪の響がして、林の向ふの道を、一台のガタ馬車が走つて行く。そして門の中に消える。

浪江「今頃、誰が来たんでせう。」

門から栄蔵が走り出て来て叫ぶ。

栄蔵「旦那様！　旦那様！」

浪江狼狽てゝ栄蔵のところへ走り行く。

栄蔵「執達吏で御座えます。」

雅晴「何んだ何んだ。」

栄蔵「執達吏でごぜえます。差押へに参つたと云ふのでごぜえます。」

雅晴（眼に泪を浮べて）「抵当にはいつてゐるものだけで足りなくて、家にまで差押へにやつて来るなんて。」

兼子（わなわな戦き乍ら）「何んと云ふ不名誉でせう。」と云つてカツと昂奮する。浪江はあわてて側へ寄り

浪江「お母さん！　確つかりして頂戴！　禄平が何んとかすると云つてたぢやありませんか。」

雅晴は、栄蔵と謡を唸り乍ら門の方へ消えて行く。（F・O）

＝母屋の内部

（二月）

百年経つたと云ふ戸棚は張られた。差押封印の大写。

その戸棚の前で競売をしてゐる。

執達吏。弁護士。銀行員。禄平。道具屋五人。

皆のセリフの調子は、憂鬱に、低調に、

執達吏「五円。五円。」

道具屋Ａ「六円。」

道具屋Ｂ「六円五十銭。」

道具屋Ａ「七円。」

禄平「八円。」

執達吏「八円。八円。八円。」

それ以上の買手がないので

と云つて書類に書きこみ、皆、次ぎの品物の方へ行く。

＝母屋の天井裏

ここは物置兼、下男部屋だ。栄蔵、留吉、お島、お滝が集つてゐる。

栄蔵「あんな奴に、お屋敷中、荒し廻られたでは旦那方だつて、じつとしちやあゐられねえだ。」

お滝「お屋敷も、もう永持ちはしないねえ。」

お島「いよいよとなつたら、おらも、奉公口探さにあ。」

栄蔵「手前を雇ふとこなんかねえだよ。」

お島（怒つて）「お前だつてねえだ（と立ち上り）こんな時よ、おら相談する相手もねえだ。どうせ一人ぼつちよ（と云つて梯子を降り乍ら）おら一体、何する為めに生れて来ただ。」（降りて行く）

栄蔵（もじもじしてゐたが、急に改つてお滝に）「相談あるだ（と云つて、又気を変へ）何んでも旨く行かねえ時を考へて用意してあるだ（と云つて棟につるしてある縄をひつぱり、自分の手を、自分の首にあてがつて）これだ。ぶらさがつりあ。楽になるだからなあ。」

栄蔵（お滝の側によつて）「俺お前を嫁に欲しいだ。」

留吉はびつくりして、気をもんでゐる。

栄蔵「お屋敷が駄目になつても、俺にせいついてたら安心出来るでねえか。」

お滝「恩にきせるねえ。安心が出来るつて、笑はせるよ。私をお嫁にほしかつたら、ちやんと身分のある人を仲人に立てて、申し込んでおくれ。直接談判はお断りよ。」

栄蔵がつかりして棟につるしてある縄の側に行き眼をギヨロつかせてお滝を見乍ら縄を引つぱる。縄切れる。

栄蔵「畜生、此処ばかりが場所ぢやねえだ。表の桜林にも、好い枝ぶりがあるでなあ。」（と云つて梯子を下りて行く。）

お滝（驚いて）「あの人本気かしら。もしもの事があつたら私、どうしよう。」

留吉「大丈夫さ、いつでも女を口説きそこねるとあれを云ふだよ。」

お滝急に笑ひ出す、留吉は手をのばして、お滝をひつぱる。お滝は留吉のなすがまゝになりつゝ笑ひつゞけてゐる。

＝一里塚のある街道

憂鬱な雰囲気だ。兼子は両手に、綾子と浪江を抱いて涙に眼をくもらせて歩いてゐる。雅晴も少し離れて首をたれて歩いてゐる。

兼子「内がこんなになつてしまつたのに、私はくだらなくお金を撒き散す――一体、いくら残つてゐるんだらう。」

と云つて蟇口を出した拍子にとり落す。

「アツ」

銀貨が四散する。

浪江と綾子が拾ふ。

久爺が家の方から杖をたよりに走つて来て、インバネスを雅晴に渡す。

久爺「これをお召しなせえまし、少し冷くなつて参りましたで。」

雅晴「お前の親切にも飽き飽きした。」

雅晴インバネスを着る。

久爺「旦那様は、仕様のねえ方だ、フラリと出たりして。」

雅晴「あんな処にゐられるかい。道具屋達は、まだ帰らんのか。不愉快きはまる。こんなことなら誰から(ママ)遺産を譲つて貰えばよかつた。それとも綾子を大金持の処へ嫁にやるかだ。」

雅晴は急に思ひついたように、声を大にして

雅晴「京都の伯母様の処へ頼んでみようか。伯爵の未亡人で大金持なんだから。」

浪江「親類は何処も相手になつちやくれませんわ。」（泣く）

雅晴「泣かなくてもいい、お前の云ふ通りだ。伯母様は我々兄妹を好かないんだ。（と云つて兼子の方へ）大体、お前が、華族でもない、貧乏弁護士と結婚したのを怒つてらつしやるんだよ。」

兼子「さうですわ。私が悪かつたのです。ほんとにくだらない結婚でしたわ。あの人つたら、借金する事と、お酒を飲む事より知らないんですからねえ。お酒で死んだようなものだわ。」

雅晴「まてよ、伯母様は綾子を可愛がつてゐらつしやるから、あれが頼みに行つたら、貸すだらう。」

雅晴（綾子に向つて）「どうだ、お前京都へ行つてくれるか、学校休んだつていい。」

綾子「嫌だわ、嫌だわ、あたし、あの大伯母様嫌ひなんですもの。」（綾子泣き出す）

雅晴「じやいゝいゝ。行かなくてもいい。わしが手紙を書く事にするからな。」

その時崩壊を象徴した怪奇な響。皆驚く。

兼子「あれは何に？」

久爺「御維新の時にもこんな音が聞えましただ。」

雅晴「遠くの砿山で昇降機の綱でも切れたんだらう。」

あだかもこの怪奇の響の中から出て来たように浮浪人が現れる。

浮浪人「この道を行つたら町へ出られますかね。」

雅晴「あゝ出られるえ。」

浮浪人は浪江の側によつて。

浮浪人「お嬢さん。朝から何も喰べてゐねえんで十銭ばかり哀れんで下せよ。」

浪江、おびえて叫び声をあげて雅晴の方へ逃げる。

兼子「ぢやこれを持つといで」（と言つて金入れの中を見る）

兼子「困つたね。小さいのがないんだけれど、仕方がないわ。」

兼子の投げ出したのは五十銭銀貨である。

浮浪人（それを拾つて）「おありがたうごぜえます。」（と云つて去る）

浪江「あゝ気味が悪い。母さまつたら、家ぢや雇人に食べさせるものもないのに五十銭もやるなんて。」

兼子「仕方がないんだよ。（急に泣き出して）わたしつて、なんと云ふ馬鹿なんだらう。帰つたらありつたけのお金をお前に渡すわ。」

緑平が走つて来る。

安藤家の人々が気がつく。緑平はやゝ昂奮をもつて兼子に近づき。

緑平「御安心下せえまし。一品残らず私の手に落しましたで。今まで通りお使へ下せえ。」

兼子「ほんとに御親切ねえ。」

雅晴「ぢやあ、うるさい奴等は帰つたね。」

緑平「帰りましただ。」

浪江「ぢやあ、もう帰りませうよ。」

皆、家の方へ歩き出す。

緑平「ところで御決心がつきやしたかな黙つて叩き売られるか、それとも私の説通りに住宅地にするか。」

兼子「住宅地、住宅地つて、失礼ですが、あんまり俗ですわ。」

雅晴「わしも同感だ。」

緑平「まだ、あんた方は、そんなゆうちような事を云つてるだかね。（じれて）桜の園の競売日は、はつきりと決つてますぞ。」

雅晴「それでね、伯母の処から少し出して貰はふと思つてるんだよ。」

緑平「ほう、それや結構なこんだ。いくら出して貰へますかね。五万か。十万か。」

兼子「出した処で二千か三千よ。」

緑平（ますますあきれて）「なんてあんた方は、算盤にうとい人達だかね。そんな物が何になりますだ。もう一度申し上げておくだが、三月十日にや、桜の園から、お屋敷から、皆競売になるんですぞ。」

兼子「三月十日は祖父様の御命日だわ。十三回忌よ。何をおいても御法事だけは、立派にしませうね。」

雅晴「さうさ、やらなきあ、御先祖様に申わけがない。」

と云つてインバネスのポケツトに手を入れる。手に触れたものがある。取り出して見ると、裁判所から来た、競売日の通知書だ。（大写）ひろげて見て、嫌な顔をし、それを破つて吹き飛す。紙片は風のまにまに夕空高く舞ひ上つた。（F・O）

＝母屋の内部（夕方）

三月十日御法要の大振舞ひ、賑やかに、部屋は二間ぶつ通しの、それでも百姓や村人でぎつしりつまつてゐる。村人中の相当な者達は畳の間に。仕事着のまゝの貧農は板の間や表の縁台に。村の娘が、お酌をして廻つてゐる。お島も接待役をつとめ、留吉も定つき紋の半纏を着て動いてゐる。

客A「御先祖様は酒がお好きだと聞いてるだ。」

もう大部分の客は酔つてゐる。三味線の音もする。黒塗りばかりの食器と二の膳つきの御馳走も、もうほとんど平げられてゐる。

客B「何せ賑かなことがお好きだつたでな。」

もう二三人声をそろえて、土地の唄を歌ひ出した。玄関には、羽織袴いかめしく、久爺が座してゐる。お滝は外から、久爺に話かける。

お滝「品の悪い御法事だね。」

久爺「以前の御法事には、知事様や、師団長閣下もお見えになつたもんだが、今日は村長様だつて来やしねえだ。」

お滝「またかい、お前さんの昔話にやあ、あきあきしたよ。」

久爺「あの時の長芋づくりの鯛だつた、こんなに大きかつた。」

お滝「昔話の鯛ぢや喰べられないや。」

耳の遠い久爺も、これは聞えた。

久爺「何だとう。」

と怒る。お滝は鼻唄を歌ひ乍ら去る「あなたと呼べば、あなたと答へる　山のこだまの懐かしさ」

台所には、村の娘や、女房が手伝ひに来てゐる。赤坊や小さい子を五六人、二人の娘は相手をしてゐる。

綾子と友夫は浪江に気づかれないように、こつそり表へ出て行く。

紋服を着た浪江、お酒をとりに来たお島に

浪江「お酒なんか、いゝ加減にしておき、このお払ひは、一体、誰がするんだね、内には一文もお金がないと云ふのに、お母様にも、呆れて了ふわ。」

＝本陣

本陣では、坊様と兼子が、礼をしてゐる。兼子も紋服だ。羽織袴の栄蔵が、坊様を送り出す。母はじつと、競売場で奮闘してゐる、雅晴や禄平の幻想を眼に浮べてゐる。兼子、坊

様の残つたお膳の側にあつたお銚子をとりあげ、湯呑みに酒をついで、ぐつと飲みほして

兼子（急に大声で）「栄蔵！　栄蔵！」（と叫ぶ）

＝母屋の宴席

宴席の篠山は兼子の声を耳にする。

＝本陣

栄蔵、顔を出す。

兼子「お兄様も、禄平もまだお帰りにならないかい。どうしてこんなに遅いんだらう。伯母様の下すつたお金が役に立つたのかね。競売を延してもらつたのかも知れないよ。」

そこへ篠山顔を出す。

篠山「奥様はこゝに御座らしやつたか。まことにお見事な御法事で結構でございますだ。――あのお願ひ致しておきました百円、是非とも今日拝借願えてえで。」

浪江の声「お母様、お母様。」

兼子「何だい。」

浪江入つて来る。いささか昂奮してゐる。

浪江「桜の園が売れたつて話ですよ。」

兼子（ギヨツとして）「誰がそんな事を云つてるの。誰が。」

浪江「今町から来た人よ。」

兼子「一体そんな事を云ふのは誰だい。お兄様も禄平も何をしてゐるんだねえ（と昂奮して立上り、浪江に）その人はどこにゐるんだい。どこに。」

と云つて出て行く。浪江は兼子につゞく。篠山ぽかんとしてゐる。

＝母屋

兼子と浪江は台所に出て来る。そして噂をした人を夢中になつて探し廻る。見当らない。

浪江「今、ゐたんだけど、見当らないわ。」

兼子がつかりして宴席の側に座る。

客「失礼でごぜえますが、お一つ。」

と云つて、わざ〳〵盃を持つて兼子の側に来るものである(ママ)。それを兼子が飲むと、向ふからも、こつちからも、盃、盃、盃、盃、兼子は自暴自棄になつて、どん〳〵飲む。

浪江は心配してゐる。もう夜だ。

＝桜林

友夫と綾子が、手をつないで、立つてゐる。

友夫「一切の古い生活。一切のとらはれた考へから解放されなければいけない。真に自由を得た時、道が開けるのだ。」

夕星一つ空にかゝつて、美しく耀いてゐる。

友夫「綾ちやん。君も古い生活を立ちきつて新しい生活へ進まなきあいけないよ。進め、進めだ。」

綾子「あたし勇気が出て来たわ。あなたの言葉は、私を、どうかしてしまつたのよ。あんなに好きだつた此の桜の園も、もう何でもなくなつたわ。」

友夫「御覧なさい、骸骨のようなこの桜の園を。君達の御先祖は、百姓達を、奴隷のように使役して、この桜の園を造つたのだ。この木の一本一本は、百姓の血と汗とを吸つて、こんなに肥つたのだ。」

凄い顔をした百姓の幻想が、桜の根をほつてゐる。恐ろしい彼等の、うめき声が聞えて来る。

綾子「あたし、こんな家から出て行くわ。」

友夫「さうだこんな桜の園や、古びた家屋敷が何になるんだ。みんな棄てゝおしまひなさい。地球は広く。世界は美しい。」

綾子は昂奮して空を見る。月が出てゐる。

綾子「まあ、お月様が出たわ。」

友夫（月を見て）「あゝ、新しい時代がやつて来る。新しい時代の足音が聞えて来る。」

その時遠くで浪江の声「綾ちやん！　綾ちやん！」

綾子「浪ちやんだ。私達の事を気にしてゐるのよ。」

友夫「うるさいな。僕達が恋愛を超越してゐる事がわからんのかなあ。」

浪江が近づいて来るので、二人はこつそり、門の中へ逃げて行く。

浪江「綾ちやん！　綾ちやん！」

と云つて探してゐるが返事がないので門の中へ引き返す。

＝母屋の内部

浪江が這入つて来た時、綾子と友夫は其処に居た。

浪江「まあ！　此処にゐたの。（と側に近づいて綾子に小声で）お母様、変なのよ。あんな仲間と一緒にお酒を召し上つてゐるんですわ。」

兼子酔払つたまゝ、離屋の方へ立つて行く。

綾子、友夫、浪江それを見て、その方へ行く。

＝離屋の二階兼子の部屋

兼子自分の部屋へ入る。綾子、友夫、浪江来る。

綾子「どうしたのお母様。お酒なんか召上つて！」

兼子「誰れがこの土地を買はうと買ふまいと、構やしないわ。」

友夫「さうですよ。誰れが買はうと買ふまいと構やしませんよ。どつち道、もう人手に渡つたものなんですからね。だが奥さんこんな時ぐらゐ一生に一度、真実を見つめなくちや駄目ですよ。」

兼子「真実つて何？　あなたは真実が何処にあるか御存じでせうけれど、わたしは、めくらだからわからないの。あんたはどんな大きな問題でもどん〳〵解決して了へますけれど、それはまだ若いからよ。苦しんだことがないからですわ。恐しいものが見えないからですわ。もつとよく考へて、寛大な心持になつて、わたしを可哀さうだと思つて下さいな。」

友夫「それあ同情してます。」

兼子「わたし今は重つ苦しいの。とてもじつとしてゐられないの。お酒でも飲んで騒がなくつちや。」（と云つて泣く）

その時ハンケチを取り出して、手紙を落す。その手紙を拾つて

兼子「毎日東京から手紙が来るのよ。あの人がまた病気になつたんですつて、誰れも世話をしてやる人がないんですつて。可哀さうだわ。やつぱりあたしあの人を愛してゐるわ、愛してゐますとも。」（と云つて友夫の手を握る）

友夫「そんなに露骨に云はないで下さい。だつて、あの男はあなたを裸にしたつて云ふんぢやありませんか？」

兼子「そんな風に云ふもんぢやありませんよ。（憤りを我慢し乍ら）あなた矢張り中学生見たいな事を云ふのね。」

友夫「中学生だつて構ひません。」

兼子「早く一人前の男になるものよ。あなた位の年頃になれば、恋する者の心ぐらゐ解らなく

つちや駄目よ。あなただつてうちの綾子に恋してるんぢやないの。」

友夫「僕は恋愛を超越してゐます。」

兼子（腹立たしげに）「そんならあたし、恋愛以下に惰ちてゐるのね。いゝえ、あなたは純潔を気取つてゐるだけよ。さもなけりや片輪だ。惚れ込まなくちや駄目よ。色女の一人ぐらゐお持ちなさい。」

友夫（あきれて）「これア、恐しい。何を言ひ出すんだらう、とても堪らん。」と言つて逃げ出す。そしてまごくして梯子段からおつこちる。

＝母屋の土間

緑平と雅晴、帰つて来る。

緑平「奥様は何処だ。何処にゐらつしやるだ。」

そこへビツコを引き乍ら友夫が来る。

友夫「奥様は離れの二階だ。」

緑平、離れの方へ行く。

久爺は雅晴を出迎へる。

雅晴は半ば泣つ面をして、小さい紙包を渡し

雅晴「これを開けて呉れ。カマスの生火だ。今日、わしは朝から何も喰べてゐない。」

宴席から謡の声が聞える。

雅晴それに合せて唸つて。

雅晴「爺や！　あゝ疲れたよ。着がへをさして貰ふかな。」（と云つてまた謡を唸り乍ら奥の方へ行く。久爺ついて行く）

＝離れ屋の二階兼子の部屋

兼子「早く競売の様子を聞かして下さい。あの伯母様のお金、役に立つて。」

禄平「わしは感慨無量ぢや。まるで夢の様だ。わしの祖父も、わしの親父も此処のお屋敷の台所にも這入れなかつた小作人だつた。」

兼子「そんなことよりも、早くお話し下さい。桜の園は売れたんですか。」

禄平「売れて了ひましただ。」

兼子「誰れが買つたんです。」

禄平「わしが買ひましただ。」

しばし静寂。

兼子茫然自失する。

浪江はツゝと立上つて手に持つてゐた火箸を畳に叩きつけ荒々しく階段を降りて行く。

禄平「あなたは何故わしの云ふことをきいて下さらなかつただ。今となつては仕方ねえだ。桜の園はわしが買ひましただ。――お祖母様の三千円も出して頼んでは見たが聞いてくれんのでわしが六万円まで躍り上げてヤツと落しただ。桜の園もお屋敷もわしの物だ。」

禄平は昂奮して室を出て階段を下りて行く。

＝母屋の宴席

宴席へ行つた禄平怒鳴る。

禄平「諸君！　桜の園もお屋敷もみんなわしの物だ。親父や祖父が草場のかげで此の有様を見たら、何と云ふだか。土下座して御主人に仕へた百姓が。切り捨て御免の百姓が日本中にも類のない桜の園を買つたんだ。さア、皆！　飲んで呉れ！　今日の振舞は、俺が引き受ける。さア、桜の園の持主様のお通りだ。」（と云つて上座につく）

皆の者（小声で）「禄平が買つただとよ。」

「禄平は偉者だよ」（と騒音）

酔つ払ひの一人「江口禄平君万歳！」

他の人々全部「万歳！」

＝離屋の二階兼子の部屋

兼子は畳に突つ伏してすゝり泣く。

綾子（静かにその側に近づいて）「お母様、お母様、泣くことはなくてよ。わたしはむしろお祝ひするわ。桜の園は売られ、わたし達のものはみんな無くなりました。けれど、お母様の優しい心が残つてゐるぢやありませんか！　お母様、此処から出て行きませう。そして此の桜の園よりももつと大きい、もつと美しいお庭を作りませう。」

遠くで万歳の声が聞える。

（Ｆ・Ｏ）

＝母屋の内部

春四月。桜は満開。午後である。

家具はみんな運び出されて、空家のやうになつてゐる。

家族のもの丶少しばかりの荷物は、土間へ運び出されてゐる。

外にはがた馬車が待ち、挨拶に来た近所の百姓達がとぐろをまいてゐる。

浪江、栄蔵、留吉、お島、荷造りをしてゐる。

緑平（奥に向つて叫ぶ）「発車までには、もう一時間しかありましねえだ」（と云つて両手を振りまはしてゐる。）

奥から友夫が鞄を下げて出て来て靴を履く。片方足りない。

友夫「僕の靴はないか？」（と云つて捜し廻る）

緑平は友夫に茶碗酒一ぱいすゝめて

緑平「一杯どうだ。」

友夫「沢山だ。」

緑平「君は矢張り農場で働くつもりかね？」

友夫「あゝ。」

緑平「君の様な学者を、あんな農場で働かして置くのはおしいでなあ。」

友夫「君の知つた事かい。」

緑平「君をもう一度、東京へ出して大学を卒業さしてやりてえだ。」

と云つて緑平しきりに両腕をふりまはしてゐる。

友夫「御親切有難う。御礼に一つ注告させて貰ひたいね。外ぢやないが、さう両手を振り廻すのは止して貰ひたいよ。」

緑平「ふゝん、成程、やめてもいいだ。」

と云つてケゲンな顔をして

緑平「どうだね。もし東京に出るんなら学費は引き受けるがね。」

友夫「そんなものはいらないよ。（靴をさがしながら）所で僕の靴がないかな。」

浪江「この汚ならしいの、あんたの。」（と云つて靴を投げ出す）

緑平「俺は本気で云ふてるだ。金はここにあるだ。」（紙入を見せる）

友夫「御免をかうむら！　例へ一万円出して呉れたつて、受取らないよ。貧乏人も金持も一様に有難がるお札といふ奴が、僕に取つては紙屑も同様なんだ。ね、いいか、僕の求めてゐるのは真理だ。金でもなければ、学校でもない。」

緑平「真理か、真理のある処まで行きつけるかな。」

桜の木を斧で打つ音が聞える。

友夫「行きつけるとも、もし自分で行きつけなかつたら後から来る者に行きつく道を教へてやるよ。」

綾子（奥から走り出て来て）「お母様が此家を出て行かない中は桜の木を切らないで頂戴。」

友夫「ほんとにさうだ、君、その位のことが気がつかないのか。」

禄平あわてて外へ。

＝門の側

門の所まで走り出て、木樵達に怒鳴る。

禄平「俺が命令するまで待つてろ。」

＝母屋の土間

綾子「爺やが見えない様だけれども、病院へ行つたのかい。」

お滝「今朝行くような事を云つてましたから屹度行つたんで御座いませう。」

浪江（自分の腕時計を見て）「時間がない、もう出かけなきあ。」（と云つて綾子と共に奥へ行く）

＝井戸端

留吉がお滝を井戸端の所へ連れて行つて、

留吉「矢張りお前は東京へ行つて了ふのか、俺を棄てて。」（と云つて泣く）

お滝「だつて、奥様が連れてつて下さるつてんだもの。わたしには、こんな田舎は性に合はないんだよ。あゝ……東京！　東京！　何んて素晴しい処だらう。お前さん泣かないでおかはりでも作つたらいいぢやないか。」

留吉「ぢや行つたら、手紙でもお呉れよ。俺アお前がほんとに好きだ。」

お滝「人が来るよ。」（と云つて留吉の手を振り切つて去る）

＝母屋の内部

お滝土間に行き、いそがしさうに立働き「あなたと呼べば」を唄ふ。

旅装を整へて奥から謡をうなり乍ら雅晴出て来る。

雅晴（鼻を蠢し乍ら）「嫌にゴミつぽい臭がする。よく掃除をしなきやいけないな（と云つて奥の方に向つて）さア出掛けるよ。時間がないよ。」

＝本陣の側

兼子綾子と共に離れから出て来て本陣の処で止り

兼子「此のお家も、毀されて了ふんだね。」

綾子「お母様、もういいぢやありませんか！　これから新しい生活が始まるんぢやないの。わたし東京へ行つたら、何処かの会社へ勤めるわ。そしてお母様と一緒に暮しませう。御本を沢山読みませうね。」

＝母屋の内部

土間では、禄平と雅晴とが話してゐる。

雅晴「桜の園を売るまでは、みんな昂奮したり苦しんだりしたが、問題が落着してみると気が軽くなつた様な気がする。わしは、銀行へ勤めるやうになつたよ。月給八十円呉れるさうだ。」（と言つて表の方へ出て行く）

禄平「銀行か！　とても辛棒は出来まいて、おそろしく怠け者だでな。」（と言つた処へ）

雅晴、あわてて這入つて来て

雅晴「篠山が来たよ。いづれまた金を借りに来たんだらう。わしは逃げ出すよ」（と云つてあわてて裏へ行く）

篠山（土間へ這入つて来て）「いよいよ町へお引つ越しだね（といつて禄平に気がついて）お前さんに会へて良かつただ。借金をお返へしするだよ」（といつて四百円を渡す）

雅晴、物蔭からソツと顔を出し、安心して出てくる。

禄平（驚いて）「まるで夢の様だ、一体君は何処で手に入れただ。」

篠山「運と云ふものは妙なものでな。わしの土地から白い粘土が出ることが解つてな。」

禄平（懐中時計を見て）「遅いぞ遅いぞ」（と云つて奥へ這入つて行く）

＝本陣の側

禄平は兼子と綾子に出会ふ

禄平「さあ時間がありませんよ。」

兼子はなごり惜しげに禄平を見て

兼子「爺やは病気ですから、どうかお願ひしますよ」
緑平「安心して下せえ。雇人達はみんなわしが引き取りましたで心配いらねえだ。」
兼子「あなたとうとう浪江を貰つて下さいませんでしたね。家がこんなになつてしまつては今更——」
緑平「いいえ、いいえ、そんな事はごぜえません。つい仕事が忙しいので。」
雅晴の声「時間がないよ。」
　兼子と綾子が鞄を持つて行かうとする。
緑平「荷物は私が。」
と云つて鞄を持ちあげると口があいて中から品物が飛び出す。緑平あわてて拾ふ。兼子と綾子はそれを知らずに去る。浪江が荷物を持つて離れから出て来て緑平のひつくり返へした品物を手伝ふ、二人は間近で顔を見合せる。
二人はテレてもじもじしてゐる。
緑平「あなたも町へ御住居だかね。」
浪江「いいえ、わたし、青森へ行くつもりですの。幼稚園の保姆の口がありましたから。」
緑平「随分遠くへいらつしやるだねえ。」
浪江「え〻随分遠くですわ。」
　そして又話すことがなくなつてもじもじしてゐる。寂しい雰囲気。

雅晴の声「浪江！　時間がないよ」

浪江慌てて荷物を持たうとすると、

禄平「わしが持ちませう」（と云つて浪江から鞄を取つてどんどん出て行く）

浪江小さい荷物を持つて後からついて行こうとしたが急に悲しくなり、とめどなく涙が出て、そこに泣き伏す。

＝母屋の土間

禄平が土間にいそいで来る。

禄平「皆んなそろひましたな。さあ行くだ。お見送する者も皆、馬車に乗つて下せえ。」

皆外に出たが浪江が出ないので禄平一人残つて奥を気にしてゐる。浪江は泣き顔を見せず、奥から出て来る。禄平何か云ひたげであつたが浪江はあきらめ顔にさつさと外へ出て行く。

禄平がつかりして、力なく外へ出て行く。

＝外

皆んな外へ出て馬車に乗る。禄平は土間の入口の戸を閉めて、外から釘づけにする。

雅晴（百姓達に向つて）「皆さん、左様なら」（といつて馬車に乗る）

兼子（涙ぐんで）「なつかしいわたしのお家。左様なら。」

綾子（元気に）「わたしの古い生活左様なら。」

馬車は動き出す。

友夫（特に大きな声で）「新生活万歳！」

綾子（それについで）「万歳」

＝桜林

禄平が合図をすると木樵がバラバラと位置について斧を振ひ始める。

百姓達は皆、馬車について歩いて行く。

禄平は自転車に乗つて後を追ふ。

（Ｏ・Ｌ）

＝母屋の内部

閉め切られた暗い母屋の中。キヤメラ移動して秣小屋へ。藁が動いて中から久爺が苦しさうに唸り乍ら出て来て母屋の戸口の処へ行く。戸は開かない。

久爺「釘づけだな。みんな俺のことを忘れてつてしまつただ。旦那様はまた外套を着ずに、お出掛けにならしやつたかな。若い人つて仕様のねえもんだ。（と云つてから、わけの解らぬことをつぶやき乍ら椽側に腰をかける）あゝ、久爺の——生もどうやら終りに近づいたわい。だが一体何が残つてるだ。（と云つて椽側に横になる）あゝ精も魂もつきはててしまつただ。」

＝桜林

そして椽側の端に寝てゐたが、ゴロリと地面に転げ落ちて身動きもしない。

崩潰を象徴した怪奇な響が起つて、桜の巨木は花吹雪を立てて、バタリバタリと倒れる。

（F・O）

附記

演出に際しては構成に多少の訂正を加へ、時代も大正年代の初期に改めるつもりです。

村田　実

第II部

カメラマン
青島順一郎の軌跡

第一章　天活・国活時代

青島順一郎（１９０１〜１９４８）が天然色活動写真株式会社（天活）に入社したのは何時だろうか。大森勝は青島の天活入社を大森の入社の一年後だと語っており（「草創期のカメラマン」『講座日本映画１・日本映画の誕生』岩波書店、１９８５年、２２５ページ）、大森の天活入社が１９１６年1月だから（柴田勝「枝正義郎の記録」『映画史研究』No.13、１９７９年）、１９１７年頃の入社ということになろう。そして帰山教正の『深山の乙女』（１９１８年8月撮影開始、12月終了）に撮影助手として参加した（田中純一郎『日本映画発達史１』中公文庫、１９７５年、２８７ページ）。そのへんの事情について、帰山は後に次のように語っている。

最初は（佐相註＝『生の輝き』の時は）箱形のブレストウィッチと云うカメラだった。ちょうど大森というカメラマンがあいていたのでやってもらった。ところが二度目は（佐相註＝『深山の乙女』の時は）撮影所のほうに人があいていない。仕方がないから誰でもいいから、キャメラをかついでもらえばいいというので青島順一郎君を使った。実は彼はまだ助手だったのです。撮影はできない。それでもいいと云うわけです。キャメラは「キネマ・カラー」を撮った、大きなやつが、誰も使わないでおいてある。それで結構といってはじめました。（略）それで「深山の乙女」を撮ったのです。結局キャメラはなんでもいい、あとはこっちでやるという式ですね。

（横山運平、吉野二郎、田中栄三、ヘンリー・小谷、帰山教正、衣笠貞之助、徳川夢声「特別座談会　日本映画・若かりし頃」『目で見る日本映画の六十年』キネマ旬報社・1958年）

青島が撮影ができないとすれば、『深山の乙女』を撮影したのは誰だろうということになるのだが、帰山自身が『映画時代』1928年11月号の「十年前の話」において次のように書いている。

「深山の乙女」は、事実の処、変つたことを試みたいと云ふ考へから、筋立てしたものでした。美しい風景の紹介、時代劇の試作、和歌の映画化、活劇と自働車の利用、ダブル・ロールの試み等、抱負だけは沢山にあつたのです。／こうした事を何もかも一つの映画の中に含めてしまうのですから、映画の筋は結局の処、土で手工細工をやるやうなもので、妙なものとならざるを得なかつたのであります。／さて、日本アルプスのロケーシヨンのために上高地に出発することになり、俳優四人、技師一人と私とで一行六人、処が技師の大森君は会社の都合で行くことが出来なくなり、仕方がないので、当時助手で、やつとクランクだけ廻はせる位であつた青島順一郎君に同行をたのむことになつて、当然私がカメラマンも兼ねると云ふ状態であつたのです。

また『生の輝き』を撮影したけれども『深山の乙女』の撮影はできなかった大森勝は「草創期のカメラマン」で、質問に答えて次のように述べている。

――『深山の乙女』というのは、田中純一郎さんの本によると、大森さん撮影になっているんですよね。これは帰山さんがやられた？

大森　これは私が行くつもりだったんです。ところが急に秋田の横手に行くことになったんで、青島君は助手で行ったんですよ。帰山さんがカメラをほとんど回しました。

――大森さんは全く回してない？

大森　ええ。『深山の乙女』は回していません。

帰山は自ら、

あたしが大正四年（佐相註＝1915年）頃はじめて映画会社に入ったのは「キネト

フォン」という会社でした。景気も良くない時分で、当時妙なキャメラを買ってもらって、撮影から現像まで自分でやった経験がある。その上、一つやる以上は、なんでも自分でやらなくちゃだめだと考えていましたから、撮影は自分でマスターできた。

（「特別座談会　日本映画・若かりし頃」）

と語っており、大森も帰山はカメラを回すのが好きで、監督よりもどっちかというとカメラマンの方がいいくらいだと述懐している（「草創期のカメラマン」）。

また近藤伊与吉「逝ける映画芸術協会」（『映画時代』１９２６年10月号）も次のように書いている。

此全七巻深山活劇は撮影監督は例の如く帰山君で、撮影技師は色々な都合上（それも事実は撮影所で反対があつた為に）大森勝君は担任出来ないことになつたので、帰山君自らそのハンドルを廻すことになり、青島順一郎君と言ふ眉目秀麗の少年が助手として出動することになつた。

平井輝章「素稿　日本映画撮影史４」（『映画撮影』34号・１９６９年）では、『深山の乙女』の撮影を青島としており、カメラマン持田米彦も、「青島のカメラも日本アルプス大正池のあたりは移動も美しく、また東京ロケの花柳の1人2役は画期的なダブルロールを行ったのだから大したものだ」と回想しているが、しかし以上の帰山・大森・近藤の言を読むと、『深山の乙女』のカメラマンは帰山で、青島はその助手であったということになろう。岸松雄が簡潔に次のように書いていることが正解であろう。

「深山の乙女」は、帰山が水沢武彦というペンネームにかくれて、万葉集の中の作者不明の一首からヒントを得て書きおろした。ブルウバード調の自然描写に充ちた一篇で、村田実は前作（佐相註＝『生の輝き』のこと）同様、俳優として主演している。一行は日本アルプスの上高地にロケーションした。キャメラは、大森勝が撮影仲間の反対にあつて廻すことが出来なくなり、監督の帰山自らハンドルを廻した。この時キャメラ助手をつとめた眉目秀麗な少年が後に日活にあつて村田実と組んで名キャメラマンとうたわれた青島順一郎であつたのも、おもしろい結びつきだ。
（『日本映画人伝』早川書房、1953年、75ページ）

しかし撮影助手としてであれ、青島が映画界に入って『深山の乙女』についたということは大きな意味を持っていると思うので、『深山の乙女』について少し詳しく見ていきたい。

『深山の乙女』は撮影から一年ほどしてようやく1919年9月に豊玉館で封切られたが、

『キネマ旬報』１９１９年9月21日号に批評が載っているので、まずそれを紹介しよう。

イタラ会社のタイトルを思はせる様な最初の字幕に先づ度肝を抜かれる。自然と人間と愛とを影絵で現して序言が出る。荘厳な自然の愛好者たる創作者帰山氏の美しい感情はよく此の序言の中に表はれて居る。筋は佐藤家の御家騒動を骨子として、日本アルプス中の或湖の畔に育つた自然の乙女万里子の数奇な運命を描いて居る。前三巻は殆ど全部人跡稀な上高地で撮影したローマンスで、後半三巻が一寸バタ臭い活劇である。／撮影法なり場面転換なりには殆ど在来の日本劇に見る事の出来ない潑溂たる手際が見えるけれど、場面の継合はせに今一段の研究を望みたい。染色と調色が全部に渡つて施してあるが、所につて非常に不鮮明な所が見えたのは遺憾であつた。然し最後の「金山を掘らんとして爾神山を汚す勿れ」と出る辺には作者の真意が躍如として之丈のものを作り上げた帰山氏と俳優諸氏の努力を多としなければならない。

また『活動俱楽部』１９１９年11月号の霜丘富之助「先駆者の影」には詳しい批評が載っているので、撮影にかかわるところを中心に抜粋しておこう。

先づ深山、アルプスの娘と日英両文で表題が赤味を帯びて伊太利式な感じを与へ、原作者から主役俳優といふても全部に近い人数の人の御目見得に次で、プロローグに入り劇の主張を現し、尚背景であり舞台であるアルプスの絶景を見せてから愈々第一巻に這入る段取りは、仲々念の入つた本式にやつていますね、

この劇の思想を語る自然と人間と愛が現れる処で姿を直に見せず逆光線でみせたのは神秘な感といふ気持を興させますが、自然に扮する人物の体格に不満を感じます。

雄大な山の絶景の場面に到つては誰しも嬉ぶ如く此の映画の価値の半数以上を占めてゐるものは又これでせう。在来の新派劇にはこれ丈の自然の美を充分織りこんだ映画はないのは勿論ですが大層好い感じと、そして此映画を撮影する時の努力がつく〴〵見る人に感じ来るよい手法だと思はれました。

譬俳優の演技や規模が不充分であつてもあなた（佐相註＝帰山教正のこと）の効績は此映画が「気がきいてる」といふ点にあります、華やかでなく共、深刻な所が少くともあの写真が象徴的なプロローグ、山嶽の自然美、美しい伝説、帝都背景の活劇等の興味を織込み最後に昔時と現代とに渡る伝説の謎を解いて、最後に再び作者の思想を談る無言の詩である山の自然力を以てエピローグとして結んであるのは、よく見れば見る程渋い凝た趣

味を以たものといふべきでせう。

しかし『キネマ旬報』1919年10月11日号の読者からの「寄書」欄には厳しい批評が載っている。撮影にかかわるところを中心に紹介したい。

殊に私が指摘したいのは移動撮影と丸絞りの乱用である。あの映画を通じて数回に亘る日出日没に朝やら晩やら分らなくなつて終つた人も多からうし、カツトバツクで見せる程の人物の歩行に一一山の頂辺から下へ移動撮影は不自然を免れない。（略）撮影技巧も期待に外れた。絞消しも皆無で物語には当然利用すべき左右捲替へ又は二重露出さへ無かつた。人工光線は巧みであつたが西洋室内の真暗等不注意な事を免れない。唯一人二役の手際を賞するのみ。（略）要するに私が此映画から得た物はアルプスの壮大な景と日本風俗の純映画劇の形式のみに止る。部分部分の演出は日活にも及ばないのは余りに期待を裏切つた。更なる第二の努力と研究を待たう。

（京橋俊美生）

青島は『深山の乙女』のあと、1918年10月に撮影された枝正義郎監督・脚色・撮影の『哀の曲』に台湾の「生蕃人」の役で出演した。『哀の曲』は、『深山の乙女』『生の輝き』に次いで1919年10月に封切られたが、『深山の乙女』『生の輝き』と同じようにサブタイトル（説明文）を使用し、ダブルロールなどのトリックを駆使し、「現在の日本の撮影機、殊に『哀の曲』に使用されたような機械で、これほど巧みに演出していることは、本映画の製作者枝正義郎氏の手腕によるもので、かくの如き手腕ある技師が本邦にあることを私達は力強く思っている」（大橋玄鳥『活動雑誌』1919年12月1日号）と賞讃された（柴田勝「枝正義郎の記録」）。飯島正は『日本映画史・上巻』（白水社、1955年）において、『哀の曲』について、

当時のぼくの印象からいえば、（略）純映画劇という形式の点以外に、多少とも芸術的にすぐれた描写もあり、なによりもバタくささがなくて、全体にしっとりした雰囲気がただよっていたことが、記憶にのこっている。（略）作品としての出来からいえば、これが最初の成功した純映画劇であったということに、まちがいはないとおもう。

と述懐し、高く評価している。

このように『深山の乙女』『哀の曲』という二つの純映画劇に、映画界に入ったばかりの若い青島が関わったことは、彼におおきな刺戟を与えたと思われる。しかも1919年2月撮影（3月1日浅草大勝館封切）の『寛永勇婦伝』からは枝正義郎（1888〜1944）の撮影助手となり、同年には次のような作品に助手としてついている（柴田勝「枝正義郎の記録」）。

『曾我兄弟』（『日本映画作品大鑑1』では『曾我物語』となっている）（3〜4月撮影、4月1日浅草大勝館封切）吉野二郎監督

『水戸黄門と拳骨太郎』（4月撮影、4月30日封切）吉野二郎監督

『有島怪猫伝』（『日本映画作品大鑑1』では『怪談有馬の猫』となっている）（4〜5月撮影、5月17日浅草大勝館封切）吉野二郎監督。枝正が病気のため前半を助手の青島が撮影。

『相馬大作』（5〜6月撮影、6月14日浅草大勝館封切）吉野二郎監督、沢村四郎五郎主演。

『徳川三家三勇士』（『日本映画作品大鑑1』では『三家三勇士』となっている）（6月撮影、6月28日浅草大勝館封切）吉野二郎監督。

『天晴才次』（7月撮影、7月31日浅草大勝館封切）

『鬼勘兵衛』（8月撮影、8月15日浅草大勝館封切）

『女猿飛』（8月撮影、8月31日浅草大勝館封切）尾上栄三郎主演。

『一休と野晒』（『日本映画作品大鑑1』では『一休和尚と野晒悟助』となっている）（10月撮影、10月15日浅草大勝館封切）吉野二郎監督、沢村四郎五郎主演。

『尼子十勇士』（『日本映画作品大鑑1』では『忍術尼子十勇士』となっている）（10月撮影、10月31日浅草大勝館封切）吉野二郎監督、沢村四郎五郎主演。

天活は、1919年12月に創立した国際活映株式会社（国活）に吸収され、青島は引き続き国活で枝正の助手を続け、1920年には、

『田宮坊太郎』（3〜4月撮影、4月15日浅草大勝館封切）吉野二郎監督、沢村四郎五郎主演。

の助手についている。枝正は1921年3月に撮影技術研究のため渡米し、8月に帰国している（柴田勝「枝正義郎の記録」）。

青島の師匠である枝正は1908年に吉沢商店に入社して千葉吉蔵の助手としてカメラマン人生をスタートさせたのだが、この千葉吉蔵という人はこの時代にあって既に、カメラは動かすところに意味があり、映画は早い画面転換こそ重要だと考えていた人で、1904年にもう移動撮影を試みていた。それから十数年経ってもカメラを動かさず、画面転換もなるべくしない「居所撮影」が隆盛だったことを考えると、千葉はいわば〝早く来すぎた青年〟だったといえよう。枝正はその千葉に一から教えを受けたのだから、彼の考え方の影響を受けないはずがない。その後、枝正は1914年に天活に入り、沢村四郎五郎主演の旧劇を撮影したが、「大写し」「ぼかし」「絞り」などの映画的手法を用い、『哀の曲』では監督も兼ね、先駆的な作品を作り上げたことは前述したとおりである。青島はこうした革新的なカメラマンについていたの

である。

ところで青島がカメラマンとして一本立ちしたのは何時だろうか。『日本映画作品大鑑1』で調べると、1921年6月封切の『海の人』（細山喜代松監督）が最初だが、三浦光雄の青島追悼文である「輝く技能の高さ」（『映画評論』1948年7月号）に次のような箇所がある。

このころ、現像助手から撮影助手に転じた私は、始めて青嶋（ママ）さんのカメラに随いて第一歩を学んだが、資性は温厚寡黙屈托ない行動の豪放さの内に閃く神経の細さは鋭く、屢々震える思いの厳しさに指導された記憶は今にして忘れない。その反面に、沢村四郎五郎主演〝め組の喧嘩〟は日浅い私にたいして随所にクランクさせて呉れた。後進に垂れた技術教育の大胆さと思いやりとでもいうか愛情の濃かさも泌みいる程の温かさをもっていた。

これを見ると1921年2月封切の『め組の喧嘩』（吉野二郎監督）の時には既に青島は一本立ちしていたようである。そして国活時代の青島の仕事で注目すべきは1922年9月封切の『霊光の岐（ちまた）に』（細山喜代松監督）である。

撮影方面の技術が、独り天下であると我々も信じて居た松竹蒲田連を凌ぐ慨あるのは天

晴である。少し濫用の嫌ひもあつたが見事な技巧や、仕上げの良い事は映画全体の価値に与つて力多い事であつた

（『キネマ旬報』１９２２年10月1日号「主要映画批評」）

撮影はうまい。場面の位置や人物の配列など、苦心の跡が窺はれる［若樹華影］
新味の多い気の利いた撮影振りは感謝するが、今一層位置の変化が欲しい［片野暁詩］
ソフトフォーカスの使用も結構でしたわ。染色の美はしさと共に気分を助けることが多いと思ひます［山中千代子］
私も撮影の優秀さは監督の努力と共に此映画の生命だと思ふ［石井迷花］

（以上、『活動画報』１９２２年11月号「同人映画合評」より）

市兵衛河岸の実景から、お茶の水のニコライ堂の遠景の夕景などは、くすんだ色と暗い色調とが、劇の筋とよく調和している。……前科者に対する社会の迫害……社会劇と云えば云える。描写も可なり深刻だ。なかなか見応えがある。

（『活動雑誌』１９２２年11月号、平井輝章「素稿　日本映画撮影史９」『映画撮影』№.39・１９７０年7月、より孫引き）

塚越成治によると、「お茶の水のニコライ堂の遠景の夕景」においては、川に映ったニコライ堂をうまく構図に取り入れた、という（平井輝章「素稿　日本映画撮影史9」）。『霊光の岐に』には次のようにその一部に表現主義的なシーンがあったと言われており、後に青島が溝口の『血と霊』の撮影を担当したこととの関連で注目される。

サブタイトルは、未来派式の絵で装飾され要文も注意されて、教訓を示してゐる。ファーストシーンの監獄の一室が拙劣乍らも『カリガリ博士』式に表現派の舞台装置を成し、青年囚人の罪の煩悶を見せてゐるのは、全く意外に驚愕せざるを得なかった。（藤沢紫粋「『霊光の岐に』短評」『活動画報』1922年11月号、田島良一「ドイツ表現主義と日本映画」『日本大学芸術学部紀要』第19号、1989年3月、より孫引き）

この映画の監督・細山喜代松は、『日本映画監督全集』（キネマ旬報社、1976年）には1888年生まれで没年不詳とあるが、『日本映画作品大事典』（三省堂、2021年）には1885年生まれで1941年没とある。桝本清の新劇運動に参加した後、彼とともにできたばかりの日活に入社し、1914年、『ちぎれ雲』（日活向島）で監督デビュー。同年の次の作品は芸術座の『復活』にあやかった『カチューシャ（復活）』で、『火中の美人』『空中の美人』

などの作品を撮って、1915年いっぱいで退社し、しばらく映画界から離れるが、1920年、水島亮太郎の誘いで国活に入社し、まずは角筈撮影所で『短夜(みじかよ)物語』（1920年7月1日新宿武蔵野館封切）を撮り、

従来の如く女形を使用していない点が所謂新しい試みと云ふのかは知れないが其他は少しの進捗の跡の見えてゐない（略）芝居的気分が漲つてゐる
（『キネマ旬報』1920年7月11日号「主要映画批評」）

余り感心した映画ではない。女形を使用しない点はよいが在来の日本映画と五十歩百歩の映画である
（『活動画報』1920年10月号）

と批評されている。その後、角筈で『仇花』（1920年、封切日不詳）を撮ってから、『海の人』で初めて青島とコンビを組むことになる。

細山は、1922年には『霊光の岐に』の他に『さすらひの子』『花売娘』『雛妓の死』『悩める人々』『亡び行く人』『秋の海』『流るゝ水』、1923年には『呪はれし女』（いずれも封切日不詳）などを監督しているが、文献上では誰が撮影したか判らないこれらの作品も青島が

カメラを回した可能性が高い。というのは、『活動画報』１９２３年1月号に「謹賀新年」の挨拶が載っているが、それによると国活第一部の監督は田村宇一郎、撮影技師は杉山公平となっており、第二部の監督は細山喜代松、撮影技師は青島順一郎となっており、１９２２年から１９２３年にかけての細山の監督作品は青島が撮っていたと考えることができるからである。従ってこれらの作品も青島のフィルモグラフィーに加えておくことにする。

ところで、国活時代に青島の助手についた塚越成治は次のように述べている。

私は青島さんより二つ下で、蔵前高工補習科を出て大正10年国活に入った。普通は現像場の仕事を1年半くらいやるのだが、私は1年で青島さんの助手になった。青島さんという人は、仕事については実にきびしく、気に入らないとすぐ助手を蹴飛ばしたりしたので、誰もなり手はなかった。おまけにキャメラは中古のベルで、ボディ、マガジン、三脚などまで約30kgのものを一人で持ち運びするのだから、それだけでも大変だった。

（平井輝章「素稿　日本映画撮影史9」『映画撮影』No.39・１９７０年7月）

これは国活時代についての述懐で、次は日活時代をも含めた回想であろう。塚越の言である。

青島さんは外国映画をよく見て勉強していたから、キャメラ・ポジションには特にうるさかった。とにかく当り前の見方ではない。極端な表現をとるのだが、その辺の技術は日本一だったと思う。当時、日活のキャメラマンは自分で編集もしていたが、カッティングの間のとり方なども実にうまかった。へたな監督なら自分でリードしていましたよ。／画調にも特徴があって、印象派的というのか、非常にぶっきらぼうな調子だった。使うレフはせいぜい3枚か4枚、セットでも3〜4台のライトで、フィルムの感光度を精いっぱいに使うので、現像場はコントラストが強すぎるといって困っていたが、青島さんは、暗部なんかつぶれてもいいというのです。なぐり書きしたような絵とでもいえますか。松竹では、小田浜太郎さんが似たような画調だったが、それは小田さんの方が例外だったので、松竹はいつもライトを多く使い、ロケでも条件がよくなるまで随分時間待ちをやって、階調の揃った画面を作っていた。日活の撮影がよくなったのは、震災前に直流のジェネレーターを備えてからのことで、それまでは、直流でなくてはならないアーク・ライトに交流を使っていたから非常に能率が悪かったのです。

(同右)

新藤兼人が私のインタビューで、青島の撮影の特徴について、「キャメラをスタンダードに目の位置にもっていく、低くもなく高くもなく。俯瞰するとか、あおってやるとかは、よほどの監督の注文がなければやらないんですね。それは非常に特徴でしたね。」と語っている事と、

「とにかく当り前の見方ではない。極端な表現をとるのだが、その辺の技術は日本一だったと思う」という初期の青島との違いが判って興味深い。

第二章

日活向島時代（溝口健二とのコラボレーション）

国活は松竹との合併話がこわれて製作中止に追い込まれ（『キネマ旬報』1923年3月21日号「雑報」）、青島は監督の細山喜代松、俳優の葛木香一・水島亮太郎とともに日活向島に移った（同1923年3月11日号「日活向島通信」）。日活向島では松竹蒲田の制度を真似て、監督とカメラマンのコンビを組むことになり、青島は溝口とチームを組むことになった（同上）。なぜ溝口と青島が組み合わされたのかは判らないが、このことは溝口にとって大きな意味を持つことになった。

日活向島における溝口と青島のコンビによる作品は『敗惨の唄は悲し』『血と霊』『霧の港』『夜』の4本である。『敗惨の唄は悲し』は溝口の第5作目の作品であった。それまで溝口は『愛に甦る日』『故郷』『青春の夢路』『情炎の巷』と作品を発表してきたが、その評価は平凡の域を出なかった。しかしこの『敗惨の唄は悲し』で初めて溝口は高い評価を受けた。そのことに果たした青島の功績は大きかったようだ。大塚恭一は次のように述べている。

最初の佳作『敗残の唄は悲し』は青島順一郎のカメラに負ふ所が甚だ多い。溝口氏は元来技巧的には甚だ保守的な人である。だから、未だ力足らずして手法の上に多分のたどたどしさを見せてゐた習作時代の作品が、何等取るに足る所の無かつたのは当然である。然るに青島氏は国活以来相当に技術の冴えを認められてゐた人である。『敗残の唄は悲し』はこの二人の結合が当然もたらすべき収穫であつたのだ。その新進らしい溌剌さはたしかに青島氏の見事なカメラの効果によつて助けられてゐた。場面構成にもだんだん見るべき所を示して来たし、この映画の持つ一脈の哀愁は当時の彼の映画の持つてゐた感傷と相通ずるものがあつたのかも知れない。

（『日本映画監督論』映画評論社、1937年、297〜298ページ）

また池田重近も、「青島氏の撮影も国活時代の溌剌たる美しさが益々冴えを見せて居る」「ロケーションの効果は見事である」（『キネマ旬報』1923年6月1日号「主要映画批評」）と青島の撮影を高く評価している。

次の作品『血と霊』は『カリガリ博士』ばりの表現主義映画という変わり種だが、かつて『霊光の岐に』で一部ではあれ『カリガリ』的なシーンを撮影した青島の経験が役立ったことは確かだろう。

其舞台装置とカメラウオークの点に素晴らしい進歩を示してゐる。曾つて見たゲニーネ

や朝から夕迄よりも尚優秀な場面が見られた
（『東京日日新聞』１９２３年8月18日「スナップ・ショット」）

溝口氏の手腕青島氏の手腕激賞するに外ない。とにかく大胆なる新しい試みを欣び買はずばなりません
（楓谷生「所謂表現派映画を見る」『向島』１９２３年11月号「影に添ふ声と断片」）

舞台装置も撮影も、表現派風にかなり奇抜にできてゐますが、はじめ脅かした割に、筋はあつけないやうです
（『報知新聞』１９２３年11月10日、一記者）

舞台装置ライトがとり柄（略）青島カメラマンの出現を喜ぶ
（『東京日日新聞』１９２３年11月27日「映画の印象」、［塩瀬栄太楼］投）

最初及最後の切紙細工式な絞明や絞閉、又急速な移動撮影に依つてクロース・アップに近づけていつた技巧は画面の気分を力づけてゐた
（『東京日日新聞』１９２３年11月30日「映画の印象」、［麻布カイザー生］投）

青島氏の撮影ですが此の撮影が如何に此の映画を生かしてゐたかは誰でも思ふ事だと思ひます、実に堂に入つたものです、（略）此の血と霊は撮影の巧妙なる珍らしい奇抜な場面の連続であると云へるだらう。

（伊佐夫「批評血と霊を観て」『日活画報』1924年2月号「レフレクター」）

光線の使用などに余程注意したと見えて照明の配し方影の応用等には見る可きものがあります最初の場面は最も鮮に私の脳裡に残つて居ります

（駿台生「原作の罪ではない」『活動倶楽部』1924年3月号「読者文苑」）

撮影も又平凡である、撮影機の位置に何等の新味がない、進歩の跡がない

（桑山善之助「『血と霊』を見て」『活動倶楽部』1924年3月号「読者文苑」）

『霧の港』は次の『夜』とともに、大塚恭一が「青島順一郎とのコンビによる、第一期躍進時代の二つの代表作」（『日本映画監督論』298ページ）と高く評価しているもので、次のように青島のカメラが絶賛された。

青島順一郎氏のカメラ・ウォークがスッカリ霧の港の雰囲気を出してゐたことを是非特

記して青島氏の手腕の程に感服し感謝する次第である。

（池田重近「主要映画批評」『キネマ旬報』１９２３年8月21日号）

全体に港の気分が豊富であつたし、終の勝次が自首しに出かけるを、お葉が見送つて、勝次が筺のシヤツを抱いて涙を催す処で、朝霧がボーツと立ちこめた、静寂な朝の港の天然景を背景に応用して、ユツクリと撮つてあるのは、哀痛の情を深くさせた。（略）風雨の夜の撮影は、後に惨劇が起る前提みたやうな（ママ）ものだが、よく出来て、悽愴な気がした。

（『活動雑誌』１９２４年1月号「新映画批評」）

物語は単純であり乍ら人の心に迫る物を持ち、青島順一郎の良きキヤメラ亦、気分醸成に驚くべき物を示したが、何よりも自分が驚かされたのは、溝口の監督者としての進歩であつた。

（村上忠久『日本映画作家論』キネマ旬報社、１９３６年）

軟調のキヤメラがある。港は霧に煙つて、気のせいか浪の音さへ忍びやかである。喰ふに食なく、宿るに家なき老水夫を救けて、一昼夜、救けた男が老水夫を殺してしまはうとは夢にも考へなかつたところであらう。雨戸をうつ湿気をおびた風の音を、私はたしかに耳にした。

（岸松雄『日本映画様式考』河出書房、1937年、40ページ）

撮影は青島順一郎で、その霧の港の撮影のうつくしさは、この作品の気分描写に、すばらしい効果をあげていた。

（飯島正『日本映画史・上巻』白水社、1955年、49ページ）

撮影青島順一郎の（略）キャメラに、びっくりした。霧の港の本物の雨を大胆に、物干しにどしゃぶりの雨が降って来るのを撮った。今まではジョウロの雨しかやってないでしょう。ロケでね、雨の本当の港でね、雨のしぶいている中、どしゃぶりの雨を、ね。荒い波と物干しの雨、すごい迫力、こりゃ今でも記憶してます。（略）人がちゃんと入って、物干しで物をとり入れるシーンですよ。

（「座談会・日本映画美術の歩み1」『映画美術』1964年6月号における久保一雄の発言）

監督の溝口も「死んだ青島（順一郎）のキャメラが美しくてね、雨が降ったりするところなど、いい効果でしたよ」（「溝口健二・自作を語る」『キネマ旬報』1954年1月1日号）と述懐し、シナリオを書いた田中総一郎もまた「原作者である私ですらが、青島順一郎の素晴らしいカメラには驚歎の辞を放った」（「『霧の港』の頃」『映画時代』1926年9月号）と述べている。

三浦光雄は「港の暁を紗によって表現し、撮影技術の効果を強く印象づけた」と記しているそうだが、当時青島の助手をしていた塚越成治は「この霧を撮るため、勿来の関近くの港に1週間もねばって、毎朝毎晩、自然に霧の出るのを待ったんです」と語っている（平井輝章「素稿　日本映画撮影史9」『映画撮影』No.39・1970年7月）。この平潟ロケについては田中総一郎が詳しく書いている。

「ロケエシヨンは、平潟にしました。よければ、避暑旁々遊びにゐらつしやいませんか。」／そう言ふ知らせをうけた。／私は其の詞に従つた。／平潟と言ふ港は、勿来の関の近くだつた。／出発と知らされた日に、私は、指定された時刻に遅れたのでその汽車を、田端で待つて乗つた。／処が、私の乗つた二等室には、溝口健二も、青島順一郎も（この二人だけが、先発すると言ふ話だつた。）ゐなかつた。／私は、行先が、知らぬ土地だけに、多少心細くなつたが、仕方がないので、度胸を決めて、一人で行くことにした。／夕方、関本と言ふ駅で下りた。／「――あ、田中さん。」／呼びとめられてふり返る、溝口健二と青島順一郎が立つてゐた。／「あ、やつぱり乗つてゐたんだね。」／「あなたは――」／「私も。」

／「ぢや、二等でしたね。」／「ええ。――君達は。」／「三等ですよ。出張規定に従つて。」／「あ、そうか。そいつは知らなかつた。それぢや、私も三等でくればよかつた。」／三人は、車にのつた。――平潟まで、小半里あつた。／宿について、一風呂浴びて、ロケエシヨン、ハンテイングは、明日の朝ときめて、その晩は、雑談に夜をふかした。／――つひ最近までは、出張距離も五十哩以内と厳定されてゐたと言ふこともきいた。／ある監督は、汽車で五十哩だけのつて。それから先は、歩いて目的地へ行つたと言ふ話もきいた。／私は、一々黙つて聞いてゐた。／二人は、それから、撮影の打合せをしてゐた。／私は、自分のかいたものを、どんな風に撮すのかと言ふ好奇心に燃えてゐた。／例へば、シナリオのかき方にしても、私は私の一存で、かいただけなので、それが、実際にあたつて、どれ丈の役にたつものか疑問だつた。／試みに、溝口健二の持つてゐる謄写本を手にとつて見ると、それは、一行一句も書き改めてゐない私のかいたもの通りだつた。／「――君、この台本だけで撮すのかい。」／私は、不安だつたのだ。／「ええ。これで結構やれます。」／「そうかな。」／私は、まだ不安だつた。／「カツト、バツクなんかの細かい部分は、どうする。」／「これでやれます。」／「これだけで。」／「ええ。――まあ、見てて下さい。」／私は、黙つてるより仕方がなかつた。／翌日、俳優が来た。／主役をする森英次郎、沢村春子、市川春衛、それに、一寸とした役々の南光明、高木桝次郎、水木京子、桜木文子、――その他で二十人位の人数だつた。／平潟の港は絵の様に美しかつた。／港にこもる朝霧から朝霧までの一日の出来事が順調に、撮され出した。／溝口健二は、七月の炎天の下で、熱心に仕事をつづけた。／青島順一郎は、未明に起きて、消えやすい朝霧を、カメラに収める努力を続けてゐた。／私も、衣裳の襯衣とパンツを借りて、レフを持つて、白日に曝された。――嬉しがつてるなと思はれたかもしれない。甘い奴だと嘲られたかもしれない。然し、私一箇の胸の中はあの炎熱の下で働いてゐる皆の姿を、宿屋の浴衣がけかなんかで、のそのそ見て歩いてゐられるものではなかつた。せめて、レフでも持つて小さな手助けをしたかつた。／私は、お蔭で、すつかり日に焼けてしまつた。／――曇天を一日を入れて、滞在五日。／撮影は荒ましすんだ。／ラスト・シインの朝霧だけが残つてゐた。／私は、その日に、自分達のパアトを終えて帰京する人達と一緒に帰京することにした。

（「『霧の港』の頃」『映画時代』１９２６年9月号）

田中はまたロケの前のこんなことも記している。

「――どうだい。これでやれるかな。」／私は、一通り読み終へたシナリオを前において、溝口健二の顔を見た。／ふとした機縁で頼まれたシナリオをかき上げて、その本読をしたのだつた。／その席には、溝口健二と青島順一郎と私の三人がゐた。――浅草のある家だつた。／「――やれます。立派にやれます。」／溝口健二は、心持酔の廻つた顔を上げて、はつきりとそう言つた。／「何しろ、シナリオなんてものをかくのは初めてなんだから、あまり自信はないんだ。本統にこんなものでいいのかしら。」／「ええ。結構です。やりませう。」／――その日は、痛飲した。

（同右）

本読みの席に溝口・田中とともにカメラの青島がいることに注目したい。後に青島は村田実監督の作品『お澄と母』でイバニエスの『キネマの老婆』を脚色しているからである。『霧の港』はファンの間からも次のような高い評価を受けている。

青島氏の明快な撮影振りがこの映画を弥が上に引立てた、霧の港としての夢幻的な気分は今も尚ひしひしと私の全身に迫るやうな気がする
（『読売新聞』１９２４年3月15日「活動短評」、［岡山芽江夢玲］投）

ロケーシヨンの美とカメラウオークの巧妙さとに驚いた、殊にフアーストシーンの調色、雨に煙る港の情景、ラストシーンの鮮麗等、青島氏の素晴しい手腕には敬服の外はない
（『東京日日新聞』１９２３年8月18日「映画の印象」、［ＳＣ生］投）

『霧の港』のシインは初めから終り迄絵草紙の様に美しいものだつた。青島氏の苦心の賜物

（『やまと新聞』１９２３年８月４日「フアンの声」、［村山生］投）

次の『夜』でも、「青島順一郎氏の撮影も仲々の腕を見せてゐる」（内田岐三雄「主要映画批評」『キネマ旬報』１９２３年11月21日号）、「カメラの青島氏と監督の溝口氏とには相変らず感服する。」（『時事新報』１９２３年11月８日「クローズアップ」、［紅踏生］投）、「青島順一郎のカメラには艶があり、画調も見事に揃っていた。」（青山敏美「映画芸術協会の思い出」『映画史研究』№23・１９９０年）と高く評価された。

このように溝口・青島のコンビによる作品は作品としても撮影技術としても高い評価を受けたが、１９２３年９月の関東大震災による向島撮影所の京都移転によって二人のコンビは終了した。そのせいかどうか溝口は京都移転後しばらく不振をかこつことになる。なお向島時代の四作品について詳しくは拙著『溝口健二・全作品解説１』（近代文芸社、２００１年）［電子版は２０１９年に22世紀アートから『溝口健二の映画：１９２３年・日活向島時代』と改題して出版されている］を参照していただきたい。

第三章

日活京都時代（村田実とのコラボレーション）

大震災で京都へ移ってからの青島は多く村田実とコンビを組むことになる。青島のもう一つの転機であった。なかでも『清作の妻』『信号』『お澄と母』は注目すべき作品であった。これら三つの作品について岸松雄は次のように書いている。

京都の大将軍撮影所に移つてからの村田実は、所を得たというのか、落ちついて仕事が出来るようになり、名作をどしどし発表した。（略）「清作の妻」（略）は大阪朝日新聞から優秀作として賞状をもらい、「信号」（略）の如き人間味豊かな小品をつくった後、「お澄と母」において、ついにチャップリンの「巴里の女性」からの良き遺産を継承して、彼が「踏路社」創立以来、多年抱懐していた写実主義に徹することが出来た。

（『日本映画人伝』早川書房、1953年、78ページ）

『清作の妻』は、戦後になって増村保造の監督でリメイクされているが、村田の作品の粗筋は『日活画報』1924年4月号によると次のようなものであった。

兵隊上りの清作は、村での模範青年として、村人に敬愛せられてゐた。秋も深くなつた頃、近くの港町に妾奉公をしてゐたお兼が、両親を失つて、村へ帰つて来た。そして、いつしか清作と深い仲になつて、二人は結婚した。村人は、日頃尊敬してゐる清作をお兼にとられてしまつたと云ふので、お兼を益々憎むやうになつた。——戦争が始まつて清作は出征した。妾上りのお兼は、村人に白い眼で見られ乍ら、寂しく清作の凱旋を待つた。処が、清作は負傷して、その為めに一旦村へ帰る事になつた。村人は名誉の戦死として清作を迎へた。お兼は清作を再び戦地へ送る事は死ぬよりもつらかつた。そして、清作を不具にすればいゝと、女心にさうおもへた。清作の両眼を傷つけたお兼は監獄へ送られ、清作は盲人となつて寂しく暮した。三年後、お兼は出獄した。はじめ、お兼の無智を憎んでゐた清作も、お兼の寂しさを心に感じた時、再び愛が燃えた。清作とお兼が再び一緒になつたので、村人は「非国民」と叫んで二人を迫害した。二人はもう、生きてゐられなかつた。村はづれの川岸で、二人の死骸を村人が発見したのは、それから十日程後であつた。

この作品は、

村田氏の監督は大分脚色方面にも力が注がれて居られる様だが村の雰囲気なり、主役の心理描写なり、情緒の表現なり、俳優の動かし方なりを通じて前の作品「お光と清三郎」

で感受したと同じ様なあのじりじり審いて行く粘り気のある鋭さが窺はれる。申し分ない監督である。

（池田重近「主要映画批評」『キネマ旬報』１９２４年３月11日号）

今春第一の傑作だ、到底他社の真似し得ぬ日活独特の映画だ

（『東京日日新聞』１９２４年２月15日夕刊「映画の印象」、［注意生］投）

本当の意味で純日本映画の過去の何物よりもずんと勝れてゐる。其処いらの外国かぶれしたのと比較にもならない吉田絃二郎氏の「馬鈴薯畑」から翻案した物だが村田氏の手腕は絶賞に価する。

（『読売新聞』１９２４年２月15日「逆光線」、［哲治］投）

日本映画の中でこれはまた滅法良い作品だ、葛木香一のあの健康そうな顔付がこんな田園作品には背景の詩的なのと役者の自由な動作が自分は嬉しい

（『東京日日新聞』１９２４年２月18日夕刊「映画の印象」、［注意生］投）

若し芸術的良心ある監督があるならば、先づこの映画を見よ、そして監督のなすべき仕

事を会得すべきだ。

（『東京日日新聞』１９２４年3月19日夕刊「映画の印象」、［クロス］投）

とても素的だ監督演出法もロケイションもすべてが整つて居た、此の映画□（不明）見ない者は日本映画を批評する資格なし

（『東京日日新聞』１９２４年3月29日夕刊「映画の印象」、［満洲□（不明）］投）

脚色其他に於て極めて運びよいのと濃厚な郷土色彩に漲った処に特殊の趣がある出演者の何れもが熱心であつた

（『読売新聞』１９２４年4月6日「逆光線」、［米太郎］投）

村田実は腕のある人だと感心したが、清作の妻を演た、浦辺粂子の今迄の俳優の伝習的な演出から抜出さうとし、より自然に力強く演てゐたのに気を引かれ、印象が強く残つた。清作を乗せて、死の運命へと流れてゆく小舟、あの末段の情調も詩的なものでなかつた（ママ）。とに角『清作の妻』は今迄の日本映画で感じる事の出来なかつた真実味と人間味とが出てゐた。

（田中耕吉「日本映画を観るの記」『劇と映画』１９２４年8月号）

というように、高く評価されたものだが、青島のカメラもまた次のように高く評価されている。

青島順一郎氏のカメラウォークは相変らず見事。全体に明るさと華やかさを何時になく欠いてゐるが筋が筋だけに反つてよい効果を挙げてゐた。一般に染調色は不充分だがロケイションの美は示されてゐる。村田氏の努力作品であり、日活最近の傑作品である。
（池田重近「主要映画批評」『キネマ旬報』１９２４年３月11日号）

原作の恋愛の高潮監督のよどみない手腕撮影の潤ひのある事等で稀に見る好作品
（『東京日日新聞』１９２４年２月10日夕刊「映画の印象」、［介実生］投）

原作者紘二郎氏と共に誰れでもが不可解なる人生の疑惑に懊悩する自分自身を此の中に見出すであらう。主役お兼を楽々と演出した条子の理解と表現、葛木の進境、監督村田氏の手腕、ローカルカラーを心憎いまでに出した立派なカメラウオーク、気持ちよく統一されたカツテイング。日本映画の達し得る最高標準を示せるものと云ふていいだろう
（『読売新聞』１９２４年３月９日「活動短評」、［あきら］投）

ロケーシヨン撮影法それに意味深刻なラストシーン等ホントに感ぢがよかつた。／ただ残念だつたのはタイトルの悪いのでした。いますこし何んとかできないのでせうか。／日活でこう言ふ映画をつくつてくれる事がうれしい。

（中井鶴夫「清作の妻を見て」『日活画報』１９２４年7月号「レフレクター」）

★

『信号』の粗筋は、『キネマ旬報』１９２４年6月11日号「主要映画批評」によると次のようなものであった。

同じ私設会社の線路番である総吉と辰二郎とは、極端にその性格が違つて居た。何事も仏の御心と、仕事に精出す総吉、妙に世を拗ねた辰二郎、その二人が各々の責任区域の線路を見廻つてゐる時、よく出逢ふことがあつたが、いつもそんな時は辰二郎の厭世的な言葉を聞いて、総吉は解せぬらしく首を傾けるのであつた。保線監督の横暴に、腹を立てた辰二郎は、或る嵐の翌朝、見廻つた自分責任区域の線路に破損した個所のあるのを発見したが、彼は冷かにそれを眺めて去つた。後へ通りかゝつた総吉は、放つて置けば列車の脱線は明かなこと、一大事と修繕にかゝらうとしたが、折柄響く汽笛に、彼は驚き乍らも仏の慈悲に縋つた。決心した彼は、シャツを脱いだ、そして己が腕に鋭利な刃物をズブと刺して、溢るゝ血潮によつてシャツを紅に染めた。線路のまん中へよろよろとよろめき出でゝ、紅の信号を……途端、彼はガックリと其場へ倒れてしまつた。その光景を蔭で見てゐた辰二郎は感激した、線路へ飛び込むや倒れたる総吉の手なる紅の信号をとり、列車に向つて振つた。列車は無事なるを得た。

この作品のみどころを監督の村田実が語っている。

映画劇「信号」は、露国文豪ガルシンの短篇小説を、日本的に映画化したものである、/ガルシンは専ら短篇小説家として十九世紀の結末、二十五年頃に至つて輩出した作家であつて、当時コロレンコーと比肩して活発なる革命運動の培養時代を代表した作家である、然してガルシン、コロレンコーの短篇小説は、又偉大なる短篇小説家チエホフを生む起因をなしてゐるとも云へる、/而してガルシンも又露西亜文学の一柱石であつて、露西亜文学の特色たる「人間性の秘密」を思想に、感情に又態度によく現してゐる、「信号」は全く異つた二つの性格を、対照的に描写したもので、一方の性格は当時の露西亜性格の特色として知られたニヒリストであり、他の一方はロシア民族独特の宗教心に養はれた農奴である、その農奴を映画劇「信号」にあつては、「総吉」と名づけて、吉田豊作が演じ、又ニヒリストは「辰三郎(ママ)」と名づけて水島亮太郎が演じてゐる、

（「映画劇『信号』の新演出・村田実談」『やまと新聞』1924年5月23日夕刊）

ガルシン（1855～1888）については、

> 専制政治への呪咀、自由への希求、人民への奉仕、自己ギセイが彼の作品のテーマである。その理想を実現する力を欠いたインテリゲンチアの良心のいたみが、彼の病的に敏感な心情によって感じられ、すぐれた芸術的表現をえた。チェーホフの思想と作品に大きな影響をおよぼした。
>
> （桑原武夫編『岩波小辞典・西洋文学〈第2版〉』岩波書店、1967年）

といった評価がなされている。村田が言うようにチェホフへの影響があるわけだが、村田が『信号』の12年後にチェホフの『桜の園』を映画化していることが注目される。村田への19世紀後半のロシア文学の影響ということもこれから考察していかなければならないことだろう。『信号』は1887年の作品だが、その翌年、ガルシンが若年の頃からの精神の病が悪化して自死をとげている。佐藤清郎『チェーホフの生涯』（筑摩書房、1966年）はチェーホフについて、「かれはおのれを守ることに於てかたくなであった。かれは絶望の作家ガルシンを愛してその絶望に与せず、流刑作家コロレンコと親しんでその思想に同ぜず、スヴォーリンと十余年も親しく交わりながら、右翼に傾かず、トルストイを深く敬愛しても、その神を認めず、ゴーリキーの才を愛して、その革命に走ることはなかった。」（3ページ）と述べている。

村田の文の続きを見ていこう。

この相反する二性格が、多くの人命を救けると云ふ一事に於て、全く一致して血染の「赤旗」を打振ると云ふ処に、此劇の面白味がある、そう云ふ特長のある劇に対して、従来の演出は全く調和すべきものでなく、何等かの新演出によらなくては、ガルシンの妙味は現れないのである、加ふるに映画劇と云ふよりは、短篇小説としての面白味が十二分に含まれてゐるものであるから、尚更新演出を切要したのである、そこで映画劇「信号」の演出は、聊か従来の映画劇演出とは異つた演出法を採用してゐる、そして此劇に於てはタイトルが重要なる役目を果してゐるので「信号」の味はひ方は、米国流の映画劇の味はひ方とは同一にはいかない、／まづ静かな落付いた気分で、この劇を見る事が大切である、そして事件を見るのでなく人間の魂を見るのだと云ふ事を忘れてはならない、事件は単調であり、場面の変化は乏しい、人物は二人の男性以外に、あまり活躍してゐるものはない、然し吉田豊作、水島亮太郎の演技は、微細に渡つて「人間性の描写」に勉めてゐるから、その点を見逃しては何の妙味も味はひ得られないのである、殊に撮影者たる青島順一郎のカメラ、ウワークは、深い理解を以て、劇全体に流れてゐる気分の表現につとめてゐるし、又舞台装置者たる亀原嘉明は、よく実景との調和を計り、字幕は押山保明によつて製作されて、短篇小説の映画化であると云ふ点に留意して、此劇の演出を補けてゐる、又一方此劇の背景となつて劇の精神を生かしてゐる端役俳優の努力を忘れてはならない、かうした多くの人々の理解と努力と熱とによつて、何等かの新しい方面へ演出が向ひ得たと云ふことが、この「信号」の特長なのである、此映画劇を味はふ方々はこれ等の特長を見逃さないやうにして、暗い単調な気分の流れに沿ふて、人間の魂の囁きを聞かれんことを、切に願ふのである、

（「映画劇『信号』の新演出・村田実談」）

この作品で新しい映画劇をつくりたいという村田の意欲はそれなりの実現をみたようで、批評家は、

ガルシン氏の小品から翻案したものださうで村田氏の脚色だからいゝが、新派臭くやられたら「第二碑文谷美談」にでもなりさうなものだ。流石に村田氏は、全然新派臭抜きで、人間味のある、流るゝ如き脚色振りを見せてゐる。如何にもいゝ気分が出てゐる、然し余りにヤマ気を抜き過ぎてゐて、興味の点が没却され勝だつた。之は氏の一考を煩したいことである。又総吉、辰二郎を同じ程度に活躍させてゐることも損をしてゐると思ふ、主役

を定めて、一方は単にその対照に止めたかつた。監督としての氏は、常に新らし味を失はぬ、快い味を示してゐる。大分撮影技術やセットに頭のよさを発揮してゐた。俳優では、吉田豊作氏が実にいゝ、常に用意周到なことに感心した、氏の性格俳優としての将来を期待する。水島亮太郎氏は、少し悪が勝つた傾がある、或程度迄人間味が出てゐたが、局所々の突込みが少し悪が強かつた。其他の俳優も各々よく演つてゐる。撮影も美しく出来てゐた。／タイトルの文章にはちと生硬なのがあつたが押山保明氏のデザインは、成功。

（古川緑波「主要日本映画批評」『キネマ旬報』1924年6月11日号）

背景もよいし、原作の深刻な趣きが充分取入れてあるから、見応があるのは争はれない、殉職の件は凄惨と云ふべく、暴風雨の工合はよく出来た。日活第二部（新派）近来の佳作だらう。／吉田の総吉の楽天主義な工合と、水島の辰二郎の激昂し易い変屈な性格とは、よい対照をして居る。そして楽天家の総吉が、事に臨んで勇気を奮起し、列車が危険区域に進み来るのを防止せんとして職に殉ずるあたりは、撮影と相待つて、息もつけぬ位際どい感をさせたのは成功だ。辰二郎がそれを見て改心する気の変り目もよく出来た

（『活動雑誌』1924年8月号「最近封切されたる内外優秀映画批評」）

と批評したし、ファンも、

芸術的な映画だ村田実氏の刺戟のある要点のつかみ所俳優の動かし方の巧みなこと本邦監督の中の第一人者

（『東京日日新聞』　１９２４年5月28日夕刊「映画の印象」、［介実生］投）

日活の力は最早疑ふ余地がない真の芸術映画とはこの事だ三つの番小屋を対照させたる脚色の妙

（『東京日日新聞』　１９２４年6月3日夕刊「映画の印象」、［ファンの卵］投）

前半は人物の性格描写に後半でやっと筋へ入った物丈に簡単な物だ此の映画が少しでも良い物に見られゝばそれは村田の監督手腕による

（『東京日日新聞』　１９２４年6月9日夕刊「映画の印象」、［深川夢想生］投）

撮影も青島さんだけに気持好く見られました、しかし社長が自動車で踏切番を訪づれるあたりは平凡過ぎなかつたでしようか、風景本意にした方がもつとゆつたりとして全体に気分をより多く引立てはしなかつたでせうか。／とにかく米画排斥の声高き折柄こうした露国物の深みある映画を製作された事は大いに意義あることだと思ふ、やはり新人村田さんだと深く思はせた。／益々奮闘してバタ臭くない純日本趣味映画の製作を願ふ。／そうして品質上において米画を一蹴せん事を望む。
（湘雨子「愚感」『日活画報』１９２４年8月号「レフレクター」）

と高く評価した。

★

『お澄と母』で青島は本職の撮影の他に脚色をも担当した。本を重視して撮影するという青島の考えがこうした実践となって現れたのだろう。この点についてカメラマン・三浦光雄は次のように記しているという。

この当時は、監督もカメラマンも若かった（村田30歳、青島23歳）から、映画にひたむきな情熱を傾け、感覚的に表現しようとする意慾が今日以上に激しかった。村田実が作った「お澄と母」で、イバニエスの原作を青島が翻案・脚色していた事にもわかる通り、監督とカメラマンは表裏一体となって、名作を生む努力を重ねていた
（平井輝章「素稿　日本映画撮影史9」『映画撮影』No.39・１９７０年7月）

青島が脚色したのは、スペインの文学者ブラスコ・イバニエス（１８６７〜１９２８）の

短篇小説『キネマの老婆』（?・年）であった。イバニエスの小説は既にアメリカにおいて１９２１年に『黙示録の四騎士』がレックス・イングラム監督によって映画化され、日本では翌１９２２年５月12日に公開された。また『血と砂』はフレッド・ニブロ監督によって１９２２年に映画化され、日本では１９２３年３月に公開された。そうした映画化の影響が強くあったのか、イバニエスの作品が翻訳出版されるのは１９２１年の『黙示録の四騎手』（天佑社、三浦関造訳）から始まって、『小屋』（冬夏社、１９２２年、小野浩訳）、『落日』（世界思潮研究会、１９２３年、浦沢一男訳）と続き、『お澄と母』が封切られた１９２４年には私が調べた範囲では次の８冊が世に出た。

『イバニエス傑作集』［「恐水病」「ひきがえる」「意外な獲物」「最後の獅子」「贅沢」「憐憫」所収］（３月、聚英閣、中河幹子訳）、『裸体の女』（６月、成光舘出版部、中代富士男訳）、『五月の花』（新潮社、岡部壮一訳）、『血と砂』（改造社、鈴木厚訳）、『死刑をくふ女』（新潮社、永田寛定訳）、『女性の敵』（朝香屋書店、矢口達訳）、『メイフラワア号』（アルス、村上啓夫訳）、『五月の花』（報知新聞社出版部）

『キネマの老婆』はこれらの中には収録されていないようであり、また雑誌等に翻訳が掲載されたのかどうかも今のところ判らない。私が判っている最も古い翻訳は、１９３０年に新潮社から出版された『地中海』に収録された永田寛定の訳である。ここには「地中海」「バレンシア物語」「キネマの老婆」「落日」が収められている。しかし１９２４年にまだ日本語訳が出ていないとすると青島は『キネマの老婆』を何で読んで脚色をしたのだろうか。気になるところではあるが、その原作を読むと主人公である老婆の庶民的な性格がみごとに描かれているところが魅力になっている。『鮒つり』などもそうだが、吉本隆明の言う〝大衆の原像〟のごとき庶民の悲しみ（哀しみ）を描いているところにイバニエスの良さがある。そして『死刑をくふ女』に典型的にあらわれていることだが、男の英雄としての行為、その悲劇もまたずっと描いてきて、最後にはその背後に女の哀しみがあることをしっかりと見ている。『竈をうしろに』も男のヒロイズムの悲劇であろう。

私は『キネマの老婆』に、その翻訳の妙もあって、本当に心動かされた。そして多くの人にそれを読んでほしいと思った。以下に永田寛定によるその翻訳全文を紹介するゆえんである。

★

『キネマの老婆』の全文を掲載する。
○旧漢字は新漢字に改めた。
○旧仮名はそのままとした。
○ルビは原文のままに振った。

○出典は『第二期　世界文学全集（17）地中海』（新潮社、1930年12月）。訳者は永田寛定。

一

警察（この警察の位置が巴里の場末といふことを心得て置いて貰ふと具合がいゝ――訳者）の署長は、坐れとも言はないのに、机の向うに腰をおろした白髪の女を、きつと睨んだ。それから、肘掛椅子の横に来て立つたまゝ、巡査が差出した紙片に眼をやるため、下を向いた。「活動写真館ニテ騒擾」と、読みながら言つた。「官憲ヲ罵詈シ警官ニ暴行ヲ加フ……どういふ訳で、あなたはこんなことをしたんです？」

その時まで、署長とその部下とに、眼をじつとつけながら、おそらく、何も見てゐたのでない老婆は、夢から醒めでもしたやうに、驚いた様子をした。

「へえ、署長さま。手前は朝のうち、ルピック街で青物を売りますんで。店はございません、手車にのせてまゐりますよ、へえ。あの界隈では、どなたにもおなじみでございます。何しろ、もう四十年も、あすこへ店車（くるま）を出してますんで……」

署長は老婆の言葉を遮（さへぎ）らうとした。すると、激昂した。

「署長さまは手前に、話させて下さいませんので？　……物をいふには、てんでんに順序つてものがありますし、てんでんの智慧がさせてくれる御返辞しきや出来やしません。」

署長は体を椅子の片腕にもたらせ、眼を天井に向け、指で剪紙刀をおもちやにしだした。いつまでも〳〵、しやべり歇めない呶々しい犯行者には慣れてゐたのだ。仕方がない、聴いてゐるよりほかに！……

「千八百七十年の、この前の戦争には」と、老婆が続けた。「手前、二十二でございました。つれあひが巴里の包囲中、義勇国民軍に出まして、手前もね、その大隊に酒保をいたしました。プロシア軍に向つて、度々攻めて出ますうち、つれあひが手負になり、その命をね、手前が手一つで取止めたんでございます。その後といふもの、手前の廃兵のつれあひと、たつた一人の娘を抱へて、えらい苦労をいたしました……つれあひは死に、娘も孫を二人置いて、死にました。」

相手が聴いてゐるかどうかを見ようと、老婆は一寸休んだ。しかし、よくわからなかつた。巡査は署長の傍に、いかにも良い兵卒らしく、直立不動の姿勢で、黙つてゐた。（戦時も巴里は巡査にも古兵がなつたもの）署長は木で造つた小刀を動かし、天井を見ながら、低い口笛を吹いてゐた。

老婆はこんな不熱心にも腹をたてずに、また言葉をついだ。

「孫ふたりのうち、妹の名はジュリエット、芝居へ出て踊るんでね、世間に知られてます。署長さまも、新聞や街の角の広告ビラで、度々孫の写真をごらんになりましたでせう。手前はほんのたまさかにしきや、この孫とあひませんので、へえ、いつかの朝も、車を押して歩いてますとね、孫の自動車にもう少しで轢かれようとしました。そん時もね、ジュリエットは泣きだしまして、おばあさんがわるい、おばあさんがあたしと一しよに暮らすのをきらつて、アルベール兄さんやあたしが小さかつた昔通りに、青物売をしてゆくなんぞと、痩我慢をいふから、こんなことにもなるんだと申しました……ですけどね、人には性分つてものがあります。手前は貧乏こそしたせ、踊つ子なんぞの生活振が気にくひませんので。署長さま、手前の申しますことが間違つてませうか？」

署長はもう口笛をやめ、いくらか好奇心をそゝられて、八百屋婆さんを見てゐた。婆さんの孫娘、あの名高い踊つ子の評判は、むろん知つてゐた。そのジュリエットに就いて、何か老婆に訊いて見ようとした。すると、またしやべり出した。

「手前がね、初めつから可愛がつたのはアルベールの方で、これはさ、大へん本の好きな職工でございましたよ。もともと一人つきりで暮すのが好きなんですけれど、この孫の家へは毎日出かけて、孫の嫁の用を手伝ひ、赤ん坊の守をしたんでございます。赤ん坊は手前の曾孫でね、署長さま、どんなに手前がほく〳〵してたか、お察し下さいまし。曾祖母にまでなれる者は、さう矢鱈にないいんですから、へえ。」

老婆はこゝろよい追懐に酔ふが如く、一寸停つた。

「あゝ、戦争前の楽しかつたことは！」と、すぐにまた続けた。「ある日曜日に、揃つて、田舎へ遊びにまゐりました。アルベールが工場の職工取締に出世したお祝ひだといつて、セーヌの岸でお弁当をたべましたつけ……それから二週間たつと、戦争が始まつたんでございますよ。」

署長がある動作をした。老婆はそれを、倦厭の洩らしと取つた。

「ごもつともですとも、戦争はもう四年からになります。どなただつて、こんな話をきくのはお飽きですとも。手前も無理にお聴かせしようとはいたしません、署長さま。嘘かほんとか存じませんが、芝居でさへ、新聞でさへ、戦争や戦地での冒険は飽かれたと申します。まして、手前の身の上なんぞ、世間にざらにあるんですから！　……アルベールは動員が始まると、直ぐに往つて、連隊へ入りました。手前は一年たつ間、孫の顔を見ませんでした。そこへ、兵隊の服をきて戦地から帰つてまゐりました。手前もやつと、そんな境遇に慣れましてね、ほかの方々は戦死なすつても、アルベールだけは決して、とまあ、さう思つたんでございますよ、へえ……さうしますと、或日お達しがありまして、手前と孫の嫁とをさんぐ〳〵に泣かしたんで。その後、孫の戦友とかいふ方が訪ねてこられ、孫がもつてた物だといつて、いろんな物を下さいました。」

老婆の声は皺嗄れてきた。

「さうして、もう手前は、孫の顔をみないんでございます、署長さま……孫は敵に殺されたんでございます。」

しかし、自分からした約束を思ひ出し、気を鎮めて、戦争の話をしまいと努めた。

「残されたアルベールの家内はね、唯今、巴里の向うはずれの造兵工場へ出てますんで。手前も極くたまにしきや、曾孫の顔を見に往けません。生きてれば、生きていく道を稼がなければなりませんからね……それに、何もこれだけ申上げないで置くこたあございません、手前はアルベールが死にましてから、居酒屋へ寄ることが前よりも、多くなりました。苦労を忘れるには、てん〴〵の方法つてものがありますんで。へえ、手前は七十になります。手前の年になつて、夜の明けない前から起きだし、中央市場へ仕入れに往かなきやならないとしますと、時々一杯づゝ、元気をつけますのが何よりも薬なんで、署長さまは、さうお考へ下さいませんか……」

相手の沈黙は質問が所を得ないことを、老婆に示さうとしたのだ。しかし、老婆は話の一番肝要な点が近づいたことを知らせる急ぎ口調で、続けだした。

「けふも、手前、日が暮れます時に、クレンクビルの爺つあんと居酒屋に居りました。署長さまも、あの爺つあんをごぞんじの筈でございます。あの人のふしあはせは本や芝居に仕組まれてますからね。」

この名前は署長の脳裡に、ぼんやりした記憶を呼び起させた。その爺のことが書物になつてゐるといつた言葉は、一寸頭の中をかきまはさせた。それから、肩をすぼめ、不信の素振りをした。

「あの人の身の上はね、アナトール何とかいふ方が書いたんで。」と、老婆は言葉をついだ。

「その方はセーヌの向う河岸で、学者の工場に勤めておゐでなんです。丸い屋根のみえる立派な御殿で、お金のある人達に、物言ひの上手になる法を伝授するところだと申しますよ。」

署長は驚きの衝動を受けて、凭れてゐた椅子の腕から、体を起した。セーヌの岸にある学者の工場は、疑ひもなくアカデミー・フランセーズ、丸屋根の建物はアンスティテュ、アナトール某はアナトール・フランスのほかにあり得なかつた。

「だが、クレンクビル爺つあんといふのは、事実生きてゐる人間かな？」と、不信用らしくきいた。

「もう三十年も、手前がつきあつてますよ、へえ。店車の出し場所は違つた外区でございますが、毎朝仕入れに往つてあひますし、暮方にまた、一つ居酒屋で落合ひます。ほんとに気の毒な爺つあんでね！　この頃の調子はうまく往つてません、ろくに稼ぎもしません、物がわかり過ぎるせゐなんで、へえ。その贔屓の旦那からいろんな事を教はりましたさうで、手前に、ようく話してくれます。手前もしよざいのない時には、居酒屋で、それを聴いてるんでございますよ、へえ。」

老婆は、話が横へ外れた場所へ戻つて、本筋を更にしやべり出す前に、一息いれた。

「さて、日が暮れます時分に、手前共、居酒屋で落合つたんでございます。それから、九時頃に、そこを一緒に出ましたが、ある活動の前で、どういふわけでしたか、入つて見たくなつて、手前が停りました。大へん可愛いアルサス娘が荒くれた独逸人の手籠めにあはうとして、逆らつてる看板が手前をひきつけました。手前はね、こんな風の物語が大好き、大の愛国者なんでございます。もしかすると、二度まで戦争にあつてる、そのせゐかも知れません……さう〳〵、戦争のことはもう申上げますまい。クレンクビル爺つあんは入るのをいやだと申しました。お金は手前が出すと言つたんでございますけれどね。どうも、あの爺つあんは、何が好きなんだか、さつぱりわかりません。何をいつても唯ひとを不びんといつた薄笑ひをするだけなんで、へえ。手前は一人で入りました。けども、手前が踏み入れた方の足には、きつとケチでもついてたんでございませう。署長さまはお気付きになつたことがございませんかしら。時によると、することなすことが一々ぐれはまにゆき、こつちぢや人を喜ばすつもりなのが、あべこべに怒らせるやうになつて、どうしても、悪魔がさうさせるとしきや思はれないことがありますのをさ？　……」

署長は返答してくれなかつた。

「手前は切符売場の女と、銀貨が贋だ、いゝや本物だと、争つたんでございます。切符を受取る係とも、言ひあひました、女の加勢に出てきましたからね……中の見物場へはひつてからも、やつぱし運がわるく、おんなじ列の者たちは、手前の席につき方が乱暴だと、ぶつ〳〵言ひました。そりや先方の意地がまがつてるんで、手前は人様に迷惑をかけることなんぞ、大きらひなんです、へえ。すぐ傍に居た嫌味たつぷりな女が、手前を酒くさいとぬかしました。もう一人失敬な男が手前のお尻にあてこすつて、一人席にはでか過ぎるなんぞと申しました。手前が二人に、言つてやつていゝと思ふ返辞をしてやりますと、ほかの看客たちが騒ぎだして、手前を、活動見る邪魔だと申しました。しまひに、手前も黙りましたが、それはね、アルサス娘と追廻はし男の物語が始つたからでございます。まあ、本当に面白い話でね、筋をこゝで、署長さまにお聴かせしたいんですけれど、御迷惑になるのを心配いたします。その上、手前はあとがどうなるのか存じません、どん詰めまで見せてもらへなかつたんでございますよ。」

署長はもどかしさを紛らさうと、眼を再び天井へ向け、低く口笛を吹きだした。

「手前のうしろにゐて、活動のことに通らしい旦那がね、隣席の人達に、低い声で意見を話してゐました……やがて、俄かに、アルサス娘が独逸人に追詰められて、味方の陣地へ遁げ込まうとしました。そこは塹壕のある辺で、兵隊さんが多勢映り、炊事場の模様や大砲の並んでるさまが現はれました。活動通の旦那がいふことには、そんな場面はもともとこの物語にないんで、それはフィルムに施した何とやら、つまり接ぎたしのやうなものつてんでしたが、おわかりになりませうか、署長さま。二度の勤めに使はれた戦争の古もの、着物でいふなら、見掛をごまかさうとするはぎたしだと申すんで……けども、手前にはそんなことがわかりませんから、みんないゝ場面だと、思つたんでございます。

「急に、幕の上へ、塹壕の内部が現はれまして、そこに、兵隊が多勢やすんでゐました。中の一人が見物に背中を向けて、膝の上で手紙をかいてましたけれど、だん〳〵顔を向け直し、こつちを見て、につこり笑ひました。手前はびつくりして、この眼がどうかしてるのかと思ひました。それから、声をきつと立てたに違ひありません、手前の孫でしたんで！

「手前はね、もつとようく見たいと思つて、腰を浮かしました。それから、アルベールの方へ参らうとしました。たぶん、少々乱暴に人中を通つたでございませう。看客は手前が何かの狂言をかくんだと思つたでございませう。館の男達が飛んで来ますし、多勢の人達が手前の前に通せん棒をいたしました。手前はね、物を言はうとしましたが、言はしてくれません。手前の言ふことなんぞ、だれも聴かうとしないんです。手前を酔つ払ひにしちやつたんです。たうとう、見物場からこづき出されながら、握りこぶしを振廻はしましたよ。するとね、こゝにおゐでの巡査さんを呼んで来たんでございます。手前がこの旦那に、悪態をついたり、手を噛んだりしたといふんですけど、どうしてそんなことをいたしましたか、訳がわかりません。きつと、あの時には、手前の気が狂つてたんでございませう。この旦那が手前のいふことに耳も藉さず、手前をひつ立てゝ、アルベールを、いつまでも見せて下さらなかつたのは本当でございます……」

老婆は長い間を置いた。その眼が湿んできてゐた。

「それで、今申上げました通りなんで、手前が思ひがけなく、孫と廻りあつたもんですから……あゝ、署長さまに、御勘弁をお願ひ致します……巡査さまにも、御勘弁をお願ひいたします。」

言ひ終ると、老婆は頭をさげ、手を合はせ、眼を床に落した。わが身をきつぱりと沈黙に託し、運命にまかせて、もう少しも言訳をしようとしなかつた。しかし、涙は潸然として、両頰に流れ出した。

署長は何も言はなかつた。傍らの巡査を見た。それは制服の胸に大戦十字勲章をつけ、袖の金条に、少からざる戦場往来を語らせた古つはものだつた。その眼が長官を見かへした。この時まで、頑として己れを持して居たものゝ、さつきから、幾度もうその硬い髭を噛んだのだ。男同志が眼と眼で諒解し合ふやうに見えた。署長は、巡査が半時間前に警察の控室で書いた、キネマ館の騒擾報告を返へした。

古兵は一こともいはずに、その紙を細かく裂いた。

「お婆さん、それではね、帰つてよろしい。」

署長の声が老婆を放心状態から引戻した。まあ、この身柄を帰へしてくれるとは、本当？……なんて物のわかつた旦那方だらう？

「それでは、また活動へまゐつてもよろしいんで？」と、心配さうにきいた。「あの、毎晩、孫にあはせて頂けますんで？」

男二人はよろしいといふ科をして、その単純さを笑つた。

老婆はわざとゆつくり、警察を出た。よごれた良心をもつ人間のやうに、遁げだすと見られるのが、好ましくないのだつた。

しかし、往来へ出て、誰も見手がないことを認めると、裾をたくしあげて、身軽な子供のやうに、駆けだした。皺だらけな顔は、疲労で息をきらしながらも、皮がのびて、つや〳〵とした。白い髪は、頭をくるんだメリヤス頭巾からはみ出て乱れた。

老婆が活動写真館へ着いた時に、館からは、観客の最後の組々が吐きだされてゐた。館の男達は燈火を消したり看板をひつこめたりしてゐた。やがて、老婆の眼は、館の大戸の閉まるのをみた。

老婆は肘を壁につけ、額を手で抑へて、身動きもしなかつた。小さい子供のやうに悲しんで、泣き入つてゐたのだ。

「それぢや、明日まで待つのかねえ！」とつぶやいた。「今から長い〳〵間、孫に会へないのかねえ！　あゝ〳〵！」

二

その翌る晩、老婆は屈服しきつた恰好で、キネマへやつて来た。気付かれずに通らうと、無理に腰を曲げてゐた。切符売口へ近づく時にも、中の女に顔を見られまいとして、横向いてゐた。

しかし、木戸係の男が駆けてきて、言つた。

「あゝ、いけない、おまいさん、また騒動を起こしに来たんだね？　……おまいさんには、切符を売れないいんだから。」

「さう言はないで、売つて下さいよ、旦那。今夜はね、きつとおとなしくしますからさ、きつと！」

口調が子供のやうに、甘えてゐた。それで、木戸の男も、切符の女も、たうとう笑つてしまつた。

老婆は二人に入場を承知されると、さん〴〵礼を言つた。それから観覧場へ通る廊下に彳立つてゐた巡査にも古い馴染らしく挨拶をした。その巡査が昨夜と同人だとは思へなかつた。けれど、万一さうだつたらと、考へたのだ。

土間へ入つてからも、遠慮がちに愛想よく振舞つた。通り路にゐた観客の一人々々に、慇懃を極めた挨拶をした。しかし返答をしてくれる者はなかつた。中には、いぶかしさうな眼付で、見返すだけのもゐた。

「キじるしだな」と、一同の眼がいふらしかつた。

老婆はわが席について、はたの者に迷惑をかけまいと、出来るだけ体をすくめた。初めのうちは、館の男達に感心されてゐるかどうかと、度々うしろを振向いた。しかし、間もなく、映画に一切の現実を忘れさせてしまつた。独逸人がもうアルサス娘を追廻はしだして、白布上には、映画の込入つた冒険が追つかけ〳〵展開した。それから、塹壕が現はれ、背中を見せて手紙をかいてゐる兵士が現はれた。兵士が頭を観客の方へ向け直すと、その顔が見えるやうになつた。

「アルベールや！　……あゝ、アルベールや！　……」

老婆はおのれに克たうと、一大努力をしなければならなかつた。その喉からは、塞るやうに苦しい呼吸と一緒に、この叫びが出かゝつた。しかし、他の観客を騒がすといふことに気がついて、身振ひをした。おゝ恐い！　この館からおかまひを喰ふところだつた。恋しい兵士を、またと見られなくなるところだつた。

恐怖に自制を強ひられた。騒ぎたつた情緒はとけて、唯涙となつた。胸につまる思ひのやり場を求めて、白布上に起きる事件の変化を、涙の眼で貪るやうに追ひながら、体の内方へと響く低い〳〵声で、話しかけた。

「アルベールや！　……あたしの孫や！　……あたしがゐるんだよ、おまいの祖母さんが居るんだよ、わかるかい？　……あたしやね、毎晩逢ひにくるよ……ね、毎晩！」

次の映画になつては、それほど泣かなかつた。はねだしの時に、老婆は木戸の男をつかまへて、自分までこの館の者でもあるやうに、やゝ慣々しい口をきいた。

「ねえ、あたしの孫が、なんて上手に勤めてるか、見なすつた？　……」

木戸係は老婆のいふことをいゝ加減に聴いてゐたが驚いて一本の指を額へもつて往きながら、切符売の女を見た。

二人はうなづいて、同じ意味の微笑を浮べた。キじるしだよ、ほんとのキじるしだよと。

その夜、老婆は殆んど眠れなかつた。心が、どうも落着けないのだつた。発見から享ける楽しみを独り占めにする欲張りだつたからだ。アルベールは生者の世界に、祖母以外の或人を残してゐたからだ。

翌日の朝は、儲けも何も構はず、大急ぎで、八百屋物を売りこかし、仲間よりもずつと早く車をしまつた。地下電に、巴里の市外へつれて行つてもらつた。やがて、黒煙をだす工場や、労働者の住む、監獄のやうに陰気な、煉瓦の家などがたてこむ、灰色の、殺風景な場所に来てゐた。

老婆は、さういふ労働者長屋の入口で、入口番の女と話をした。曾孫は学校へ往つて、不在、アルベールの寡婦も工場へ出て不在だつた。

そこで、老婆は工場へ往つた。廃兵の門衛が前に立塞がつた。通門禁止。工場に関係の無い者は絶対に、中へ入れないのだつた。中で、大砲が製作されてゐたからだ。

しかし、老婆はアーチなりの鉄門へ強情にへばりつき、仕事の都合で、内庭を右から左へ、または左から右へ、通り過ぎる女達を、遠くから見てゐることが出来た。その女達、いづれも太いヅボンをはいて、自転車乗りみたいな恰好をしてゐた。そのうちに、小さく痩せて、青いだぶだぶヅボンをはいた、変梃な男の児が手車に鋼屑を積んで、押して来たが、手を放して、遠くから会釈した。気がついた老婆は驚いて、笑ひだしさうにした。それがアルベールの家内だつたのだ。

十二時の鐘が鳴つて、女工達が午めしに出てきた時、老婆は近々と、孫の嫁を見ることが出来た。灰色に近い蒼白な顔をしてゐた。その眼も、紫がゝつた悩ましさうな隈をもつて、いやにぎよろ〳〵してゐた。

一年前に死んでゐる夫が毎夜キネマに現れるときいて、直ぐに泣きだした。

「そんなことが、まあ、どうして？……」

その驚きは涙をとめさすほど大きかつた。老婆のいふことを了解しようと、努力して見たが、無益だつた。老婆も、実は相手と同じくらゐしか解つてゐないのだつたが、聴いてゐただけの説明を繰返して、話した。

「アルベールが活動に勤めてることにや、間違ひないんだよ。坊やをつれて、見に来てごらんな、今夜待つてるからね。」

老婆はその誘ひを命令のやうに言つた。大巴里の殆んど反対のはづれにある活動館の前で、八時に落合はうと、約束した。さうして、二人は別れた。お互ひに、貧乏人は一寸の間も惜しかつたから。

老婆は、孫の嫁とその子供とが少しも遅れずに来るのをみた。寡婦は勧工場仕込みの黒服をきてゐた。子供は持つてゐる一番いゝ着物をきて、お小姓のやうに、髪を撫で付けてゐた。

女工が切符売場へ往かうとしたを見ると、老婆は遮つた。

「まあ、なんだね……お銭はあたしが出すよ。あたしや顔が通つてるんだからね、此館の者同ぜんなんだから。」

懇意を見せるために、老婆は売子に冗談をいつた。それから、初日には敵だつた木戸口の男と握手をし、わざ〳〵買つてきた一本ぎりの安葉巻をくれた。

「つまらないつかひ物がつきあひをつなぐつて言ひますあね、取つといて下さいよ、旦那。」

土間へ入つても、案内の女に、まるで古なじみのやうな挨拶をした。

「これは孫の嫁と子供ですよ、映画に勤めてる孫のね」といひながら、その女にも、銅貨二三枚握らせた。

それで、案内された席を一番いゝ場所と思つて、老婆は得々と、腰をおろした。

しかし、この公設物内で、わが大勢力を伴れの者に見せつける満足は、ごく短い時間しか続かなかつた。アルベールが現はれると、側にゐる喪服の女が一昨夜の自分同様に、声でも立てやしないかと心配した。けれど、寡婦はその苦痛裡に、無言でゐた。モルヒネ愛用者の眼を思はせる、ぎよつとした、おちつかない瞳で、幻影に見入つた。唇は堅く閉つてゐた。さうして、口の両側には、二流れの涙が伝はつてゐた。

かはいゝ喪服姿のお小姓は、はたの者に死を言はれても、何のことかわからない年齢に相応な、無知覚でみてゐた。あの兵隊さんを見知つてゐた、父ちやんだつたから。父ちやんだつたから。父ちやんがあゝいふ服装で、帰つてきた時を覚えてゐた。なぜ、父ちやんまた帰つて来ないんだらう？　……

「とうちやん！　……とうちやん！　……」と、幻影の方へ手を延ばして、つぶやいた。

母親と曾祖母とはわが涙をとめあへずに、子供を静まらせようと、暗の中でそうつと突ついた。

活動がはねて、外へ出た時、そこで別れる前に、老婆はまたしても、命令的な調子で言つた。

「あしたまた、こゝへね、おんなじ時刻にだよ。切符はあたしが買ふからね。」

寡婦はこの招きをいぶかるやうだつた。

「あたしんとこは巴里の向うのはじですわ。本当の旅をしなきや来られやしません。あたしや、仕事のために早起きしなきやなりませんし、坊やを学校へ出す前に、世話もしてやらなきやなりません。とても駄目ですわ！　……それに来たつて、何になりませう？　アルベールが蘇生るわけぢやなし、この活動を見てゐちや、あたし、命が縮まります。」

眠むがつてぐづつく子供をひつ立てゝ往く寡婦の後姿を、老婆はじつと見送つた。この小柄な女を、前々から情がうすいと思つてゐたのだ。

「あゝ〳〵！　アルベールを本当に忘れない者は、あたし一人だよ！」

老婆はあくる日一日、沈んで不機嫌だつた。夕方になつて、居酒屋でクレンクビル爺つあんと会つた。この仙人八百屋は口をあまり利かないし、人や物の間を無頓着に歩いてゐたけれど、それでも、古い同業の婆さんがやる事には、無関心でゐられないらしかつた。黙つて老婆を観察してゐた。もう幾日か前から、老婆は違つた人間になつてゐた。金を無茶に使つた。誰にでも奢(おご)つた。市場へも遅くきて、一番高い一番悪いものを買ひ、他の者達よりぐつと安く、それを客に売つた。

「おめえ、破滅だぜ、元手(もとで)をつかひこんでるんぢやあ。」

こんな忠告をしながらも、老婆が呑めといつて出すコップを、幾杯でも引受けた。

八時になると、老婆がそはつき出した。

「さいなら、クレンクビル、あたしと一緒に来ないんなら、もう往くよ。孫が待つてるからね。孫は活動へ勤めてるのを知つてだらう。」

「おめえの孫は殺(や)られたんぢやねえか！」

「そりや殺(や)られたのさ。だけど、今は活動へ勤めてるんだよ。」

仙人はたゞ肩をすぼめるだけしかしなかつた。その師であり保護者にある人から、この世では、何事も驚くに足りないと、教へられてゐたのだ。

極く普通な、極く有りふれた事と事ですら、近づいてよくみると、それら相互の間に、何の関係も存在しないことがわかる。ましてや、人生の異常な出来事を、理窟にあてはめようとしても、到底あてはめ得るものではないのだ。

三

老婆は鉄門のベルを指で押してから、着てきた黒の絹服を検めてみた。それは、まだ娘が生きてゐた時代のものだつた。裁ちも縫ひも、自分でしたのだが、その後の長い生存中、繕ひに繕ひを加へて来たから、初めの俤は殆んど残つてゐなかつた。

老婆には、全然不体裁でないことが認められた。いくらか流行には遅れてゐた。しかし、切地のいゝものなら、解る人達には、必ずそれだけに見てもらへる。殊に、昔のやうな絹物は、もう何処にも織られないのだから……頭にも、物をかぶつてゐなかつた。硬い沢山な白髪が自慢だつたのだ。

鉄門の格子越しに、小じんまりと、樹木に包まれた瀟洒な邸宅をみると、感歎した。これが女の足一つで稼ぎだされるものとは、ほんとにねえ！　……しかし、白いエプロンをかけ、同じ色の帽子をかぶつた若い女が近づいたことに、観察を中止させられた。品のいゝこの女中は、ベルに呼ばれて、出てきたのだ。老婆からみると、その男じみた体つきや、ひとの頭の先から足の先まで、じろりとやる失敬な眼や、うるほひのない声などが堪らなくいやな女だつた。

「お婆さん、御主人にご無心ならね、けふは駄目よ、おるすなんだから。」

老婆は赫となつて、思ふやうに言葉を出せなかつた。

間に格子さへなかつたら、そのつらへ、ぐわんとくらはさないで、誰がゐられる！　……もう、めちゃくちゃに喰つてかゝつた。さうして、益々調子づき、女中の胸がぺちや〳〵なことや、体が男の児みたいに角張つてることを、糞味噌に罵つた。が、その時、何か背後へ来たものゝあるに、気がついた。

振り向くと、歩道べりに停つたばかりの自動車が眼に入つた。それから降りた素敵な恰好の女が、老婆に笑ひかけて、抱擁しにきた。

「あら、祖母さん！　……まあ、どうしたの、祖母さん！」

第一に、老婆の眼にとまつたのは、評判な踊つ子が喪服をきてゐることだつた。けばけばしい、目に立ちすぎる喪服だつた。けれど、兎も角も喪服で、兄のアルベールのために着てゐるに違ひないのだつた。

老婆は、女中があける門の中へ、愛情たつぷりな手で押入れられた。なまいきな女中をにらみつけて、何か一言度肝ぬいてやらうと思つた。しかし、その前に、女中みづから、わが混乱にまけて、眼を伏せてゐた。

物もらひかと思つたのが、お嬢様の祖母さんであらうとは、へえ！　……

同時に、心では運命の不公正を恨んだ。自分は女学校を出てゐる。屋根裏の女中部屋には、歌をかきちらした手帳さへ持つてゐる。それだのに、自分を尋ねだして、この踊つ子同様な邸宅に住まはせる、物語の王子は一人も来ないのだ。

老婆は踊つ子の部屋々々を通りながら、驚きに驚きを重ねた。贅沢なるものを、まつたく違つた風に想像してゐたのだ。大型なぎやう〳〵しい椅子テーブル、どつしりした家具類がそれだつた。しかるに、この家では、腰をかけられさうな物が殆んど見つからなかつた。唯あつたのは、脚の低い長椅子と、床に置いた座蒲団（クッション）ばかりだつた。家具はいづれも、手を触れるがこはいほど、弱々しかつた。壁やカーテンの色合ひも、見る眼に眩暈（めまひ）を起させるほど、複雑で、変てこだつた。

アルベールといふ名が出ると、孫娘は小鳥のやうなはしやぎを失つて、直ぐ泣きだした。「兄さんになくなられて、まあ、なんて悲しかつたでせう！」と涙ながら、言つた。「そりやあね、あたしとは仲よくなかつたわ、逢ふこともないくらゐだつたわ。兄さんにや、あたしの生活が諒解出来なかつたんですもの。だけど、あたし、本当に兄さんを愛してたんだわ。」

場所としても一番い〻所に据ゑた小机から、その上にあつた写真をとつて、接吻した。それはアルベールの写真だつた。故人を忘れぬこのまご〻ろは老婆をいたく感動させた。あ〻、これでも世間は、ジュリエットがかうだとかあ〻だとか、その職業（しやうばい）ゆゑに、その生きてゆき方ゆゑに、妙なことをいふのだつたが……この女の如きをこそ、金無垢のたましひと言つてよかつたのに！

老婆の感激は、キネマに於ける発見を報告される時に、踊つ子が持した冷静によつて、多少その度を減じた。

「まあ不思議、ほんとに不思議なのね」とだけ、ジュリエットは言つた。

それから祖母の考へが何であるかを察した。

「祖母さんはね、それを見せに、あたしを引張つてかうてんでせう？　承知してよ。きつと今夜、祖母さんと一緒に往くわ。だけどね、祖母さんがこのまゝゐて、晩の御飯を一緒にたべるつて条件をつけてよ。」

兄の思ひ出はその心に、ちがつた思ひ出を生ませた。

「あゝ、祖母さん！　戦争に往つたのはね、アルベール兄さん一人ぢやないのよ。まだ生きてる者もあるのよ。生きてる者の方が、死んだ者よりも余計に悲しませるわ。」

踊つ子はその友のことを思つたのだ。八百屋婆さんが一度も見たことのない、しかし、人の噂では、結局ジュリエットと結婚するだらうといふ、若い富豪のことを思つたのだ。

祖母と孫とは、もう話を続けることが出来なかつた。もうお茶の時で、主婦ジュリエットの朋輩連がぞろ〳〵押掛けて来だした。いづれも他と変つた、けば〳〵しい、素敵な服装をしてゐたが、その話すところを聴いてゐた老婆は判断の基礎をくつがへされて、眼をぱちくりさせるだけだつた。中には、自分が素晴らしい着物をきてゐるに拘らず、ジュリエットの喪服を羨むのがゐた。一人の如きは、その羨望を表はすのに、大へんな言ひ草を持ち出した。

「身内に死んだ者のある程、徳なことはないわね！　黒つてものは、こんなに引立つんだから……」

どの女も煙草を吸つた。床に敷いた白熊の皮や、円い絹枕の上へ、ぢかに臥そべつた。その絹枕が厚くふくれて、中央に凹んだ釦のついてゐる恰好は南瓜に似てゐた。ある女達は怠屈した獣のやうに身を投げだし、他にどこを見られても、平気だつた。また、ある女達は頤を膝頭につけ、その膝に両腕を廻はして、抱へこんだ。

茶は大きな銀盆にのせて、床に置かれた。銀盆には、アルコールランプが殆んど眼に見えない青いとさかを動かしてゐた。

ジュリエットは勇敢に、老婆を紹介した。

「これはね、毎朝ルビック街に八百屋をだすあたしの祖母さんよ。あたしやこれでもね、十字軍戦士の子孫に負けない系図自慢なんだから。」

女たちはどつと笑つた。しかし、やがて少しづゝ、老婆を忘れて往つた。老婆は退去りたくなつた。かういふ風儀が好ましくなかつたのだ。けれども、孫娘の気に触るのも心配だつた。

場をはづさうとする女の児みたいに、眼に立たないやうに気づかひながら、席を椅子から椅子へと変へた。さうして、終ひに食堂へそれ込んだ。そこで、元気を恢復し、起ちあがつて、傍の廊下へ、無遠慮に飛びだした。

茶瓶にさす熱湯のおかはりを座敷へ持つて往く女中と、すんでのことに衝突しようとした。

その女中に、執念ぶかい一喝を浴せた。

「なまいきめ！　……すべた！」

この天晴な罵詈を吐いてしまふと、体がすつとなつたのを覚え、とある階段を下つて、やがて、台所へ入（はひ）つた。

老婆は孫娘の豪勢を、座敷よりもこゝで驚いた。まあ、何といふふんだん！　まあ、輝く星のやうに並んだ、何といふ様々な鍋！　……

料理番の女は老婆をその領分の貴賓として迎へ、テーブルの上に、酒瓶と二つのコップを置いた。二人は銘々の苦労話を肴に、一本きれいに空（あ）けた。やがて、台所守（だいどころのかみ）は懐中から写真を出して接吻し、それをお客様に見せた。

「手前の伜はアルビン騎兵、俗に青鬼（ディアブル・ブリユー）といはれるあれで、唯今レ・ボージュ辺に居ります。」

老婆も負けてゐる筈がなく、矢張りふところから、兵卒の写真をとりだした。

「あたしの孫は討死しましたよ。けども、この頃はね、毎晩活動へ勤めてるんですよ。」

料理番は腰かけたまゝ、びりゝつと身をふるはし、眼をぎよつとあいた。この婆さんは確かに、お小間（こま）の言つた通り、狂女（きちがひ）だつた。しかし、御主人の祖母であることを思つて、何も言はなかつた。

八百屋婆さんは夕飯時までこの楽園に止まつて、その豪奢振に感心した。それから、上の食堂へ戻つて、大きな食卓に孫娘と向合ひに坐り、孫娘のうしろに、これもいけ好かない給仕男が恭しく控へたを見ると、我家恋しい気やら、ばつの悪い思ひやらを覚えた。

老婆は出されるものに悉く感心し、こんな御馳走はたべたことのないことを認めた。が、しかし、出来るだけ早くおしまひにしたい切な願ひを抱いた。

ストーブの上の時計を見やつた。もう八時近かつた。

「いそがないでもよくつてよ、祖母さん。時間はあつてよ。自動車で、直ぐに往けつちまふわ。」

俄かに、全邸を揺がす騒ぎが起つた。それは、あわたゞしいベルの響きと、癪にさはる女中の驚きと、扉（ドア）のあけたてと、人の声音（こわね）とだつた。

女中はかけ戻つた。

「お嬢様……お殿様で！」

言つたのはそれだけだつた。しかし、老婆はすつかり推量した。『お殿さま』が二人ゐる筈はなかつたのだ。さうして、老婆は、飛行服をきた立派な若士官が、竜巻のやうな勢ひで入（はひ）つてくるのを見た。士官は余り踏込む必要をもたなかつた。踊つ子が飛出して往つて、その腕に抱かれたからだ。

ジュリエットは今の今もこの男のことを話して、沈み切つてゐた。逢はないことが、もう六ケ月になつてゐた。当分は休暇を得ることも不可能な筈だつた。

飛行士官は声をきれ〴〵に、説明した。

「思ひがけない許可を得てね……あゝ、二十四時間きりだよ……」

話を続けることも出来なかつた。二人は歓喜の爆発で、抱きあひぶるさがりあつてゐたのだ。……

シャンパンの栓をぬくやうな、音の高い乱暴な接吻が続けざまに、沈黙を破つた。

老婆は眉間(みけん)をしかめ、重々しい態度で起ち上つた。そこに一人、余計者がゐたのだ。ひとに言はれなくとも、解つてゐた。

老婆が出て往くのを見ると、ジュリエットは恋愛のかひなを振りほどき、言ひわけをしに、駆けてきた。

「わかつて？　祖母さん……たつた二十四時間、帰つていらしつたんだからね……だからね、駄目よ、けふは……またこん度ね……生きてる者の世話をするのが先きよ。」

老婆は冷え切つた体と真暗な心とをもつて、人なき街上に立つた。空中襲撃の用心に、黒袋をかぶせられた街灯は、その微弱な照明で、一帯の暗黒を更に深いものとするに与(あづ)かるだけだつた。

歩みを運びながら、お題目でも唱へるやうに、同じ言葉を繰り返した。

「人間はさ、誰でも生きてゐたいんだよ。生きてる者は生きてかなきやならないんだよ……死ぬ者こそ詰らないんさ！　死ぬ者はさ、生きてる者よりも早く忘れられるんだよ……」

誰もかれも、死んだ者を見棄てた。活動の観覧席にまでも、その同じ薄情が気付かれた。その晩は、僅かに二十人ばかりの見物人しかなかつた。この場末キネマの観衆は追廻はされるアルサス娘の冒険に飽きてゐた。この映画を見ない者はもうゐないのだつた。

老婆は、自分一人のために芝居をやらせる王侯の勿体で、席を占めた。孫が現はれると、低い声で、しんみりと話しかけた。

「今晩は、アルベールや。みんなお前を見棄てちやつたんだね、みんなお前を忘れちやつたんだね。世の中つてものはそんなもんなんだよ……だけどね、心配おしでないよ、おまへの祖母さんはね、どんなことがあつても、おまへを見棄てやしないから。あたしや、毎晩こゝへ来てあげるよ……あゝ毎晩ね！」

四

漠として要領を得ないながら、風説は、正午過ぎると、伝はり始めた。（平和が来た！……平和がつひに成り立つた！）

しかし、今迄にも、この言葉は何度となく言ひだされて、後からの実現が伴なはなかつた。そのために、老婆は風説を信じなかつた。

午後の半ばになると、もう誰もかれも、それが事実なことを納得した。敵方から求められた休戦を政府が公布したのだ。

ふと、八百屋の婆さんは、巴里の中心めがけて押出す人雪崩（ひとなだれ）の中に、自分が捲き込まれ、押し動かされてゐるのに気付いた。みんなと同じやうに、歓喜で夢中だつた。みんなと同じやうに、叫んでもゐた。

日暮れ方まで、夢幻中を生きて歩いた。夢魔に襲はれて、現実ならぬ冒険を続けてゐる気だつた。しかし、これは気持のいゝ夢魔で、乱心も恐怖からではなく、熱情から起されてゐた。老婆は、コンコードの広場に、自分を見つけた。群衆は愛国的な歌をわめきながら、独軍から捕獲してこの大広場に置いてあつた砲車を、曳きずりだしてゐた。

一団の若者は老婆を砲車の一つへ乗つけて、近い街々を、凱旋車かなんぞのやうに、曳き歩いた。

老婆は白髪を振乱し、ラ・マルセイエーズを唱ひながら、両腕を高くさし上げた。群衆は喝采で迎へた。誰一人、この老婆が何者であるかを知らなかつた。しかし、その渡御は、老齢といふものが持たせる本能的な崇敬を、眼覚めさせずにゐなかつた。ある人達は、一世紀といふ長夜の眠りから醒めいでた、古い共和の女神を見る気にさへなつた。

たちまち、老婆は地に立つて、一人きりでゐた。いつの間にか、砲車も砲車を曳いた若者達も消え失せてゐた。丁度ロアイヤル街の、すばらしい料理屋が並んだその前にゐた。マクシム軒の常連――どんな馬鹿なまねでも出来る金持達――は、今日の出来事を祝賀するために、シャンパンの口をどん〳〵抜いて、群集に呑ましてゐた。

どういふきつかけからか自分でも知らずに、老婆は一団の米国兵卒と話してゐた。もと〳〵、アメリカ人が好きでもあつた。均斉（つりあひ）よく四方が凹んで、尖つた頂点のフェルト帽をかぶつてゐるといふことだけで、見別けをつけた。健康で、力があつて、親切らしい顔の美少年達！　その幾人は、何処かアルベールに似てゐるとさへ見たのだ。

「万歳！　合衆国！」

この兵卒等と、言葉よりもむしろ、科や眼付で意志を通じた。しかし、そんなことはどうでもよかつた……同情と好意がありさへすれば、他に何が要るのだつたらう！　……

兵卒達の方も、老婆のはしやぎ方を面白がつて、大柄な子供のやうに、頻りに高笑ひした。そのたびに、皮に隠れた巌丈な顎骨がよくわかり、つやのいゝ象牙のやうな、羨むべき歯列びが丸見えになつた。

老婆はスカートをまくりあげて、腰巻の上にぶるさがつた、商売の元手を入れておくリンネルの財布に、手を突込んだ。丁度中身が入つてゐたので、新たに得た友達を、一杯やりに誘ふことが出来た。

兵士達は笑ひながら、首をふつた。女におごらせるわけにいかないよと。

全体の中で、達者にフランス語を使つた唯一人の男が、上々の機嫌でその抗議を伝へた。

「お婆さんよりも、僕達の方が金持ちだよ。日給も、ドル勘定だしね。」

老婆は片手にとり出した一握りの銅貨をみた。全体で、一フランにも足りなかつた。しかし、構ふことはないぢやないか……

「お前さん達、我国へお客に来てるんだから、それでね、あたしがおごるのさ。心よく承知してくれなけりや、泣きだすからいゝ。」

一同は珈琲店（カフェー）へ入（はひ）つた。こゝで半時間も、とんがり帽子の屈強な兵士達は酒を呑んだ。さうして、陽気な老婆の言草や科（しぐさ）に、大笑ひした。

それからまた、いつの間にか、老婆は、違つた軍服をきた違つた国々の人間と、飲んでゐた。フランスの兵卒とさへ飲んでゐた。フランスの兵士等は全都の狂喜に包まれながら、何年も何年も長びいた凄惨な悪夢から醒（さ）めきれない人のやうに、どこかにまだ、陰鬱な様子を残してゐた。

日が暮れた時に、老婆は身がへと〳〵なのを感じた。群集といふ群集に踏み付けられでもしたやうだつた。体を何百万べんも打ちのめされた気持だつた。

知らず〳〵、わが住む市外へ来てゐた。足を引きずるやうに、のろ〳〵と歩いてゐた。それほど疲れてゐたに拘らず、途で遇（あ）ふ群々の歓呼には、必ず声を合せた。

息つぎの必要と習慣（しきたり）とが居酒屋へ入（はひ）り込ませた。

そこには、クレンクビルが空（から）のコップの前にすわつて、その底を淋しげに見ながら、ぽつねんと、黙り込んでゐた。

「さう〳〵、おまへさんにも、御馳走しようね」と、老婆は言つた。「けふは大した日ぢやないかね。平和になつたんだつてさ！　平和になつたのを、お前さん、なんと思つて？」

クレンクビルは肩をすぼめた。それから、老婆がとつてくれた新しいコップを見ると、元気づきて、やつと口をおきき遊ばした。

「さうさな、こんな恐ろしい試練の後だから、人間もいくらか善くならうと努(つと)めるか知れねえ。さうさ、立ち直つて、いくらか理窟にあふ生活を、やつと覚えるか知れねえ。」

かう言つた後で、その師と同じやうな嘲りの微笑を浮かべた。またも永遠の疑ひに侵されるのを感じたのだ。そこで、続けた。

「だが、このかわえさうな人間がだ、立て直すだけの値打をもつてるかどうか、また、将来(このさき)のために、本気で盡すものがあるかどうか、誰も言ひ切ることは出来めえ……」

だいぶ時間がたつてから、老婆は違ふ欲望の誘惑を感じた。キネマの暗い土間とその映画とを思ひ出して、気がいそ〳〵してきたのだ。あすこが天国のやうなものに思はれてゐたのだ。あゝ、あすこへ往つて、楽な席に二時間もかけて、孫と心同志の話をすることは、何といふ楽しみだらう！　可哀さうなアルベールは、この日巴里や全世界を感動させてゐる大へんな出来事を、まだ知つてゐないに違ひない。どれ、早く知らしてやりませう！

「さいならよ、クレンクビル、孫が待つてるからね。可哀さうに、あの子は休みがないんだよ。今夜も、いつもの通り勤めるんだよ。」

わが古なじみの幻覚生活を、やつと了解したぼてふり哲学者は、少し忠告してやるべき場合だと考へた。

「お前(めえ)はな、自分で命を縮めてるぜ。物をまるで喰はず、飲んでばかりゐる。それによ、金の費(つけ)えやうが馬鹿に荒れえ。元手をすつちまふに定(きま)つてらあ。昨日も、仕入れの半分がた、掛けで買つてたぢやねえか……それから、おめえはこの五六日で、急に三つ四つ年とつたらしく見えるぜ。」

しかし、かういふ穏健な異見をした後に、またも口辺に微笑を浮かべて、あの永遠の疑ひを覗かせた。

「だが、まあ善いか！　それがおめえの楽しみだつてんならよ……おめえが、それで幸福を味はへるならよ……」

老婆は足が棒になつて、殆んど立つてゐさせない位だつたけれど、急いで、キネマへ向つて往つた。先方へ着いて、気持のいゝ見物席へ坐つてしまへば、ゆつくりと休めるのだつたから。

街路は、上空からの威嚇を孕んだ戦時の夜の通りに、まだ暗かつた。けれど、群集は処々方々にかたまつてゐた。辻々では、楽器が鳴り、俄か舞踏が催されてゐた。

キネマの軒下をくゞる老婆を見ると、木戸係の男が大はしやぎで、出迎へた。

「お婆さん！　平和になつて、おめでたう！」

それから、つまらないことだが、気がついたからと言つたやうに、言ひ添へた。

「今夜はね、あんたのお孫さんも、もう勤めませんよ……ありやおしまひ。全部しんきでさあ……だが、今度のは見て置いていゝですよ。」

「えゝツ！……」

老婆は本当に青くなり、眼を恐ろしく見開いて、背中を壁にもたらしてしまつた。木戸係はその苦痛の叫びに答へるため、詳しい説明をしだした。

「七日間経つたんですよ。プログラム全部差替でさあ。見物はもう、アルサス娘と独助の話に飽きちやつたんでね……まして、かう平和になつてみりや、何か違つた種を持つてくる必要がありまさあ。戦争物なんぞ、御免々々ですよ……一つ大に忘れて、大に景気をつけなきや駄目ですね……さあお入んなさい……今夜のフイルムはアメリカ物でお腹の皮のはじけるほど、笑はせますぜ。」

老婆は足がふら〳〵した。あのたわいのない酩酊が生んだ、心持のいゝ昏迷は一時に消えてゐたのだけれど。

「あゝ、もう孫にはあへないのかねえ！　……あの顔をば見られないのかねえ！　……」と、悲痛な声で言つた。

それから、絶望を唯一句にまとめて、言つた。

「あたしや、孫をまたとられちやつたよォ！」

活動を見に来た公衆は、気が遠くなつて倒れるばかりの老婆の周囲に、たかつた。木戸係の男は同情のためと、入口の混雑を避けるためとで、老婆の気を引立てにかゝつた。

「しつかりするんですよ、お婆さん！　……あんたも、けふ死んぢやなりませんぜ、こんな、実に目出度い日に、我館のプログラムが変つたぐらゐのことでさ……それにね……それにね……」

切符売場の女に新聞を一枚借りると、大いそぎで、天井からさがつたランプの光をよく受けるやうに、爪立ちしながら、検めだした。同時に、口の中で言つた。

「待てよと……アルサス娘の馬鹿げた物語は、どこかにかかつてるに違ひない。拙いつぎはぎだらけな古フイルムだつけ。きつと五流どこのキネマだ……さうだ、こゝだ。」

そこで、老婆に向き直ると、或る街の名と、活動の館名とを告げた。

「少し遠いんですよ、お婆さん、グルネル街、巴里の向う側でさ。けれどね、地下電に乗りさへすりや……まあ往つてごらんなさい。一週間、お孫さんとそこで逢へますよ。」

それつきり、老婆に構はなかつた。新プログラムに引付けられて、ぞろ〳〵と入場する観客を見てゐなければならなかつたのだ。

老婆は再び街上に出た。もう唯一つの観念しかなかつた。

「あたしや、孫をとられちやつたよォ！」と、心で言つた。

「誰もかれも笑ひあつてるこんな日に、あたしや、孫をまたとられちやつたよォ！」

名も身分もない奮闘家の、その不屈な精神が、またもや頭をもちあげた。孫はこゝで殺された。けれど、他処で蘇生らうとしてゐた。会ひに往かずにゐられるものか！

老婆はスカートをまくつて、わが総資本をいれた財布を探つた。その右手は空虚を掴んだ。しつこくも捜索すると、指の間にはさまつて、いくらかの銅貨が現はれた。みんなで五十サンチームだつた。

まだ知らないグルネル街のキネマで入場券を買ふ、丁度それだけの金しか持たないのだつた。地下電の切符を買ふ金は残つてゐなかつた。総てを、午後の騒々しい冒険に費ひ果したのだ。徒歩でゞも往かなければ、どうにもしやうがなかつた。しかし、それは余りに遠かつた……余りに遠かつた。

或るよくない考へが頭に浮かんだ。

「ああ、おもらひでもして見ようかね！　けふは国中が大よろこびの日だもの、こんな年寄がこんなに弱つてるを見たら、可哀想に思つてくれるだらう……」

しかし、その疲労にも拘らず、老婆は誇を傷けられたといつた科で、屹と顔を起した。今迄に一度だつて袖乞をしたことはなかつた。七十になつては、何を始めるにも遅かつた。

「あゝ、どうでも逢はなきやならない！　……どうでも逢はずにやゐられない！」

疲労が大通の樹と樹の間のベンチへ倒れさせた。闇の中に、珈琲店や居酒屋の表口がかまどの口のやうに、輝いてゐた。様々な音楽がこんがらがつて、陽気な乱調をつくつてゐた。恋に酔ふ組々が通つては、闇へ消えた。それは女の胴へ片腕を廻はした遠い国々のいくさ人だつた。

「あゝ！　あんまり遠い！　……あんまり遠い！」と、老婆は頻りに溜息ついた。

不意と、老婆は一人の兵士に微笑されてゐた。それは、塹壕用の兜からでかい軍隊靴まで、悉く真白な兵士だつた。その体をすかして立樹が見え、隣りのベンチが見え、通りすぎる人が見えた。全体が硝子か、薄煙か、手にとれぬ泡で出来てるらしかつた。

兵士は、ついて来いといふ手まねを、老婆にした。さうして、老婆がその通りになるをみて、歩きだした。

「あゝ！　足が痛い！　……あたしや、ついて往けないよ。何里つてあるんだもの。とても、往かれないよ！　……」

老婆はちがふベンチに腰を落した。すると、体(からだ)のすき通つた兵士も立止まつて、こつちへ、暗い、絶望的に暗い顔を向けた。

「そんなに悲しい顔をするんぢやないよ、あたしがどんなにくたびれてるか、おまへ知らないんだね。だけど、おまへの祖母さんはね、どんなことがあつてもおまへを見捨てやしないよ……アルベールや、待つておくれ。さあ一緒に往(い)くよ、あたしの孫や！」

と、最高の努力で起ち上り、幽鬼の後を追つて、暗い、冷たい、果しのない街々を歩きつゞけた。

あたかも、われ〳〵が各自の思ひ出に導かれ、人生の嶮岨(けんそ)を越えて、幻想を慕ひゆくが如くに。

★

このイバニエスの作品を村田・青島はどのように翻案し、映画化したのだろうか。フィルムもシナリオも残っていない現在、それをうかがう資料はまずは映画の粗筋紹介であろう。それを見ると、原作の老婆とアルベール、ジュリエットの祖母・孫という関係は、映画では母と子（正治とお澄）の関係に改められている。そして原作ではあくまで老婆を中心に描かれていたものが、映画では母と娘の関係を主にして描いたようだ。当時の批評に次のようなものがある。

映画の云はんとするお澄と云ふ女性と彼女の母との性格の比較などは、少くも今迄の日本映画には見られなかつた程、現実味のあるものである。（略）二人の我子を失つて一人淋しく暮す老ひたつ母の嘆きもある。虚栄に憧れて意味ない人生を楽しむ若い娘の生活もある。人生の諸々の相を描いた劇筋は、興味をもつて見る事が出来る。

（田村幸彦「主要映画批評」『キネマ旬報』１９２４年９月１日号）

また別の批評にも、

「毎に（ママ）ひたすら過去に生きた、子はひたすらに現在と未来の夢に生きた」といふテーマを、脚色者がしちくどく万遍だらりと繰り返すのには参つてしまふ。

（『名古屋新聞』１９２４年８月９日夕刊「映画評」、［綜二］筆）

とあり、この「毎に」は「母は」の誤植だろうから、ここでもこの映画のテーマが母と娘の性格や生き方の違いを描くことにあることを示唆している。母と娘のこのような対比を描いた作品というと同じ浦辺粂子が出演していることもあって、私はすぐに溝口の『しかも彼等は行く』を思い出す。これは『お澄と母』の七年後の作品だが、その原作はルンペン文学の大家・下村千秋の同名の小説であった。浦辺はこちらでは母の役を演じ、娘は梅村蓉子が演じた。一年前に溝口の『唐人お吉』でお吉を演じて絶讃された梅村である。浦辺の母は娘を育てて生きていくために三人の男に次々にすがっていき、今は待合を出させてもらって恥ずかしい職業を続けていた。一人前の女性になった娘はそうした母親の生き方を嫌って上京し、タイピストやカフェの女給となって生活をたてながら自立した女性として生きていこうとする。『しかも彼等は行く』も『お澄と母』と同じようにフィルムもシナリオも失われており、甚だ心許ない状況だが、現在残っている資料をもとに考察をめぐらして見ると、この二つの作品の母と娘の描き方には1924年と1931年という時の流れによる政治的・社会的な変化が反映されているように思える。つまりこの間には、1929年の世界大恐慌に発する「毒ガス的不況」が日本をも襲い社会主義革命・共産主義革命という課題が前面にせりだし、映画界にも「傾向映画」や「ルンペン映画」の流行という現象を生み出していた。『しかも彼等は行く』の娘は明らかに男に頼らずに生きていく自立した女性を描いていたようだが、『お澄と母』の娘・お澄はどうもそうではないようなのだ。その点を次に見ていこう。

貧民窟に暮らすお澄はデパートの売り子だったが、都会の生活にさそわれ、家出して芸者となり、富豪の山崎の妾となって豪奢きわまりなき生活を送っていた。一方、十年前の戦争で夫を失っていた母は女手一つで二人の子を育て上げたのだが、お澄は家出し、勤勉な職工だった息子の正治も出征して戦死してしまった。ある日、母は偶然お澄と出会ったが、二人の生活には貧富の溝ができてしまっていた。戦勝に市民が沸騰していた時、母は近所の人にさそわれて映画を見にいった。そこでは戦争の実写ものが映写されていて、スクリーンには正治の姿が映されていた。母は喜び、それを娘とも分かち合おうとお澄に会いに行った。しかしちょうどその時、お澄は旦那を美しい敵に奪われようとしていた。お澄にとってはスクリーン上の兄に会うより、この現実に生きることが必要だった。お澄は母の好意をふみにじってしまった。ガス灯が淋しくともる公園を母は、他の常設館に移った正治の映画を見るために、疲れた足をひきずって歩いていた。母は、正治の幻影に導かれて過去の思い出にひたりながら、暗い道をたどっていた。お澄はすべての努力の結果、旦那を我が手に取り戻した。そして現実の波乱多き生活と戦っていくのだった。

この粗筋に描かれているお澄の姿はどのように解釈することができるだろう。その点で私が気になるのは、映画の最後が母の姿で終わったのか、お澄の姿で終わったのか、ということである。しかし粗筋には書かれていないのだが、次のような批評があることによって、映画の最後は富豪の山崎が母をも引き取って世話する、というところで終わっていたらしいことが判る。

イバニエズ氏の原作から取材したものとやら、社会劇としていゝ内容で、中々見ごたへがあるが、お澄を身受けして、終ひに其母までも引取つて世話するまでの深切になる富豪山崎の性格がチト不鮮明で、前半の様子ではそれ程実のある人でなく、女を玩弄物視して酒色に耽る人らしく思はれ、それだけに、後の気の変り目との聯絡が薄いやうな気がするはどんなものか。

（『活動雑誌』１９２４年９月号「最近東京で封切された優秀映画批評」）

子を持つ親の淋しい気持が美しく表現されてゐる浦辺の澄子もよく出来た市川の老婆は後半が凄い程光つてゐた

（『読売新聞』１９２４年７月８日「逆光線」、［洋太郎］投）

後半の母の描写に深い印象を受けた人はいる。

戦死した正治の霊の二重焼は、位置がよかつたので、母との呼吸がピタリと合つて居たのは成功だ。／春衛の母、年配も相応、娘と忰とに対する情合、娘に疎まれても、それを恨まぬ、母性愛の深い様子が、一寸『オーヴアー・ゼヒル』のメリー□(不明)カー夫人を聯想させた。

（『活動雑誌』１９２４年9月号「最近東京で封切された優秀映画批評」）

一方、お澄が敵と戦って勝つ修羅場の描写はどんなものだったのか、批評には何も言及がない。印象に残っていないということだろう。むしろ見た人にはお澄と旦那の色模様の方が印象に残っている。

撮影は上出来で、待合の庭前の月夜に、山崎とお澄との色模様など、染調色と云ひ、光線の工合と云ひ、上々の出来であつた。
（『活動雑誌』１９２４年9月号「最近東京で封切された優秀映画批評」）

同じ評者は、「浦辺粂子のお澄は迫来(ママ)メッキリ進境を見せた優だけに初中後共に上出来、何処かにやさしい、母に対する情がほのめいて居る」と述べている。つまりお澄の激しさではなく、その優しさが印象に残ったということだ。してみるとある投稿が、「村田氏の性欲描写も仲々鋭く」（『東京日日新聞』１９２４年7月15日夕刊「映画の印象」、［モーション生］投）と述べているのは、旦那とお澄の間の「性欲描写」であって、お澄と敵との間に繰り広げられる修羅場の「性欲描写」のことではないのかも知れない。

いずれにせよお澄は相変わらず旦那山崎の世話になっているのであり、その生活の戦いというのは、『しかも彼等は行く』の娘の「女性の自立」への戦いとは異質なものであったといえよう。とはいえお澄の生活との戦いの描写は、その母の哀しみの描写と比べて、どのようなものだったのか、その点で次のような批評があることが気になる。

チャップリンの『巴里の女性』からの良き遺産を継承して、彼が「踏路社」創立以来、多年抱懐していた写実主義に徹することが出来た。これは、イバニエズの「キネマの老婆」を潤色したもので、「清作の妻」以来、いやその前「深山の乙女」のころから知つている青島順一郎がキャメラを担当している上に、脚色者として名を出している。ここでも村田が発見した浦辺粂子が実に清新な演技を示しているのである。
(岸松雄『日本映画人伝』早川書房、1953年、78ページ)

「写実主義」に徹して描かれたお澄の姿とはどのようなものだったのか。その生活力の描写とはどのようなものだったのか。この点で私が注目したいのは、お澄が「デパートの売子」であったが、家出した後は芸者になり、やがて富豪の妾となることである。これは原作のジュリエットが有名な踊り子であるというのを変えている。ジュリエットはモダンで華やかな女性である。それに対し、初めはデパートというモダンな職場についていたお澄は、上京して芸者・妾というような「封建的」な古くさいイメージをもつ存在に変わっていく。村田・青島はなぜこうした改変をほどこしたのだろうか。お澄を演じた浦辺粂子は日活京都撮影所に入る前は、少女歌劇やオペレッタ一座に属しており、モダンなダンサーのような役を演じられないとはいえないだろう。しかし浦辺が日活に入って、ほとんど大した役も演じずに主演に大抜擢されて好評を博した『清作の妻』で演じた女性は村の封建的な呪縛と戦う女性であった。また次に浦辺が演じた溝口の『塵境』では、放浪旅芸人の娘であったが、山村を支配する富豪の妾となったお松という女性を力演して大絶讃を受けた。

大きな声で賞めたいのは、浦辺粂子嬢である、誇張ではない、僕は此映画に於ける嬢の演技を見た時、日本にも之だけ演れる女優がゐて呉れたかと、涙ぐましい程嬉しかつた。立派な演技である。ポーリン・フレデリックかドロシー・ダルトンか、さうした性格女優の列に加へて少しも遜色あるまい。
（『キネマ旬報』１９２４年５月21日号「主要映画批評」、古川緑波筆）

「踊るとも踊るとも死ぬまで踊つてやる」かういひながら四ツ竹を持つておそろしいうらみの表情をして踊る彼女！　それは「塵境」のクライマックスの場面における浦辺くめ子の大演技であります、かうした感情強い女の役は浦辺ならではと思はせます、まつたく
（『報知新聞』１９２４年５月12日夕刊「ファンの領分」、「くめ坊」投）

私はこのお松こそ溝口が初めて描いた「強い女」（後の『新説己が罪』の環、『浪華悲歌』のあや子、『愛怨峡』のおふみに連なる）だったのではないかと書いたことがあるが（拙著『溝口健二・全作品解説2』近代文芸社、２００２年、67ページ）、『清作の妻』のお兼にしても激しく自分の意志を貫く女であったようである。しかもその戦いは封建的な呪縛に対するものであった。村田・青島は『清作の妻』と『塵境』で浦辺が演じた女の延長上にお澄を描いていこうと考えたのではないか。つまり封建的なものの中において苦闘する若い女の姿を。ちなみにこの十年後に村田は『塵境』を『山の呼び声』と題してリメイクしている。

原作と映画との違いということをもう少し見ていくと、原作には老婆が戦死した孫のアルベールを映画の中で偶然見て、今は造兵工場で働いているアルベールの嫁のところへ行き一緒に映画を見るところがある。ここのところは見事な描写になっていて感銘深いところなのだが、『お澄と母』ではアルベールにあたる正治の嫁は出てこないようなのだ。これはお澄に映画を見せようとして断られる、似たようなプロットゆえに省略したのだろうと推測できる。映画においては原作のジュリエットに比べるとお澄の比重が高くなっているからである。原作の主役は間違いなく老婆だが、映画の主役はお澄と母だからである。

アルベールの嫁のように、原作には出てくるが映画には出てこない魅力的な人物としては「クレンクビルの爺つあん」がいる。アナトール・フランスによってその身の上が描かれたという人物で、老婆とはもう三十年ものつきあいで、毎朝仕入れに中央市場で出会い、夕方には居酒屋で落ちあうということには、「ほんとに気の毒な爺つあんでね！　この頃の調子はうまく往つてません、ろくに稼ぎもしません、物がわかり過ぎるせゐなんで、へえ。その贔屓の旦那からいろんな事を教はりましたさうで、手前に、ようく話してくれます。手前もしよざいのない時には、居酒屋で、それを聴いてるんでございます」という。「あの爺つあんは、何が好きなんだか、さつぱりわかりません。何をいつても唯ひとを不びんといつた薄笑ひをするだけ」であった。「その師であり保護者にある人から、この世では、何事も驚くに足りないと、教へられてゐた」からだった。そんな彼は戦争が終わって、平和が訪れた時、老婆にその感想を問われたところをイバニエスは次のように描いている。

「さうさな、こんな恐ろしい試練の後だから、人間もいくらか善くならうと努めるか知れねえ。さうさ、立ち直つて、いくらか理窟にあふ生活を、やつと覚えるか知れねえ。」／かう言つた後で、その師と同じやうな嘲りの微笑を浮かべた。またも永遠の疑ひに侵されるのを感じたのだ。そこで、続けた。／「だが、このかわえさうな人間がだ、立て直すだけの値打をもつてるかどうか、また、将来のために、本気で盡すものがあるかどうか、誰も言ひ切ることは出来めえ……」

クレンクビルは映画の中の孫に夢中になっている老婆に忠告する。

わが古なじみの幻覚生活を、やつと了解したぼてふり哲学者は、少し忠告してやるべき場合だと考へた。／「お前はな、自分で命を縮めてるぜ。物をまるで喰はず、飲んでばかりゐる。それによ、金の費えやうが馬鹿に荒れえ。元手をすつちまふに定つてらあ。昨日も、仕入れの半分がた、掛けで買つてたぢやねえか……それから、おめえはこの五六日で、急に三つ四つ年とつたらしく見えるぜ。」／しかし、かういふ穏健な異見をした後に、またも口辺に微笑を浮かべて、あの永遠の疑ひを覗かせた。／「だが、まあ善いか！　それがおめえの楽しみだつてんならよ……おめえが、それで幸福を味はへるならよ……」

まるで太宰治の「トカトントン」のような現代人の虚無をのぞかせる魅力的人物なのだが、これも映画には登場しない。

青島の脚色についての批評やファンの感想を見ていこう。

脚色が悪い

（『東京日日新聞』１９２４年7月30日夕刊「映画の印象」、［条子］投）

どうも不自然な写真である、さう悪いといふ写真ではないが厭き厭きさせられる「毎に（ママ）

ひたすら過去に生きた、子はひたすらに現在と未来の夢に生きた」といふテーマを、脚色者がしちくどく万遍だらりと繰り返すのには参つてしまふ。／出来事はどうやら日本のことらしいが、童話ぢやあるまいしどこの国□(不明)か得体のわからぬ国と戦争をオ□(不明)初めて号外が出たり凱旋があつたりして、活動館の前に松之助嘉一共演何とやらの看板があつて、市中は大賑ひで御成婚奉祝の花電車が飛び出して……いゝ加減人を喰つてゐる。

（『名古屋新聞』1924年8月9日夕刊「映画評」、［綜二］筆）

映画の云はんとするお澄と云ふ女性と彼女の母との性格の比較などは、少くも今迄の日本映画には見られなかつた程、現実味のあるものである。然もそれが脚色され、監督されて映画に成つた時、その映画を通して私達は何んな印象を得たであらうか。殆ど何物もなかつたと云つて良い。小手先きの器用で、一場一場としては相当纏まりもし、映画劇的にも出来て居る所が多いのであるが、さて、全篇を通じて見ると、そこに何とも云へぬ冗長さがある。ピッタリと来ない。悪く云へば退屈である。これは余りにディテイルに心を用ひ過ぎた為に全体の調和を忘れた為であらう。脚色の罪もある。監督の手落ちもある。

（田村幸彦「主要映画批評」『キネマ旬報』1924年9月1日号）

といったように悪評があるが、一方で、

翻案として無理がなく、撮影技術も巧妙、併し高木永二（ママ）の富豪の性格が判然と描かれて居ない為、今一息の趣きが脚色としてある。それを除けば、見ごたへある内容だ。

（『活動雑誌』１９２５年1月号「大正十三年度推薦内外映画二十種」）

社会劇としていゝ内容で、中々見ごたへがあるが、お澄を身受けして、終ひに其母までも引取つて世話するまでの深切になる富豪山崎の性格がチト不鮮明で、前半の様子ではそれ程実のある人でなく、女を玩弄物視して酒色に耽る人らしく思はれ、それだけに、後の気の変り目との聯絡が薄いやうな気がするはどんなものか。／正治の戦死場面を一切見せずして、見物にそれと得心させる脚色は、月並を避けて清新な趣きがある。

（『活動雑誌』１９２４年9月号「最近東京で封切された優秀映画批評」）

といった評価もあった。

本職の撮影の方は、

撮影監督共に不出来だ

（『東京日日新聞』１９２４年7月20日夕刊「映画の印象」、［開成の四年生］投）

青島の撮影は相変らずいゝ
（『東京日日新聞』１９２４年7月30日夕刊「映画の印象」、［粂子］投）

この映画、青島順一郎氏の撮影はすばらしくうまい
（『名古屋新聞』１９２４年８月９日夕刊「映画評」、［綜二］筆）

撮影だけはほめてもよい
（『名古屋新聞』１９２４年８月13日夕刊「映画寸評」、［一正生］投）

撮影は上出来で、待合の庭前の月夜に、山崎とお澄との色模様など、染調色と云ひ、光線の工合と云ひ、上々の出来であつた。戦死した正治の霊の二重焼は、位置がよかつたので、母との呼吸がピタリと合つて居たのは成功だ。
（『活動雑誌』１９２４年９月号「最近東京で封切された優秀映画批評」）

撮影技術も巧妙、
（『活動雑誌』１９２５年1月号「大正十三年度推薦内外映画二十種」）

と高い評価を受けた。ただ田村幸彦が「撮影の暗いのは困つた」(『キネマ旬報』１９２４年９月１日号「主要映画批評」)と述べていることが興味深い。というのは１９２４年３月封切の村田・青島コンビの探偵活劇『猛犬の秘密』でも、

何人の胸にも湧く犯罪的興味をとらへてクローズアップに場面転換に連続する争闘のクライマツクスに観者を惹付けて行く村田氏の監督は流石だ、惜むらくは全巻を通じて暗い事である、青島氏のカメラをしても遂に何うする事もなし得なかつた
(『国民新聞』１９２４年４月18日夕刊「入選フイルム評」、[日本画兄弟生]投)

と画調の暗さが指摘されているからである。

最後にチャプリンの『巴里の女性』の模倣であると指摘されていることを述べておこう。

不思議な事に、村田氏はチャップリンの「巴里の女性」に於ける手法を全然鵜呑みにしてそのまゝ真似て居る。消化して居ない為に、その模倣した事が余りにもまざ〳〵と見える。「巴里の女性」を見た私は、それで良い加減憂鬱にさせられて終つたのである。
(『キネマ旬報』１９２４年９月１日号「主要映画批評」、田村幸彦筆)

「お澄と母」も悪くない物で、イバニエズの原作によつてゐたが之は相当線の太い描写で押し通し、それに成功してゐぬ物で、予想された程には出来栄えは優れてゐなかつた。此の辺りから村田実の監督手法に色々と外国の監督者達の影響が、特に「巴里の女性」のチャールス・チャップリンの影響が感じられかけたが、良き成果を示すには至らなかつた。

（村上忠久『日本映画作家論』キネマ旬報社、1936年、111〜112ページ）

チャップリンの『巴里の女性』からの良き遺産を継承して、彼が「踏路社」創立以来、多年抱懐していた写実主義に徹することが出来た。

（岸松雄『日本映画人伝』早川書房、1953年、78ページ）

溝口も『人間』（1926年）において『巴里の女性』からの模倣を指摘されている。岸の肯定的評価は、〝『巴里の女性』からの良き遺産を継承して〟、村田が〝「踏路社」創立以来、多年抱懐していた写実主義に徹することが出来た〟ということで、『巴里の女性』から写実主義を「継承」（岸は田村と違って「模倣」とは言っていない）してそれに徹したと評価している。

村田実は小山内薫の弟子であり、小山内がそうであったように、「写実」と「抽象」（非写実）との両面にまたがっていた。『深山の乙女』などで、映画界に首をつっこんだ時には、「写実」の方向に走り、やがて演劇時代には表現主義演劇などにも首をつっこんでいる。1920

年代初めのことである（『日活画報』１９２４年7月号には「表現派と映画芸術」という文を載せ、「もし映画芸術が、未来の芸術界に王者たらんとするならば、当然表現派の開拓した道を進むべきであらう」と述べている）。そして再び映画界に入って日活京都において『清作の妻』『お澄と母』等で「写実」を追求していく。しかしその後、「写実」と「象徴」の融合を自らも語り、批評家にも指摘されている。そこでの実験の〝途中経過〟が『桜の園』だったのだと私には思える。死がその実験を終わらせてしまったのだ、と。村田の死は四十三歳。当時としても早すぎた死だった。

★

この時期の日活京都における村田・青島のコンビ作品としては、『キッド』の翻案と言われた『懐しの郷』（4月封切）も、

実にいゝ。気持よい。まとまつた映画だ。村田の腕前と青島の撮影には敬服した。
（『東京日日新聞』１９２４年5月8日夕刊「映画の印象」、［或る男］投）

幾分外国にある喜劇の真似が混つてた事は残念でした。ですがあのロケーションの好さは無上の喜びを与へてくれました。撮影も美しいと思ひました

（秋山あきら「懐しの郷を観て」『日活画報』１９２４年７月号「レフレクター」）

とカメラが高い評価を受けたし、『金色夜叉』（７月封切）もまたそうであった。

村田の監督と、青島の撮影とで、日本物としての好い味を見せてゐる

（『二六新報』１９２４年７月14日「新写真批評」）

目新らしい映画だつた俳優の動作が素敵に良い撮影が美しく海岸の如きは美事だつた

（『東京日日新聞』１９２４年８月８日夕刊「映画の印象」、「小石川剣峰生」投）

原作に忠実にといふより従順に次から次へと映画に直して行つたもの（略）撮影はいゝ手際を見せる。

（『キネマ旬報』１９２４年８月11日号「主要映画批評」、内田岐三雄筆）

最後に、活劇『運転手栄吉』（10月封切）の「自動車上のロングショットは鮮かです」（『時事新報』１９２４年11月18日夕刊「クローズアップ」、「ＴＳ生」投）という評をもってこの項の終わりとしたい。

第四章　日活退社、帝キネへ

『籠の鳥』（1924年8月封切）で大当たりをとった帝国キネマは、常務の立石駒吉の積極策によって東亜・松竹・日活の俳優や監督等を引き抜いて入社させた（森杉夫『帝国キネマの興亡㈠』東大阪市役所、1988年、59ページ）。青島もこの時、帝キネに移動したが、日活では他に細山喜代松監督やカメラの塚越成治、俳優の葛木香一・水島亮太郎・鈴木歌子・稲垣浩らもいた（田中純一郎『日本映画発達史II』中公文庫、1975年、36ページ）。

帝キネで細山・青島のコンビで作られた四本の作品は、『キネマ旬報』の山本緑葉の批評しか見つけられないのだが、それによれば細山の日活時代の作品とは異なる生彩のあるものであったようだ。

一寸良心のある映画劇らしい所謂映画劇である。細山喜代松氏の作品としては日活時代に到底見られなかつた作品である。小品ながら譚りの内容は可成り鋭い所が見出せる所など正に小粒ながらピリッとする映画と云へやう。（略）尚この映画を価値あらしめたのは青島順一郎氏の見事な撮影が大いに力有る事は云ふまでもない。

（山本緑葉「主要映画批評」『キネマ旬報』１９２５年1月11日号）

［１９２４年12月封切の『迷夢』への批評］

観客がマンマと一杯食はされる悲喜劇映画である。前半の怪事件から事件は次第に高調に達し最後にふざけた喜劇で結末を見せる人を喰つた脚色振りである。細山喜代松氏の監督は第壱回作品とは全然反対に思切つた技巧的監督手法で相当成功して居る。（略）青島順一郎氏の撮影及び編輯はこうした映画のコツをよく呑込んで居ると云へる。

（山本緑葉「主要映画批評」『キネマ旬報』１９２５年2月1日号）

［１９２５年1月封切の『映画女優』への批評］

脚色も監督も頗る真面目であり底力ある事は賞讃の価値が充分ある。（略）撮影及び編輯も破綻なく先づ堅実な映画と云へよう。

（山本緑葉「主要映画批評」『キネマ旬報』１９２５年3月1日号）

［１９２５年2月封切の『霊光』への批評］

主要人物の心理描写が如何にも細密に描写されて居る事に依つて見る者に鋭く訴る或るものを充分に持つて居る。細山喜代松氏の監督は先づ申し分ないと云へよう。（略）「迷夢」「霊光」に続いて本篇に於る堅実の内に鋭さを持つ氏の手腕を賞讃して止まない。駄作乱作多き帝キネ映画も氏の作品に依つて昔日の汚名を雪ぐ事が出来よう。（山本緑葉「主要日本映画批評」『キネマ旬報』１９２５年３月１日号）

［１９２５年２月封切の『愛するが故に』への批評］

国活時代に『霊光の岐に』等でコンビを組んだ細山・青島が帝キネにおいて再び良き作品を創り上げたということになろう。「思切つた技巧的監督手法」を行っているという指摘にも、『霊光の岐に』の再現という趣を感じる。

★

その後青島は、アメリカで映画に出演していた山本冬郷（とうごう）が帰国して創立した大東キネマで自ら監督した『幻の帆船』（１９２５年12月封切）に参加している。この作品は全体については、「折角上海までロケーションに出張したにかゝはらず単に風景を取入れたと云ふに過ぎないのも不満が多い」（山本緑葉「主要日本映画批評」『キネマ旬報』１９２６年３月１日号）といったふうに専門家の評価はよくなかったが、ファンの受けはよかったようだ。

支那海賊の活躍を描いてスケールは雄大、居乍らに支那の風景や気分を味ふ事が出来て

而も青島のキャメラワークが可成り良い、それ以外には何等印象の残らない映画
（『二六新報』１９２５年11月17日「試写室から」、［鬼］筆）

支那をバックに雄大無比のローケーション実に気持の好い映画であった
（『二六新報』１９２５年12月24日「群がる目」、［三人の男］投）

撮影は所々に氏のうでのさへた所を見せた此の映画は支那の風景を見てゐると思へばまちがひがない
（『やまと新聞』１９２５年12月26日夕刊「ファンクラブ」、［ユーレー生］投）

青島のカメラについては前掲『キネマ旬報』の山本緑葉も、「撮影は優れて居る」と評価している。

山本冬郷はこの後松竹蒲田に入社し、小津の『その夜の妻』（１９３０年）などに出演している。

『幻の帆船』は松竹の配給で、撮影も蒲田で行われたため、この時、青島と松竹のカメラマン・碧川道夫（１９０３〜１９９８。１９１９年松竹蒲田入社）との交流が始まる。碧川は次のように語っている。

私の甘い画調に対して、青島君はいつも鋭く、私はひそかに青島君を尊敬していました。その青島君が蒲田で撮る——ところが、今でいうところの独立プロの悲しさでキャメラなんか、あまりいいものを貸してもらえなかったんですね。これじゃ気の毒だというので、私は自分のキャメラを貸して上げました。私の下宿にも遊びにきて、二人して一晩語り明かしたこともありました。

（平井輝章「素稿　日本映画撮影史9」『映画撮影』No.39・1970年7月）

碧川は1926年に松竹蒲田から日活京都に移り、阿部豊監督の『足にさわった女』を移籍第一回作品として撮影した。環境の変化で大変な苦労をしたが、何とか「うまくいったのも、青島君が蔭でいろいろ協力してくれたかららしいのです」と碧川は述懐している（同右）。

第五章
日活復帰

１９２６年、青島は再び日活に戻り、その第一作・高橋寿康監督の『修羅八荒（第一篇）』では、

青島順一郎氏の撮影は相変らず達者なものである
（山本緑葉「主要日本映画批評」『キネマ旬報』１９２６年3月1日号）

カメラも非凡な手腕を現はしてゐる
（『中央新聞』１９２６年3月23日夕刊「ファンのコエ」、［善伊智呂］投）

殆んどミデアムロングで運んでゐて変化に乏しく映画的な流れがない。
（『東京日日新聞』１９２６年3月16日夕刊「映画の印象」、［丸時平十郎］投）

といった評が見られる。

『街の手品師』を携えて１９２５年７月から森岩雄と共にヨーロッパに行っていた村田実が１９２６年１月に戻って来た。その時、一映画ファンは次のような文を投稿した。

読まれた方もあらうが、「映画往来」誌の昨年十一月号へ、橘弘一路氏が「デイレクターとキヤメラマンの関係」といふタイトルの下に、（略）映画製作の主題たる監督と撮影技師の両者関係が非常に映画に影響する事を説かれてゐる。（略）之れを読む内、私の胸に卒然と浮んだのは村田氏と青島氏の関係である。村田氏も帰朝されたのだから、必然我々の期待を裏書するべき作品を発表せらる日も近いだらう。私も刮目して待つ前に、前記橘氏の論を読んで村田氏が再び名技師青島順一郎氏と携手せられん事を熱望する次第である。（略）たつた二三年前の事にならうが、村田氏と青島氏は結んで「清作の妻」「お澄と母」「信号」（?）等の名作を出した。実際、「清作の妻」に於いてはあの村の情緒、田園のムードを表現するには多く絵画美に依らなければならない。――その後、二人は別離して青島氏は帝キネに馳り細山喜代松氏の下に居た（略）そして、最近山本冬郷氏の大東キネマで例の「幻の帆船」のカメラを氏が担当してゐたのを雑誌々上で見る間もなく、再び日活へ復帰したのを新聞で発見して心に歓声をあげたのである。（略）つまる所、爰に村田氏の帰朝を迎へて我々は、氏の製作せらるべき作品は青島氏のカメラ・ワークに依つてより以上優秀な物になる事を信じ、執拗であるが両氏の握手されん事を切望します。

（杜郁詩「監督と技師・村田氏と青島氏」『日活映画』１９２６年４月号「寄書」）

「杜郁詩」の「切望」は稔り、二人は「握手」した。『運転手栄吉』以来久々の二人のタッグであった。久しぶりの二人の作品は青島が時代劇部に属していたためか、意外にも時代劇でマキノ・松竹・帝キネとの競作となった『孔雀の光（第一篇）（第二篇）』（第一篇、第二篇ともに１９２６年３月封切）であった。

撮影は日活が素晴らしい出来であつた。
（山本緑葉「主要日本映画批評」『キネマ旬報』１９２６年３月１日号［第一篇への評］）

素晴らしいのはやはりキャメラウォークである。乱闘に於ける自由なキャメラの動きなど勿論村田氏の指導もあらうが青島順一郎氏の非凡な腕を激賞せねばなるまい。
（山本緑葉「主要日本映画批評」『キネマ旬報』１９２６年４月１日号［第二篇への評］）

村田監督の作品として『孔雀の光』を見るに、随分あり来りの手法で従来の新聞種の映画化と左程異るところはない。（略）カメラの巧妙なことは特記に値する。殊に後退撮影の面白いのがあったことを。

（蒼人生「日活の二映画」『名古屋新聞』１９２６年３月７日夕刊「キネマ」）

青島順一郎君の移動その他撮影の妙腕も改めて賞讃して置かう。

（『二六新報』１９２６年３月18日「スクリーンの鑑賞」、［鬼］筆）

青島氏の撮影は素的に良かつた。ことに乱闘のあたりなどカメラの早いのが思はれた。

（きよし「孔雀の光を見て」『日活画報』１９２６年７月号「読者欄レフレクタア」）

青島の動くカメラ（後退・移動撮影）が注目されていることが判る。

そして次の『日輪』でも青島のカメラは注目されているのだが、この作品については詳しく見ていこう。まずは粗筋を『キネマ旬報』１９２６年７月１日号「主要映画批評」から紹介しよう。

徳恵子（とくえこ）は父の政略のための結婚を嫌ひ、恋人の城木と共に家出することを相談した。城木は主人に対する義理のために之を拒絶した。徳恵子はその意気地なきを罵つたが、悪運転手青木に欺されて家出する。色々な社会の困苦に遭遇した結果、徳恵子と前後して主家を追はれた城木とめぐり合ひ、真の愛が二人を永久に結びつけることが出来たのであつた。

ヒロイン徳恵子を演じた岡田嘉子の演技と、欧州帰りの村田実の新しい監督手法が高く評価された作品だが、『孔雀の光』に続いて移動撮影が見る人の目を引いている。

カメラ移動。あれが仏蘭西流なのかしらないが余りしば〳〵では又かと鼻についた。（略）照明は極上とは到底言へてない。殊更と黒白を目立せてゐる様で柔かみが少なかつた。（略）青島氏のカメラは何時も乍ら鮮か。
（亀井彰「日輪漫画」『日活画報』１９２６年９月号「読者欄レフレクタア」）

映画ファンの一人はこんな感想を寄せたが、別のファンは、「移動撮影は実によかつた」（『中央新聞』１９２６年7月14日夕刊「ファンの声」、［志村春葉］投）とか、「移動撮影、タイトルの名文も気に入つた」（『時事新報』１９２６年6月15日夕刊「クローズ・アップ」、［一ファン］投）とか、「自由奔放にカメラを動かせて表現派リズムの構成で深みのある演出を見せてゐる」（『東京日日新聞』１９２６年6月4日夕刊「映画の印象」、［太田清文］投）といった賞讃の言葉をおくっている。批評家の中でも金田重雄は、「セットで撮影した室内とロケーシヨンとの関係も実に自然だ。殊に移動撮影は驚異に価ひするものがある。青島氏のカメラも実に感復した」と最大限の賛辞を呈している（金田重雄「劃時代的映画『日輪』を見る」『日活映画』1926年8月号）。また橘高四郎が「大空高く『日輪』を見る」（『東京日日新聞』1926年6月5日）において、

　キヤメラが縦横に被写物を追つて行く、ある程度の滑らかさと、キザでなく、日本人だとて、キヤメラを毛筆又は鉛筆、万年筆の如く自由に走らしたり、ブツつけ書きも出来れば、薄墨色で描く腕のあることは、『日輪』が有力に証拠立てゝゐる。

と書いているのは、青島の移動撮影の自在さを指摘したものであろう。
移動撮影の他にもソフト・フォーカスも注目されているが、評価は分かれている。

　撮影は青島順一郎氏、夢幻的な気分を出さうとした二三のソフトフォーカスは全然失敗だつたが全体的には普通の手腕である。
（『名古屋新聞』1926年6月5日夕刊「キネマ」、[蒼]筆）

青島氏のカメラ・ワークも落附きがあり抜けの調子も外国映画そつち除けの鮮明さがあ

つて嬉しい、硝子窓のソフト・フオーカスなど全く夢を見てゐる様な感じをよく表はしてゐる

（『二六新報』１９２６年5月25日「スクリーンの鑑賞」、［鬼］筆）

この「硝子窓のソフト・フオーカス」というのは、如月敏が指摘した次のシーンのことであろうか。

窓越しの雪。反対に窓越しの徳恵子と、踊る群。雪。その辺の綺麗さ。夜会を布越しのシルエットで見せた小憎らしさ。

（「日輪に関係して」『日活映画』１９２６年7月号）

「布越しのシルエット」ということで私は戦後の青島の作品『彼と彼女は行く』におけるカーテン越しに人をとらえたショットを思い出した。

さて次は影についてである。小山内薫は『映画時代』１９２６年7月号の合評において、

影をよく使つてあつたね。あまりやり過ぎやしないかと思つた位だつたが……。ライトの置き方、角度は一寸今迄にないと思つた。人の影はみなよかつたが、物の影には少し曖

味なのがまじつてゐなかつたかと思つた。

と述べている。影については金田重雄も、

場面と場面の転換に於て、その光線に前後のコントラストをつけたり、影を強く印して、印象的にしたり暗示的にしたりする辺は素晴らしく「近代的」である。(略) 光と影との関係が実にいゝハーモニーを作つてゐた。城木の顔の影だけが場面の右端に大きく現れて、その左手で徳恵子が動いてゐるところ、また城木が自分の室で徳恵子の侵入を当惑してゐるシーンで背景が人字形になつてゐると、その次の徳恵子が室の前で這入らうと焦つてゐる場面では光線がV字形になつてゐるのは何といふ頭のいゝ、線の応用だらう。

(金田重雄「劃時代的映画『日輪』を見る」『日活映画』1926年8月号)

と細かく述べているが、ここで「近代的」と言っているのは、表現主義などの先端的な芸術のことを指しているのであろう。この影という点では溝口もこの頃さかんに影を使っていたと指摘されていたことを思い出す。溝口といえばレルビエを模倣していたが、『日輪』においても、街の手品師でチヤツプリンを用いて成功した村田監督は、日輪ではレルビエをふんだんに用いて相当の効果をあげた。模倣といふことが、単なる模倣に終らない限り、責めるべきでない以上、村田監督並に撮影者のレルビエ張りは、面はゆい感なきにしもあらねど、反感ほどのものは起させない。

（『やまと新聞』１９２６年5月25日夕刊「試写室」）［前篇の批評］

という指摘があるのが注目される。これ以上、細かいことは書いておらず、具体的にどういうところがレルビエ的なのか判らないのが残念だ。

最後に、フラッシュバックについてだが、

フラツシユバツクも決して鮮かとは思へなかつた。

（亀井彰「日輪漫画」『日活画報』１９２６年9月号「読者欄レフレクタア」）

前篇の終りに出てくるあのカフエーの灰色の気分を出した感じはうれしい。女給が客の相手もしないで編物に耽つてゐるのが、深夜の淋しさと戸外に降る雪の重々しさを思はせる。ストーブの煙突から白い煙が盛んに吐き出されゐる下で失意の青年城木がアルコールをあふるあたりはなんともいはれない地味な深味のある雰囲気を出してゐる。そしてこの場面のフラツシユバツクの応用も実に当を得てゐた。正に外国映画を凌ぐものがあつた。

（金田重雄「劃時代的映画『日輪』を見る」『日活映画』１９２６年８月号）


という二つの批評を紹介しておこう。

★

『日輪』のあと、青島・村田のコンビは『素敵な美人』『神州男児の意気』を製作する。作品としては大したものではなかったようだが、青島のカメラについては次のような讃辞が寄せられている。


マック・セネット張りな喜劇である。（略）かゝる作品を成すことを私は村田君の為に惜しむ。キャメラはよく動いてシーン、シーンの感じを出してゐる。

（『キネマ旬報』１９２６年10月１日号「主要日本映画批評」、佐藤雪夫筆）

〔『素敵な美人』への評〕

カメラは綺麗な出来だ。上海の港、街の実写に技術上決して外国に負けぬ腕を見せる。

（『キネマ旬報』１９２７年１月１日号「主要日本映画批評」、芳原薫筆）

［『神州男児の意気』への評］

★

この頃、北村小松は村田実について興味深いことを書いている。

私は「日輪」を見た。私は作品としての日輪よりも村田実氏を伺ふ日輪の方が興味があつた。作品は作品としてまとまつた感銘に欠けてゐる。一つはそれはストーリーのせいもあらうと思ふ。だが何とあの作品には村田実が見える事であらう。役者を動かしてゐる彼。カメラを動かしてゐる彼であつた。つまり村田氏の御道楽（と云ふのは悪い言葉だが手つとり早い手近な言葉だから云ふのだが）――自分のやつて見たい事のために作品がスポイルされてゐはしなかつたであらうか。村田実はフオン、ストロハイムの欠点に似てゐる。自我の統禦にあまりに寛大である事である。だが之も次への準備であらう。／彼は理想家であるかも知れない。（略）だが村田氏はまだ未知数だと私は思ふ。村田氏の作品が今成功するのも失敗するのも村田氏にとつては小手調べかも分らない。又さうでないかも分らない。さう云ふ点で島津保次郎氏等はもう完成に近い様な気がするけれども我村田実氏はまだ未成品と云ふ気がしてならない。而も彼の事だから永遠に大きな未成品でありそのために我々に希望をかけさせ興味をもたせるのかも知れないのである。（略）結局私にとつては村田実氏は大きな謎だ、そしてその謎に対して私は敬意を払ふと云ふ所で筆ををかう。

（北村小松「村田実の一面」『映画時代』1927年3月号）

★

青島・村田の次の作品『椿姫』は岡田嘉子と竹内良一によって撮影が開始されたが、突然二人が失踪して、急遽配役を変えて撮影するというスキャンダルで有名になったものである。しかし封切当時の批評を読むとなかなか興味深い作品に思える。まずは帰山教正の次のような批評をちょっと長いが引用してみよう。

誇張と象徴化は映画劇表現法に許された自由な天地であるが、如何にそれらを扱ふ可きかと云ふことは中々容易ではない。試に一つの例を、村田実氏監督、森岩雄氏脚色の、「椿姫」にとつて見やう。此の映画を御覧になつた人は誰でも、製作者が何物かを得やうとして居る努力と、そして吾々の頭には、脚色者と監督者との力を痛切に感ぜしめるのである。（略）さて此の映画──世間は良いと讃める者、馬鹿らしいとけなす者、若々しいと嘲る者様々であつた。恐らく低級の看客には、あの扮装や、とても日本らしからぬすべての背景場所などを見たゞけで、ある反感を持つたにちがひない。（略）すべて誇張とか象徴化は一時は必らず、奇異や不自然を感ずる。善悪は別として大歌舞伎の演出は始めて見る人には必らず妙なものに違ひないのと同理であらう。／話が少し枝葉にそれたが、兎に角も「椿姫」は、明日の映画であることは特筆大書しても差支へなからうと思ふ。例へば是非はともかくも、あの扮装法、所々にあらはれて居る俳優の動き等はそれぞれ明日の映画への傾向を示すものである。（略）表現法の誇張、象徴化と、映画劇のすべての点に於けるリズムの研究は明日の映画への道である。

（帰山教正「明日の映画」『映画時代』１９２７年11月号）

かつて１９１８年に『生の輝き』『深山の乙女』という純映画劇を創り上げ、日本映画の革新に貢献した帰山（そこには村田実も参加していた）が、それから十年ほど経った時、「明日の映画への道」として必要なものを「誇張」と「象徴化」だとし、その例として『椿姫』をあげているのである。私が興味を抱いたのはこの点だった。完全に成功しているわけではないとしても新しさへの果敢な試みがあるということは他の人も指摘している。

映画には新鮮な感触が、キャメラの動きの自由さと共に、演出の個性的なものと共に、生き〳〵と出てゐたのを見た。そして、それは動きがあつた。

（内田岐三雄「主要日本映画批評」『キネマ旬報』１９２７年６月11日号）

森岩雄脚色、村田実監督、夏川静江のトリオ。全世界各国で幾度か舞台に繰返され、映画ともなつた中で、どれよりも映画的であり進歩してゐるもの。／村田実の監督、青山（ママ）順一郎のキヤメラは賞讃に価する。夏川静江の『椿姫』も熱心に演つてゐた。セットも素晴しい出来栄えである。特に西条八十氏の作歌も女学生間に流行してゐた。二週続映。

（如月敏「日活優秀作品抄」『日活映画』1928年1月号）

映画『椿姫』の最も大きな収穫は、カメラのよさだ。

（木村千疋男「『椿姫』長恨」『日活映画』1927年7月号）

そして青島のカメラがこの映画の斬新さに大きく貢献していることも強調しておきたい。

青島氏が、カメラの美しさこそ、その効果の点に於いて第一指に数ふべきにあらざらむか！　構図の巧さ角度の妙、線の交錯に対する態度等、蓋し氏の本領と云ふを得べし。

（河野一郎「古くは粧へども」『日活映画』1927年7月号）

『映画時代』1927年6月号に撮影スナップが載っているが、そのキャプションに「あの二階から下迄ズーッと移動のすばらしい場面は、此んな風にして撮ったものです」とあるから、この映画でも移動撮影が目立ったようだ。もっとも評者によっては、「カメラを少々動かし過ぎた点等欠点だが」と言われてしまっているが（落合蕎一「日活映画を廻る」『日活映画』1927年7月号）。

こうした移動撮影への好みは村田実のものなのだろうか。しかし青島が阿部豊監督と組んだ『母いづこ』（1928年9月封切）でも、「（佐相註＝阿部豊好みの）例の移動や、ライトの癖のある使ひ方等は依然その味が濃厚にある」（『都新聞』1928年9月13日「新映画批評」、［勇］筆）とか、「手法としては移動過多が目について、もつと小手先でなくがつちり行つて欲しい感じを起させはしたが」（二戸儚秋「日本映画月評」『映画時代』1928年11月号）と評されている。この頃の溝口の作品にも移動撮影が多く使われていたらしいことを考えると、移動撮影はこの時代の流行であった可能性も考えられるし、また青島の好みでもあったということも考えられる。この点はもう少し研究してみる必要がある。

ところでこの頃の日活の撮影陣について横田達之はこう述懐している。

> とにかく、この時代はよかった。青島さんといういい同僚がいた。大洞さんがリーダーで、皆、自分の技法を秘密にするなんてこともなかった。池永浩久所長もそういう点に注意し、他社なら頭からドヤしつけられるような作品を作っても、内容になんらかの意欲があればそれを許してくれた。（略）青島さんは優秀な技術者だった。あの人独特のドラマ

に対する把握力を持ち、俳優の動きの扱い方にも非常に面白い構図を見せていた。そういう意味で絵画的なセンスのある人で、コンポジションの原則に立って時にはあまりにも整いすぎた感もあった三浦光雄さんとは対照的だったと思う。

（平井輝章「素稿　日本映画撮影史10」『映画撮影』No.40・1970年11月）

日活京都撮影所に新鮮な雰囲気、新しいものを生み出そうとする雰囲気がみなぎっていたことが判る。

★

青島・村田の次作品『激流』（1928年11月封切）では青島のカメラは次のように高く評価されている。

キャメラの青島君が見事に達者な技倆をみせてゐた（アイモの活躍もよかつたがインテリア殊に魔窟二階の如き水際だつたものであつた）。

（能間幸「『激流』検察」『キネマ旬報』1928年12月1日号）

青島順一郎『激流』その他でいゝ構図を見せた。グラディエーションのよさ

（高橋丈雄「Camera —— 1928」『キネマ旬報』１９２９年1月1日号）

★

そして作品そのものが高い評価を受けた１９２９年の『灰燼』となる。これは詳しく見ていこう。まずはその粗筋を『キネマ旬報』１９２９年1月11日号「各社近作日本映画紹介」から。

時は明治十年西南戦争当時の事。豊前中津の城下に上田と称する郷士があつた。当家の三男茂は自由民権の新思想を抱き西郷隆盛が旗を挙ぐるや、一家の思惑もかへりみず反政府党に馳せ参じたのであつた。／勝てば官軍敗ければ賊の汚名を負はせられて熊本城に敗れた西郷は、可愛嶽の間道を指して落ちて行つた。その一隊に加つて暗い岩根を踏み越え歩む内、足ふみすべらせて数丈の谷間へと落ち込んだ。木の葉の露の冷さに意識を回復した彼は、はるか彼方に戦の響を聞いた。彼は走り出した。その時森の蔭にゐた官軍に発見せられ、追はれ〳〵てある農家へ身を匿くした。最早味方に会ふ事も出来まい。自刃して果てるかと彼は考へた。しかし、彼の脳裡にはあのなつかしい故郷、やさしい母、想ひ想はれたお菊のことが浮んで来た。母こそは戦に破れた惨めな自分の唯一の味方だと考へた。どうにかして母の所まで帰りたいと彼は敵の眼をかすめてやう〳〵故郷の我家へ辿り着いた。しかし故郷は彼を冷い眼で見た。巡査は賊軍に組したものはないかと調べ廻つてゐる。

かたくなゝ兄は遂に茂を許さなかつた。父も許さなかつた。最後に頼む母までも涙の下から茂の切腹を承諾した。そして茂は腹切つて死んだ。唯々茂をこよなく気づかつてゐたのはお菊といふ娘一人であつた。／それから一年経つた。丁度茂の一週忌(ママ)。その日は妙に風が強かつた。夜となると行燈の灯は風にあふられて明滅した。茂の母はその行燈の光さす影に茂の幻を見た。母は狂気した。そして行燈を倒すと共に火は一面にひろがり、遂に焔は上田の家を灰燼に帰して了つた。その夜お菊は茂の墓で自殺した。灰燼となつた上田家の廃墟からは新しい草が芽生えて白い小さな花が温い春の風になびいてゐたといふ。

原作は徳富蘆花の『灰燼』（1900年）である。
映画『灰燼』はとにかく大絶賛の評価を受けた。次のようにである。

これは今日に至るまで、日本に於て作られた映画の中で、その最も優れたものの一つである。まこと、此の映画に於ける村田実の演出は渾然たるものである。そしてこの「灰燼」は彼の今日までに於ける監督者としての業蹟に於て最も優れ、最も輝かしいものである。（略）村田実は、先づ「灰燼」を、巻頭よりヒタ押しに押して行つた。そして簡潔なる運びと、程よい情感の漂曳と、事件と人物との巧みなる盛り上げと、その総てを以て、そして総てが一つの渾然なる叙述表現に綜合せられて、まこと水をも漏らさぬ手配を示したものである。（略）その脚色の可成りな成功、監督術のガッシリした所、そして撮影の素晴らしさに於て、而して質量の点に於て、演技の点に於て、配光、セット、ロケーションの点に関しても、日本映画中稀に見る所の出来栄えを示した、と云ひ得る。

（『キネマ旬報』１９２９年４月１日号「主要日本映画批評」、内田岐三雄筆）

そしてこの映画は傾向映画の走りとしても注目された。

俳優となると第一に推すのは中野英治の茂である、扮装や服装に苦心はある、が、どうも維新か、一そ一足飛びに昭和今日のマルクスボーイの感がある、マルクスボーイと云へば、茂と猛の二人の姿は正に右翼左傾の今日見る思想の争ひその儘の感があつた、脚色者にこの心持があつたかどうかに拘らず、観者はこの点に一つの興味を見出せる筈である、

（『都新聞』１９２９年３月２日「新映画批評」、［勇］筆）

「地球は廻る」に於いて、資本家に操られる反動的傀儡との漫罵を浴びつゝ勇敢に人類愛を唱導し、「激流」に於いて社会の、都会の渦巻く激流を描きつゝも、遂に原作を犯し得ずして焦燥の中に妥協的感傷を露出した村田実氏は敢然として是に勇篇「灰燼」一篇をものした。／彼が現代日本の映画監督の中で最も時代的、社会的に関心を持つて居る者であ

る事を度外視して、その社会的関心を助長し高揚する事を忘れて徒らに彼の上に加へられた罵言嘲笑に対して秘かに憤りを感じて居た自分は、彼の全身的表現とも見える此の映画を見て、彼の為めに快哉を叫んだのである。／欧米の優れたる表現技巧を、自らの物として把握して居る彼は、此の内容、此の思想内容に対して圧倒的表現を加へたのである。自分は是に於いて彼の本領を見、その思想を感情を、又映画に対する態度を飽迄も保持し飼育されん事を氏に対して希望するものである。／此の作品に於いて、完全と迄は言ひ得ないとしても内容と形式の融合統一の素晴らしい効果は自分に近頃稀なる感銘を与へて呉れた。／演技のギゴチなさとか、筋の発展の連結に於ける必然性の欠如等の瑣末事に対する非難に関心せずに我々は全的に此の映画の持つ意気と熱情を受容しなくてはならぬ。現代の資本家対プロレタリアの闘争の現象を、そのまゝ移動してそこに封建的思想と新興ブルジョアジーの自由主義の思想の戦闘状態を現出して居るのが、此の映画の内容である。（略）時代の大きな波のうねりの中に、正しき潮路に在り乍らも、環境の為めに圧迫され悲痛な最期を遂げた憐れなる一箇の自由主義者、革命児の情熱こそ、此の作品をして燦然たらしめて居る所以である。／此の自由主義的情熱を現代に於ける社会主義的により一層強固に基礎づけられた情熱にダブル・エッキスポジュアさせて見て、始めて我々は此の作品の現在に於ける有意義性を認知する事が出来やう。プロレタリア大衆文学方面に現はれた所の、明治の革命時代に於ける自由党の活躍の再表現、此の革命的意気の再描出こそ、過渡期に於ける映画行進の翼隊となつて果敢に活歩す可きではなからうか。（略）カムフラージされた時代劇に、明治の革命期に於ける取材に、近代的モダニズムの中に閃かされる社会意識に、我々は検閲網を潜つて支配者の裏を掻く努力的作品を絶対的に要望し、又支持しなければなるまい。

（新田俊雄「『灰燼』に就いて」『キネマ旬報』1929年3月21日号「寄書欄」）

この映画に於て「現在の資本家とプロレタリアの対立が、そのまゝ封建主義対新興ブルジョアジーの自由主義との対立に置きかへられてゐる」と云ふことは云つても差支なからう。我々はその時代の新思想家茂に対して、大きな同情を寄せながら、強く画き来り画き去る村田実氏の冴え切つた手腕に、限りなき賞讃の言葉を送りたい気さへする。村田実氏の兄猛に対する、意識的な敵意は、「お金持ちは嫌なもの」云々字幕に力強い必然性を与へてゐる。

（大塚恭一「現代映画の状勢」『映画評論』1929年6月号）

そして青島の登場である。彼のこの映画への貢献度はとてつもないものであったようだ。内田岐三雄は「その素晴らしい青島順一郎の撮影」（『キネマ旬報』1929年4月1日号「主要日本映画批評」）と述べ、『二六新報』1929年3月4日「今週の映画から」は、「ホントは最初にこの映画でキヤメラを特筆大書して賞讃すべきだ」と述べ、清水清隆は「青島氏のカメラに多大な感謝を捧げやう」（「リズムから見た『灰燼』」『キネマ旬報』1929年4月1日号「寄書欄」）と述べ、村上忠久は「名撮影者青島順一郎の瞠目すべきキヤメラ・ウァークの巧妙さ」（『日本映画作家論』キネマ旬報社、1936年、120ページ）と述べた。特に評価されたのは移動撮影であった。

移動撮影が過多かと思ふ程用ひてゐたが、これは後の算用、見てゐる中の感激は大きかつた、（略）最後に、もう二つ讃めとく物がある、一つはセツト他の一つは撮影の青島順一郎だ、はげしい移動撮影でこれ程はつきり対物をレンズへつかんではなさなかつた功だけでも推賞出来る

（『都新聞』1929年3月2日「新映画批評」、［勇］筆）

※佐相註＝杉本彰が「『灰燼』とその組立」（『映画時代』1929年5月号）において、「カメラ・アイの正鵠」と述べているのは、『都新聞』の最後の指摘と同じことを指しているのであろうか、どうだろう。

僕は一二巻目の田園の情景を賞めた。実際この辺にはこの頃の村田実に見られなかつた堅実な手法でよく情味を出し得てゐる。こうした行き方をすれば、流石に勝れた描写が随

所に覗はれる。青島順一郎のカメラもこれを助けて特筆すべき効果を上げてゐる。（略）ケーブルカーを利用した山の移動は、兎も角素晴しい。総じてカメラの動きは充分に賞められてい丶。

（大塚恭一「村田実の甦生」『映画評論』１９２９年４月号）

愈々全篇の山場である山の戦になると、村田氏はよく心得たもの、驚歎すべき移動を、飽和点に達する位使用して、我々の心をしつかり掴んで離さない。一体村田氏は、全篇中、使ひ過ぎる位移動を使つてゐる。所が決して、それが嫌味でもなければ飽きもしない。動的を生命とする移動の本質にもよるだろうが、用ひるべき場所を心得てゐる村田氏に敬服すべきであらう。／実に此山のシーンのリズムは、殆ど移動から生れて居る。牛原氏の「陸の王者」で僅かに見られた崖を下る移動は、こ丶では心ゆく迄見る事が出来る。否、崖を這ひ上りさへするのだ。そして雑木林の中を、杉林の中を、縦横無盡に馳け廻り、馬を追ひ馳け、草原を疾風の如く飛んで行く。馬鹿に移動の賞讃に堕してしまつたが、要は、こ丶のリズムが、激潭と思へば深淵となり、かと思へば飛瀑となる実に変化極り無き興味を有してゐるのは、悉くこれ移動の妙味より生れてゐる事なのである。

（清水清隆「リズムから見た『灰燼』」『キネマ旬報』１９２９年４月１日号「寄書欄」）

就中戦場、其他の場面に於ける移動に到つては僕今だ且つて日本映画中是に匹敵するものあるを知らない。

（滝口潤「灰燼」『キネマ旬報』1929年4月1日号「寄書欄」）

移動撮影の他にも次の点が指摘されている。

茂が帰宅してから一家のものに取囲れて死を迫られる場面の茂の主観的表現たるパノラミックな撮影（略）次に此の映画に於いて、甚大に称讃さる可きキャメラ・ワークの卓越性がある。序篇の美しき撮影、壮子(ママ)集合の墓場に於ける、茂と官軍の闘争に於ける撮影の流麗さ等は、さながら「テムペスト」に於けるチャールス・ロッシャーを彷彿せしめて、此の映画の表現を圧倒的に効果あらしめて居る。

（新田俊雄「『灰燼』に就いて」『キネマ旬報』1929年3月21日号「寄書欄」）

次に称へらるべきは青島順一郎氏であらう。戦闘の場面其の他に於ける青島氏のキャメラは村田実氏の監督と相俟つてむしろ凄い迄に冴へ切って居る。殊に最後近く上田のさびれた広い屋内のロングなどは特に圧巻であらう。此の映画の成功に寄与する青島氏の功績は大きい。

（滝口潤「灰燼」『キネマ旬報』1929年4月1日号「寄書欄」）

他に「豊富なカメラアングル」（清水清隆）、「奔放なカメラアングル」（杉本彰）が指摘されている。また次のような評もある。

茂は直ぐ家へ帰るのでは無い。母親が茂の為に用意してくれた夕餉を棄てゝ、茂は足を、同志の集合所である森の中の墓地へ運ぶのである。——このあたりの流動的な重々しい表現の中に我々は、あの「サンライズ」の田園の空気を描いたチヤアルズ・ロツシアを想ひ起すであらう。

（杉本彰「『灰燼』とその組立」『映画時代』1929年5月号）

新藤兼人は私のインタビュー（前掲）に答えて、『灰燼』の素晴らしさを次のように語ってくれた。

『灰燼』は見ましたが、中野英治が主演で、負傷して官軍に追われて山を走るところがあるんです。比叡山のケーブルにキャメラをのせて、そういう撮影をした。（略）傑作でしたね。それの感動なんてのは忘れませんよ。中野英治が逃れて家に帰ってくる。兄が小杉勇で、弟が中野で、お母さんが英百合子。お父さんは誰だつたか。みんな集まって、弟が帰ってきては家の不名誉になる、と。そこで兄は腹切って死ね、と。お母さんが、すまないねえ、と言うんです。その次のカットは行燈に向けて血が飛ぶんです。それが死んだ象徴になる。そして行燈に火がついて家が燃える。そのへんが素晴らしい演出。映画のモンタージュも、空間的な処置も実に新感覚で素晴らしいんですよ。比叡山のケーブルで撮ったのも。

★

『灰燼』で絶賛された村田・青島のコンビは次いで『摩天楼・争闘篇』を世に送り出した。『灰燼』封切から七カ月経った1929年10月のことであった。高い評価を受けた『灰燼』の次作品だけに、当然『灰燼』と比較されるわけだが、武田忠哉は、

僕が此の作品で一等物足りなく思つたのは、此の監督が「灰燼」を棄てゝ、ずつと古い「日輪」時代へ帰つてしまつて居ることだ。(略)「日輪」も「摩天楼」も単なる一つのノヴェルティでしかない。そこには、何か尖端を行くらしい感覚と、表現と生活様式がある、センセーションへ訴へようと企てられたスリリングな劇がある。皮相的な「新しさ」と近代性が支配してゐる、而も、此の二つの作品に、やはり共通して一等いけないのは、いか

にも大衆への正義感に呼び掛けたやうに見せて置きながら、それが実は最も反動的な意識で裏附けられてゐることだ。許されるだけの水準から、ずつと無際限に後方へ退いてしまつてゐることだ。「日輪」の徳恵子が「東京！　みんな動いてゐる、誰も彼もが働いてゐる」とか、「おゝカムラッドよ、タワーリシチよ」とかいつたタイトルが、岡田嘉子のカツラの断髪、殊に剝がれた時の彼女の線と一緒に、どんなに滑稽だつたらうかは、今でも僕等の記憶に新しいところだ。／今度の「摩天楼」のタイトルの中でさうした部分があつたことに就ては、今わざと取立てゝ云はない。／つまり、すべてが、ジャーナリズムなのでしかない。

（「ジャーナリズム」『映画往来』１９２９年12月号）

※佐相註＝カムラッドは英語・フランス語で、タワーリシチはロシア語で、ともに「同志」の意。19世紀中頃より、社会主義運動に於いて仲間を呼ぶ言葉としてヨーロッパで「同志」にあたる言葉が使われ始めた。

と痛烈に批判した。それに対し人丸京平は、

われわれは此の春、村田実よりの良きプレゼントとしてあの素晴しい「灰燼」に感激した。想ひ出は新しい。感激も新しい。半歳の沈黙を私たちは知つてゐた。村田実のねりに

ねつた素材が早くエクランに躍る日を確首(ママ)、刮目して待つたのである。／彼は唯単なるテクニシャンではなかつた。彼は単なるシネアストではなかつた。透れた意識を握把した社会人に成長した。鋭尖的なイデオロギイの躍動である。プロレタリヤの強叫である。ブルジョア階級への争闘である。そして、それが今、クルック・プレイと言ふ活劇のカムフラアジュに依つて、悠々と検閲網を抜け出て、その勇姿を市場に映出し得たことはわれわれの等しく喜ぶ所であるだらう。「生ける人形」の企図したものが、その内容の非大衆性に於て惨敗の憂き目をみたことは昨日、われわれが得た尊い経験の一つであつた。村田実は大衆の中に飛び入つたのである。大衆の心と心と彼自身の心を確いチェインで結むだのだ。そしてその心の一つ一つに向つて彼が自覚せる自分の意識的信念の本質論を絶叫した。又讃ふ可きではないか。

（「三つを言ふ」『映画往来』1929年12月号）

と対照的に高く評価した。村田の『灰燼』の封切が3月、内田吐夢監督の作品『生ける人形』は4月に封切られ、ともに傾向映画として高い評価を受けた。しかし人丸は、『生ける人形』の「企図したものが、その内容の非大衆性に於て惨敗の憂き目をみたことは昨日、われわれが得た尊い経験の一つであつた」と述べている。インテリには高い評価を受けたが、大衆に理解できなければ意味がないではないか、というのが人丸が強く感じたことであったのだ。こうして人丸は村田が『灰燼』で到達した「鋭尖的なイデオロギイの躍動」「プロレタリヤの強叫」「ブルジョア階級への争闘」をそのまま持続しつつ、しかも大衆性を獲得するにはどうしたらよいのかを考えたのであろう。そして『摩天楼』を見て、ここにその一つの打開策があると感じて嬉しかったのだろう。それが次の文によくあらわれている。

村田実は大衆の中に飛び入つたのである。大衆の心と心と彼自身の心を確いチェインで結むだのだ。そしてその心の一つ一つに向つて彼が自覚せる自分の意識的信念の本質論を絶叫した。又讃ふ可きではないか。

人丸が『摩天楼・争闘篇』を評価した具体的な点は二つある。一つは、

ブルジョアジイの如何にプロレタリアに対して、苛酷なる行動を成すかを、彼ブルジョアジイが如何にヤマカン的な生活を生活しつゝあるかを、又彼等が如何に悪辣に金を得つゝあるかと言ふことを彼が全部、白日の下に曝露したのであつた。

(同右)

というように、ブルジョアの本質を「曝露」したという点である。畑本秋一によって書かれ

たこの作品のシナリオは『映画時代』１９２９年10月号に掲載されていて、フィルムの失われた現在、これをもとに作品の内容をうかがう他はなく、それが出来上がった映画とどう違っているかを考察することは困難だが、少なくともシナリオのこの点について見ていくと、この作品の中心にいるブルジョアは矢吹商事の矢吹という男であり、矢吹の部下の山野は、東邦信託株式会社の夜警をしている老人の甚吉を使って、金庫にある「南信地方二十万坪売払入札見積書」をこっそり写させる。甚吉は「写し」を山野のところへ持っていくが、約束の金の半分しかくれないので、娘を身請けするための金だからどうしても必要だと懇願すると、山野はピストルで甚吉を脅すので、仕方なく甚吉はその場を去る。そのあとを山野は乾分につけさせる。……冒頭のこの描写で、矢吹・山野が暴力団（あるいはやくざ）のような連中を手下にして使っている、つまりブルジョアと暴力団との結びつきが「曝露」される。

あやしい男達につけられていることを知った甚吉は恐ろしくなって、とあるビルに逃げ込む。そこは「経済戦旬報」の編集室のあるビルであり、偶然そこにいた記者の原に甚吉は助けを求める。山野の手下の姿を見て、かねてから山野達の悪事に目をつけていた原は老人を編集室にかくまう。かくて原は矢吹・山野のところへ乗り込み、「俺の方に生きた證人がある以上君達がやった仕事は重大事件になるんだからね」と甚吉の一件をほのめかし、山野をギョッとさせる。さらに矢吹には「あんな不正事件は御関係ぢゃありますまいね」と言って去って行く。そのあとを山野の乾分がつけていき、原を棍棒でなぐって逃げ去る。原からは不正を疑われている矢吹だが、彼のところへは朝から多くの新聞記者が押しかけてきて「目下の経済界の動揺」「株式界の暴落」について意見を聞きに来る。ここで矢吹が経済界の大物であることが判る。しかし、矢吹にはさらに上の存在がいる。財界の巨頭・黒田である。黒田は「経済旬報社」の主な後援者である。矢吹は黒田に「原は不良だね」と言うと、黒田はうなずく。

株式が暴落し、銀行の取り付け騒ぎがおこる。原はこの撹乱者が誰であるか知っていると同僚の記者にほのめかす。その原を矢吹は色仕掛けや、金（買収）やらで、妨害をやめさせようとするが、原は屈しない。そこで出資者の黒田のお出ましとなり、矢吹・山野・その乾分をつれて、原をやめさせようとする（馘首しようとする）。しかし原の同僚の編集員達が「原をやめさせるなら僕たちも止そう」と言う。

矢吹は黒田に「例の件の運動はわたしが引き受けてやります」と言う。この「例の件の運動」とは何なのか。その件について矢吹とその仲間は秘密の会議を開く。山野もその場にいる。矢吹が「昨今益々下落状態に陥入りつゝある株式会社について今日諸君に相談したいのは」と話し始める。矢吹が黒田に言った「例の件の運動」とは、やはり「株式界の下落状態」のことについてであるらしい。しかしこの件についての具体的内容をシナリオはその後語らずに映画を終わらせる。このように矢吹らの悪事が株式の暴落にかかわる何かであることは暗示しているが、それを具体的に詳しく描くことを避けているのは意図してしたことなのであろう。黒田・矢吹らのブルジョアと暴力団とのかかわり、「女」や「金」を使っての反対派への弾圧といったところを「曝露」するところに目的があったといえよう。

さて次に人丸が評価した二つ目の点について考えていこう。彼はこう書いている。

> このプロレタリヤとブルジョアの両者の間に立つて敢然と正義の為めに戦ふヒウマニスト、原鉄平（略）に村田実は、自分の主観を全的に注入して、随所に彼をして痛快な意識的絶叫を語らしむるのである。／「俺は紳士なんていふ動物じあねえ」「貧乏人同士は御互に助け合はなきあならねえ……」「俺は自分一人の幸福を願はない。世界中の人間が全部幸福になる迄俺は戦ふんだ。」etc。この引例は唯一つのエクザンプルに過ぎない。村田実の意識が尖つたメスの様な鋭さをもつてわれわれの肺腑に迫るのである。良く巧みに整頓されたタイトルの迫心である。場面転換の階調的な連続である。カッティングの端然さである。
>
> （同右）

「経済旬報社」編集員の原のことを人丸は「プロレタリヤとブルジョアの両者の間に立つて敢然と正義の為めに戦ふヒウマニスト」と規定している。つまり原をブルとプロの間に立つインテリ階級（プチブル階級）として位置づけ、その役割をプロレタリアの側に立つことにあると述べているのである。原がそうであることは、原の行動だけでなく、原が語る言葉（映画では字幕タイトルとしてあらわれる）の中に人丸は見出している。しかしここで人丸が引用しているプロレタリア的な原の言葉はシナリオには書かれていないのである。シナリオは生な形で原のプロレタリア的な側面を描くことをしていない。行動の中でそれを示したかったのだろう。原がシナリオにおいてそれらしいことを言うのは、編集室で他の編集員に「僕は今にこの社会の敵をぶっ潰してやるのだ」というくらいである。映画では字幕タイトルによって、こうした原の考えをより生な形で鮮明に表現したようだ。それが人丸を喜ばせたわけだが、この改変を主導したのは村田実であろうか。シナリオを書いた畑本秋一はこの頃、同じような考えを抱いていたのだろうか。彼がこの頃書いたシナリオ・文章から探っていく必要がありそうだ。

ところでプチブル（プチ・ブルジョア）について、当時の『モダン用語辞典』（実業之日本社、１９３０年11月）には次のように説明されている。

社会はブルジョアジーとプロレタリアートの二大階級に分裂して行く傾向がある。その中間にあつて何れの階級にも属さない、家内工業主、小商人、自作農等は、一方自己の労働によつて生活してゐることはプロに似てゐながら、その生産品は自己の望みのまゝに処分することの出来るブルジョアと似てゐる点をもつて、その生活意識中には両階級の意識がある。家内工業主、小商人、自作農等は残存したプチ・ブルジョアであつて、自己の中間的地位の擁護の為に戦ひ、新興プチ・ブルジョアは俸給生活者、官吏、下層技術者等であつて、自己階級の没落を予知しながら、革命的イデオロギーもなく、社会改良主義に傾く。革命プロレタリアから、プチ・ブルジョアと冷罵されてゐる。

原はここでの「俸給生活者」にあたるプチブルということになる。では、この作品に出てくるプロレタリアとは具体的に誰になるのだろうか。甚吉とその娘のお嘉代であろうか。お嘉代は本所（工場街である）にある「梅の家」の芸者であるが、そこから出ることができるようになっても、「でも工場で働くんだったら同じことだわ」と言う。この台詞に、女工と芸者とを同じような存在、つまりはプロレタリア階級であることを作者達は指し示しているといえるだろう（芸者と女工をともにプロレタリアと規定していいのかどうかについては後でまた言及する）。溝口健二がやはり1929年に監督した『東京行進曲』（シナリオは木村千疋男だが）でも、夏川静江が隅田川の東側（本所もそこにある）にある工場の女工から芸者となるし、その友人の滝花久子も同じ女工からカフェの女給になる。彼等と同じような者として、お嘉代もとらえることができる。

ならば酒場であり撞球場である「紅燈軒」の玉突きの「ゲーム取り」であるお銀はどうだろうか。彼女はいかなる階級にあるのだろうか。そのことをうかがう上で興味深いシーンがある。「紅燈軒」にやってきた原と、矢吹の愛人・お雪、それにお銀との間でかわされた会話である。お銀と原にちょっと嫉妬したお雪が言う。

T　〝うちの厄介者に手なんぞ出さないで頂戴よ〟
お銀

T　〝あらひどいわ厄介者だなんて
チヤンと働いてゐるぢやアないの〟
お雪

T　〝働いてゐるなんて大きなことを言ひなさんなたかがゲーム取りのくせに〟
お銀

T　〝でも姐さんのおすゝめになる芸者よりも近代的なだけましだわ〟
原

T　〝じやモガの方ですね〟

お銀は自らを「チヤンと働いてゐる」と言い、「ゲーム取り」の方が「芸者よりも近代的なだけましだ」と言っている。つまりお嘉代のような芸者より近代的なだけマシなのだと意識している。そこで原がお銀のことを「じやモガの方ですね」と茶化す。モガ（モダン・ガール）とはどういう存在なのか。田中栄三『女優漫談』（聚英閣、1927年12月）には「映画とスポーツの中から生れた断髪短袴のモダアン・ガアルが、クララ・ボウの軽快なる歩調を真似て、銀座の舗道にフラツパア振りを発揮して行き交ふ今日」という一節があり、『モダン用語辞典』

の「モダン・ガール、モダン・ボーイ」の項には次のようにある。

近代女性及び男性、新しい女及び男。大正の末期から昭和へかけて流行した語で軽佻浮薄、享楽的な若い男女に対する軽蔑語。元来は真面目な意味で、内容的に考察すれば近代思想に目覚め、教養あるべき青年男女のことであらねばならない。殊にモダン・ガールに対しては「毛断蛙（もうだんかへる）」「毛断嬢（もうだんぢやう）」「もう旦那がある」等々云はれてゐる。

こうしてみるとモガは近代的とか新しいとかいう要素はあるにしても、プロレタリアとはいえないだろう。原もモガをプロレタリアとは思っていないだろう。それはそのまま作者達の見方でもあろう。「ゲーム取り」をプロレタリアではないとすると、それはいかなる存在なのか。あるいは芸者はどうなのか。そこで問題になるのがルンペン・プロレタリアートという概念である。「ルンペン」について『モダン用語辞典』にはこうある。

元来は襤褸、屑、廃物の意。それが転じて賤民即ち不生産的な労働者、乞食、浮浪人、立ン坊、日傭人足等を指すことになつた。彼等は階級的に自覚せず、自己の意志と標識を持たず、従つて自己の属してゐる労働階級の為に何等の貢献もなし得ない。尚失業、極度の貧困又は思想的混乱から一定の生活条件を失ひ頽廃した知識階級分子や、マルクス・

ボーイ達と同じ仲間で、勉強もせずたゞ飲酒享楽を事としてゐる連中に対してもこの言葉を用ひる。特に前者の如きプロレタリアートト（労働階級）中のルンペンをルンペン・プロレタリア、後者の如くインテリゲンチア（知識階級）層のそれをルンペン・インテリゲンチアと云ふ。

「ゲーム取り」や「芸者」は、この辞典が言っている「不生産的な労働者」にあたり、従ってルンペン・プロレタリアということになろうか。片方は近代的なルンプロ（カフェの女給なども これに当たるだろう）、片や古めかしい封建的なものを引きずったルンプロということになろうか。とするとこの映画でプロレタリアと言えるのは、東邦信託の夜警を勤めている甚吉一人ということになろうか。しかしその甚吉も山野の下でやくざまがいの事をしている点で、階級意識を持っているわけではない。その甚吉が原と出会うことによって、そうした意識に目覚めていく、と概括することができるだろう。

ところでシナリオはそのラストが示しているように、原とお銀の関係をかなり重視して描いている。そこで二人の関係がシナリオではどのように描かれているかを検討していきたい。

お銀が初めて登場するのは、原が甚吉から山野が「紅燈軒」にいるのを聞いて、そこに駆けつけるシーンにおいてである。深夜で客も帰り、ゲーム取りのお銀が片付けをしている。矢吹とお雪もいる。山野が乾分を叱っている。お銀が帰ろうとして鏡を見ると、そこに入ってきた原の姿がうつっている。鏡を使った印象的な二人の出会いの演出を狙ったところであろう。お銀はまだこの時は原に無関心である。ところが、原が矢吹から甚吉の残りの金をもらって帰ると、山野の乾分があとをつけてきて、原を襲う。怒った原は「紅燈軒」に戻ってくると、そこにはお雪とお銀しかいない。原がお雪をからかっていると、玉突きの方からお銀があらわれる。「煙草をふかし乍ら、ぼんやりやつて来て、まるで他所の世界のものでも見るやうに柱にもたれてこの態を見てゐる。」そんなお銀だったが、原が腕の傷をハンケチでうまく結べないのを見て、初めて原に関心を抱き、結んでやる。おそらくこれはバンクロフトの映画からの「いただき」だろうが、ここで重要なのはお銀が原に関心をもつきっかけになったのが「傷」だということだ。彼の英雄的な行為よりも、まずは彼の「傷」だったということだ。一方原は、お銀が自分のことを「ゲーム取り」として立派に働いていると言い、芸者になるより近代的だ、とお雪に言い返したことに関心を抱く。原がそうしたお銀に「じゃモガの方ですね」と言うのは、お銀を近代的なルンプロだと認識していることを示している。プロレタリア意識を持とうとするインテリ中間層の原と、近代的なルンプロのお銀が「傷」を媒介にして関心を抱き合う。「傷」とは二人の中間的な揺れを象徴するものであろう。

矢吹がお雪にやらしている待合にお銀も泊まっている。お雪は原のことが癪にさわってしようがなく、「原の奴をやっつける工夫をしなくちゃ」と言うが、お銀は「原は強いからやっつけられたりなんかしないわよ」と言って、しきりに原の肩を持つ。ここではお銀は原の「強さ」＝英雄的行為に惚れ始めている。しかしその「強さ」の背後に「傷」を見たことが、お銀の心を原へと向かわせたのだ。それは自分の中にある心の「傷」（彼女の場合は悪党の中にいる、という）となにがしか同様のものを原の肉体の「傷」に独りよがりではあるかも知れないが見てしまったからである。

原とお銀がラストシーンで別れてしまうのは、二人の思い、感じ方に「すれ違い」「ズレ」があったからであろう。村田実の監督作品を見ると、意外にも男と女の、あるいは人間関係における意識の「ズレ」を描いたものに興味を持っていることが判る。例えば1924年の『お澄と母』は、イバニエスの『キネマの老婆』をもとにしたものだが、イバニエスは正にそうした人間関係における意識の「ズレ」からくる悲劇を描いているし、1936年の村田の遺作となった『桜の園』の原作者チェホフもまたそうした作家であった。『摩天楼・争闘篇』のような娯楽作ともいえるものにも、そうした側面が入り込んでいてもおかしくはないといえる。

筆が少し先走ってしまったが、原の強さに惚れ始めたお銀のその後を追っていこう。

原は悪事の証拠をつかもうと矢吹事務所に矢吹を訪ねると、話があるから「紅燈軒」で待っていてくれと言われる。そこで「紅燈軒」に出掛けると、お銀がゲーム取りをしているが、原が来るとお銀は段々仕事がおろそかになる。原のくわえている煙草にお銀は火をつけてやる。原の顔が近寄ったので、お銀は「何故か昂奮した」。二人のクロースアップ。

　この様子を見ていた矢吹は、お銀の色仕掛けで原を籠絡しようと思いつく。そこで広告料の件で事務所にやってきた原を待合に招待するが、広告料に賄賂を上積みして渡そうとするので原はそれを突き返す。矢吹は怒り、山野と原がピストルをもって対峙する。原はお銀にピストルを突きつけて、お銀を連れ去り、「梅の家」に行く。怯えたお銀は逃げようとするが、原はお銀を縛りあげ、猿ぐつわをはめる。ところが待合の客であろうか、通りかかった無頼漢風の男がお銀を見つけて襲いかかる。間一髪、原が助けにかけつける。原はお銀を円タクに乗せて解放しようとするが、お銀は「私今夜は帰らないわ」と言って、円タクに乗らない。雨が降ってきたので、二人は近くの汽船発着場に行き、雨宿りをする（このへんバンクロフト作品のいただきか）。このあとは原とお銀のドラマのクライマックスである。シナリオをそのまま引用する。

○汽船発着場

二人来て雨宿りする。暫らく沈黙

お銀

T　〝原さんあなたは

矢吹の秘密が

突き止めたいのでせう〟

T　原
〝いや知りたかないよ〟

T　お銀
〝私は貴方の味方になるわ〟

原が女を疑るやうにみてゐたが、やがて腹立しげに

T　〝小細工は止せ！〟

お銀の眼に涙一滴。お銀の身体は濡れてゐる。

お銀、涙を隠さうとしてうつむく拍子に

○宿屋が戸締りをする

看板に「旅　館　せ　ゝ　ら　ぎ」

（見た眼の）

それを見たお銀は急にその方へ馳けて行く、原それを見送る。ムツツリして肩の雨を払つてゐる。

と女中の足駄が歩いてくる。

原の傍へ傘をさしてくる女中を待つ原

原の傍で女中が立つてゐる。原立上つてから一寸笑つて、女中の傘へ這入つて向ふへ行く。

○「せゝらぎ」の二階

お銀、濡れた着物をぬぎかゝつてゐる。

○部屋の外

段梯子を原が上つてくる。

○部屋の中

女せつせとやつてゐる所へ原障子をスッと開けて這入つてきて立つ。お銀振り返つてみて

T

〃あらあなたもいらつしたの？〃

と云つて知らん顔でやり続ける、原はムッツリして煙草に火をつける。この様子一寸続いて、女は着物をきかへる。原一寸みて又知らん顔する。女中お茶を持つてきてすぐ去る。

二人はお茶も飲まない。

で、その知らぬ態をしてやがてさう云ふぎごちない時間がたつて、二人はみるともなく視線を合すやうにしたがすぐ外らし、二度目位のところでピタリと合し、二人は思はず笑ふともなく笑ひ出す。女は少し打ちとけて原のところへ寄る。

原は気軽に

T

〃すつかり着換へて
　晴々したでせう〃

お銀

T　〝でも下着まで少し通つたわ〟

T　原煙を吐いてあつさりと

T　〝最近矢吹に
　大金が這入つた様子は
　ありませんか〟

お銀「さては」と思つたがわざと素知らぬ風に

T　〝あら先刻は訊きたく
　ないと云つたぢや
　ありませんか〟

と口ではさう云ひ乍ら燃ゆる思ひで原の方をみる。原も同じ思ひで女をみ、女にひきこまれる。お銀は息をハヅませ乍ら眉を伏せる。原は見入る。燃ゆる瞳を見合す二人。

まさにラヴシイーンのクライマックスに達せんとした時原は立上つてしまふ。

原お銀に近づき静かに云ふ

T　〝さあ、向ふへ行つて
　お休みなさい〟

お銀はうつむいて動かない。

原は濡れてゐる上衣をぬいで、ドテラをきてその儘その場にゴロ寝をする。

お銀はやはり動かない。（絞）

○部屋の中

原寝てゐる。彼の身体には昨夜お銀のかけた布団がかゝつてゐる。お銀窓の外を見乍ら考へ込んでゐる。

○朝の街路

労働者が歩んで行く。

○川

雨上つて一銭蒸汽は今朝も亦活動を初めてゐる。

○工場

笛鳴る。

○部屋の中

原目を覚ます。かゝつてゐる布団をみる。そしてお銀に気がつく

T　〃あなた
　寝なかつたのですか〃

お銀は真面目に云ふ

T　〃原さん

ほんとうを云ふと
幾ら考へても私には
矢吹のとゞめを刺すやうな
證拠をつかめないのですよ〃
急に気を変へて

T　〃私はもうあの仲間へ
帰らないわ
どつか独りで
遠くへ行つてしまふわ〃
原一寸神経質になつて

T　〃悪い仲間から
逃れるのはいゝが
今油断をして
うか〳〵表へは
出られませんよ〃
と緊張して云ふ。（絞）

一方、矢吹は「経済旬報社」の主な出資者である黒田を迎え、お銀を帰さなければ原に社をやめてもらうと言う。原は拒否し、他の編集員も原の味方をする。そこにお銀がやってくる。それに気付いた原はお銀に部屋に入らないように言うが、お銀は矢吹の下へ戻って、矢吹のとどめを刺すような証拠を握ってくる、と言って中へ入る。お銀が戻ってきたので、黒田と矢吹は喜び帰っていく。

矢吹とその仲間達の集まりが「紫交倶楽部」であり、お銀もそこにいる。矢吹はお銀を口説き、お銀を部屋に入れたまま外から鍵をかけて出ていく。原からお銀のことを聞いたお嘉代はお銀を救い出す。かくて矢吹一味と原との争いとなり、お銀もその闘いに加わる。原の側としてである。

矢吹に愛想をつかしたお雪は金庫から通帳と紙幣を取ろうとしたところを矢吹に見つかり争い合う。矢吹がお雪をピストルで撃つ。そこへ原とお銀がやってきて、追いつ追われつ。蔵の中に逃げた矢吹を戸外から原のピストルが撃つ。戸を開けると、そこには矢吹とお雪が倒れている。

かくて原と矢吹の争闘は終了し、原とお銀の別れのラストシーンとなる。再びシナリオから引用しよう。

○汽車

汽車がレンズ前に斜上位に走つて来る。（D・E）

T　――原対矢吹の争闘は

これで終りを告げましたが

然しお銀と原の恋愛は

まだ解決を告げません（D・E）

○汽車

こんどは反対の方へ向つて以前よりも更に大きく写した汽車がレンズ前斜上へ。

（D・E）

○汽車の中

原はお銀を見てをりお銀は原が何か云ひ出すのを待つてゐるかのやうにちよつと原とは反対の方へ（ママ）眺めてゐる。ふたりとも夢を待つやうな心持。

お銀は原の顔を見て

T　〝横浜で降りて

何処へいらつしやる

おつもり？〟

原お銀の顔を見乍ら

T　〃大阪で
　降りて
　あなたどこへ？〃
　ふたり笑ひ出して
T　〃そんな話は
　やめませう〃
と云つて互にべつ〳〵の方を憧れるやうに見てゐたがこんどは原が
T　〃あなたは
　どうしても
　大阪へ行くんでせう〃
お銀は一寸空虚な顔をして
T　〃あなたは
　どうしても
　横浜で降りるん
　でせう？〃
○横浜駅
汽車は横浜駅へ――

○汽車の中

原

T　〃あゝ来ました
　横浜です〃

○プラットホーム

さう云つて降りる。

○プラットホーム

原降りて来てちよつとにこ〳〵して、

T　〃──女と云ふものは
　一度逃がしてしまつた
　機会は二度と捕へ
　ようとは思はない
　ものでせうかね〃

お銀はやはり空虚に

T　〃──機会？〃

○汽笛

汽笛が鳴る。

○プラットホーム
原にこ〳〵してお銀に
T　〝恋の機会です〟
お銀
T　〝あの
　宿屋で
　雨の降つた晩〟
このタイトル移動
汽車走り出す
汽車はダン〳〵遠くへ原は思ひ切つてトランクを持つて去る。
お銀の姿はいつまでも汽車の窓に見えてゐる　　（絞）――終――

この作品についての武田と人丸の正反対の評価は、いわばこれを傾向映画としてどう評価するかという観点からの対立であった、といえる。「大衆的」にすることが進歩であるか「退歩」であるかというところで評価が分かれているのだ。武田と人丸の傾向映画全般に対する評価を見ていけば、『争闘篇』をめぐる二人の対立がよりよく見えてくるだろう。この点は今後の課題である。

次に青島の撮影についての評価を見ていこう。

原作脚色もさる事ながらこの映画の活殺を支配する村田、青島の存在こそ「摩天楼」の全生命である

（『名古屋新聞』１９２９年11月13日「フアンの声」、［正木俊一郎］投）

村田実がその眼に透れたキャメラマンを持つたことは彼の一層の強味であるだらう。絶えずリズミカルに律動する青島順一郎の眼は嬉しいものであつた。真摯な努力のあらはれがあの卓越なるキャメラウァークをエクランにフェイドインしたのであらう。

（人丸京平「二つを言ふ」『映画往来』１９２９年12月号）

僕は、この映画の救ひを、テムポに見出す。それは巧みに飜訳されたスタンバークのテムポである。走る小使。ガランとした建物へ飛び込む。急な停止。靴から上る緩いカメラ。又、男と女がカフエへ入る。顔を寄せ合ふ。甘いのろさ。暗。銃声。群集が破れたガラス戸へ走りよる。又、最後ののろのろとした屋内の追跡。等。々。／理解されたテムポのよさ。それと結びついた青島氏のカメラ。この二つだけが、光つてゐる。

（小野勇「活劇のテムポ〈摩天楼〉」『映画往来』１９２９年12月号）

最初の方で、小使が追馳けられるペーヴメントのシーンは、カテイングもハツラツとして居て、あの始めの、妙にワクワクと追つて来るおのゝきも充分映画的に生かされてゐた。／此のコンビネーションで、キャメラがどんなにいゝ後衛であるかは、常識にさへなつてしまつてゐる。

（武田忠哉「ジャーナリズム」『映画往来』１９２９年12月号）

このように村田と青島が一心同体のように切り離せないものとして評価されていることが判る。

そして撮影単独でも評価されている。

カメラ・マン諸君の異常な精進と不断の努力による驚嘆すべきカメラ技巧は、すでに殆ど悉くの批評家によつて出来るだけ度々評価されてゐる。／青島順一郎氏の、この摩天楼でも示した新鮮な、しつかりしたカメラ技巧の表現力は、とにかく明日への開拓者の第一線に立つシネアストの一人であることがわかる。

（佐々元十「特に、端役の演技とカメラを」『映画往来』１９２９年12月号）

撮影者は随分努力してゐると思ふ。どんな外国映画にも負けないと思ふ。色で染めて誤間化す原始時代の方法は今日でも日本映画の一つのテクニークとして頑張つて居るが、この映画の撮影はそんなものを無論蹴飛して居るばかりでなく、可成り大胆にレアリズムの方向に突進して居る。それが小手先きの技巧ではなしに、堂々と自然と直面して居ることが感じられる。

（袋一平「摩天楼」『映画往来』１９２９年12月号）

何よりも第一に撮影のすばらしさ。だがストオリイの貧弱さ。

（飯田心美「摩天楼」『映画往来』１９２９年12月号）

またここでも他の作品と同様に「移動撮影」が注目されている。

青島順一郎のキャメラは律動的に絶えず動いて、非常に細かい神経の様な眼を感じた。移動撮影の卓越なることは言外である。

（友田純一郎「主要日本映画批評」『キネマ旬報』１９２９年11月21日号）

青島順一郎のカメラは相不変移動撮影に中々気の利いた所を見せるが、カメラ・アングルはも少し工夫してもよからう。全体に画面が暗い。暗黒街物だと云つてその気分表現のための暗さなら外に手法はある筈だが。

(植村彰「映画批評」『映画評論』1929年12月号)

この作品の移動撮影については青島自身がこんなことを書いている。

日本最初の移動撮影といつても決して突飛な機械を使用したと云ふ訳ではない。／東京駅のプラットホームで終始移動撮影をしたと云ふのが突飛な最初なのである。／筋は東京駅に財界の巨頭が到着する。高木永二君の扮する矢吹と称する男がこれ又巨頭を出迎へに行つた黒田と称する男と何事か密談しながら巨頭に続いて行くと云ふのである。出迎への大勢が右往左往する列車到着直後の繁雑な中でこれだけの撮影を全部移動でしたと云ふのが再三云ふ様だが日本最初なのである。いかに鉄面皮な映画製作者でも一寸考へてやつては見たくても到底許さる可きものでないと頭から断念してかゝるのが普通であるがこれが吾が村田監督一流のヲシでそれに成功したのである。カット数十幾つか全部を移動で撮影した事は実際驚嘆に価するものである。

(青島順一郎「『摩天楼』ロケーション記」『日活映画』1929年10月号)

このシーンはシナリオには次のように書かれている。

○東京駅のプラットホーム
矢吹及び出迎へ（近景）立つ
折から列車が着く。
と、一等車の文字から（ＰＡＮして）財界の巨頭下りてくる。
うやく〵しく出迎へる人々。
やがて矢吹は黒田と逢ふ。
二人は話し乍ら歩き出す。
矢吹
T　〃君は確か経済旬報社に
関係があつたね〃
黒田うなづいて
T　〃僕が主になつて
後援してゐるのだ〃
矢吹
T　〃旬報社に原と云ふ男がゐるが
ありや大分不良だね〃
黒田

T　〃以前が以前だからね〃
　と云つて莨をくゆらす。

　このシーンを一カットの長回しで移動撮影したのではなく、青島が「カット数十幾つか全部を移動で撮影した」と書いているのだから、数十カットに細かく割って、その全てのカットを移動撮影したということであろう。前進移動・後退移動・横移動（右から左へ、左から右へ）、斜めの移動……そうした様々な方向への移動撮影が行われたと想像し得る。青島のカメラによるこのシーンはさぞかし見事なものであったのだろう。そしてこうして撮影されたカットが編集によってどのように組み立てられたのか。移動するカメラがとらえた流動性と、画面の組み立てから生まれるダイナミズムがどのようなものだったのか。想像するだけで胸躍るものがある。

★

『摩天楼・争闘篇』が客受けしたということで、その続編が『愛欲篇』として製作され、1930年1月に封切られた。中野英治扮する原鉄平が主人公であることは変わらないが、他の登場人物は全く異なり、原も今度は船員となって出現する。この『争闘篇』から『愛欲篇』への変化について岩崎昶はこう批評した。

「愛欲編」は、また村田実の萎縮である。／「救ひを求むる人々」の感傷と、「紐育の波止場」のマドロス的浪漫主義との強い臭がする。／第一篇「闘争篇（ママ）」に於て、可成り見当違ひながらも、とに角一応の正義感と、闘争的な覇気とを示した主人公原鉄平がこの続編に於ては、全く身を持ち崩してゐるのを見て、僕等は一驚する。彼は、港の泥溌ひになり、港の淫売婦に迷ひ、盗みをし、典型的なルンペンの境涯に落ちてゐる。「愛欲篇」とは「痴情篇」の意味なのである。

（「映画月旦」『映画往来』1930年3月号）

岩崎はここで『愛欲篇』の原鉄平を「典型的なルンペン」だとみなしている。ルンペン映画なるものが流行するのは1931年3月頃からで、その代表的作品としては、『かんかん虫は唄ふ』（日活太秦作品、1931年5月封切、田坂具隆監督）、『街の浮浪者（ルンペン）』（松竹蒲田作品、1931年5月封切、池田義信監督）、『しかも彼等は行く』（日活太秦作品、1931年6月封切、溝口健二監督）などがあるが、1930年頃の正統左翼にとって、ルンペンは反革命的な否定すべきものであった。しかし現代の視点から見ると、違った見方をすることができる。例えばアントニオ・ネグリ、マイケル・ハートの著書『〈帝国〉』（以文社、2003年）では、現代の「新しいプロレタリアート」とは何かについて次のように述べている。

ここに現われるのは、新しいプロレタリアートであって、新しい産業労働者階級なのではない。この区別は根本的なものだ。先に説明したように、「プロレタリアート」は資本によってみずからの労働を搾取されるあらゆる人びと、つまり協働するマルチチュード全体を指示する一般概念である（略）。産業労働者階級が表象＝代表したのは、プロレタリアートとその革命の歴史のなかの、資本が価値を尺度に還元できた時代の、ほんの一部分のみである。この時期には、賃金労働者の労働のみが生産的であるかのように、したがって、それ以外のさまざまな種類の労働はたんに再生産的性格を帯びたもの、または不生産的性格を帯びたものですらあるかのようにみえたのである。しかし〈帝国〉の生政治的な文脈においては資本の生産は、社会的生それ自体の生産と再生産にますます収斂していく。それゆえ生産労働、再生産労働、不生産労働のあいだの区別を維持することはますます難しくなっていくのである。労働――物質的であれ非物質的労働であれ、精神労働であれ肉体労働であれ――は社会的生活を生産し再生産するのであり、その過程で資本によって搾取される。プロレタリアート概念の孕む一般性を完全なかたちでついに認識することが可能になったのは、この広大な生政治的生産の風景が現われたからである。

（499ページ）

こうして現代の「新しいプロレタリアート」にとっては「万人に対する社会的賃金と保証賃

金」、すなわち「社会的賃金」という政治的要求が必要であるとして、さらに次のように述べる。

> 社会的賃金は家族を超えてマルチチュード全体へと、失業者にすら広がっていく。というのも、生産するのはマルチチュード全体なのであり、さらに、その生産は社会的総資本の観点からは必要不可欠だからである。
> （500ページ）

失業者は1930年代にはルンプロの範疇に入るものだが、ネグリらが失業者を現代の「新しいプロレタリアート」に入れていることが判る。

プロレタリアートの過去と現在について『〈帝国〉』は次のように書いている。

概念的な見地からすると、私たちは**プロレタリアート**を、その労働が直接的ないし間接的に資本主義的な生産と再生産の諸規範によって搾取され、それらに従属させられている人びとすべてを包含する幅広いカテゴリーとして理解している。プロレタリアートというカテゴリーは、かつては**産業労働者階級**——その範例的な人物像は男性の大工場労働者にほかならなかった——を中心に据えたものであったし、またときにはその階級に実際上包摂されてしまうこともあった。この産業労働者階級は、経済分析においても政治運動においても、それ以外の労働の形象（農業労働や再生産労働のような）を指導する役割をしばしば授けられていたのだった。いまや、こうした労働者階級はほとんど視界から消え失せてしまった。むろん、労働者階級が実在するのをやめてしまったわけではないが、しかしいまやそれは、資本主義経済におけるその特権的地位とプロレタリアートの階級構成におけるその主導的地位から退去させられてしまったのだ。プロレタリアートは、もはや以前のままのものではないのである。けれども、このことはプロレタリアートが消滅したということを意味するわけではない。むしろそれはいま一度、私たちが階級としてのプロレタリアートの、新たな構成のされ方を理解するための分析作業に取り組むよう求められているということを意味しているのである。／私たちは資本主義的支配によって搾取され、それに従属させられているすべての人びとを、プロレタリアートというカテゴリーに属するものとして理解している。とはいえ、この事実は、プロレタリアートが同質的ないしは無差異的な構成単位であるということを標示するものであってはならない。じっさい、プロレタリアートは、さまざまの差異および階層化に応じて、多種多様な方向へと切り分けられるのである。賃金が支払われる労働もあれば、そうでない労働もある。工場の壁の内側に限定された労働もあれば、無際限の社会的領域の全体にわたって分散させられた労働もある。（略）さしあたりここで私たちが強調しておきたい論点は、それらさまざまの労働の形態すべてが、資本主義的な規律と資本主義的生産関係に何らかの仕方で従属しているということである。このように、資本の内部にあって資本を支えているという事実こそが、プロレタリアートを階級として規定するものなのである。

（78〜79ページ）

ここで「いまや」と書いているのは、『〈帝国〉』が書かれた2000年の時点のことであり、「かつて」と書いている古典的なプロレタリアートの概念は、傾向映画やルンペン映画がつくられた1920〜30年代にも当然あてはまる。ルンペンはプロレタリアートには入っていなかった時代なのである。当然、娼婦や女給や主婦やらもそうである。しかし2000年の時点でのプロレタリアートはそうした人々をも包括する概念としてあらわれ、それを『〈帝国〉』では「マルチチュード」と言い換えてもいるのだろうが、私にはそれなりに理解でき納得できるそうした概念規定からすれば、溝口が描いた女性たちはプロレタリアートということになるし、ルンペン映画に描かれたものもそうした観点から再評価することができるだろう。

ネグリとハートは新しい著書『アセンブリ』（岩波書店、2022年、原著発行は2017年）において、「現代社会における生は、労働契約についてのみならず、生のすべての局面において不安定（プレカリアス）になりつつある。」（148ページ）と述べているが、1920〜30年代のいわゆる「ルンペン」は正にこの「不安定」な存在そのものであったといえる。

マルクス主義的な政党・組合・理論家たちは、これまであれほど頻繁に「生産的」労働が中心なのだと説いてきた。そして、社会的な再生産過程に対して内側からの抵抗を仕掛ける闘争は、資本主義権力の核心部に打撃を与えることはできないと言い張ってきた。このような主張は往々にして、白人男性工場労働者を除くすべての労働者を「主要な」闘争から排除するアリバイとして機能した。女性と学生、貧民と移民、有色の人々と農民はみな、こうした見解にもとづく政治戦略の犠牲者となってきたのである。

（『アセンブリ』318ページ）

ネグリとハートの著書に興奮して思わず力が入ってしまったが、話を『愛欲篇』にもどすと、岩崎のような正統左翼的イデオロギーの観点からの否定的な評価に対し、そこから離れたところではこの作品の評判はよかったといえる。

スピードがありサスペンスがあり、何だかこう見た眼はひどく面白い、然し、よく考へてみると内容はそれ程ぢやないといふ物、但し、そのスピードやサスペンスで、内容の方の勘定を忘れさせてしまふ位の力がある、（略）村田実の監督では、全体にキヤメラの位置の面白い事を讃める、他にこの女と男が逃げるあたりで、彼の傑作「灰燼」でのケーブルカー応用の移動を連想した、こゝは凡手でない強い感銘を生んだ、

（『都新聞』１９３０年1月19日「新映画批評」、［勇］筆）

映画は先づ、曽ての『救ひを求める人々』にも比すべき港の描写から初められる。港、汽船、浚渫船。そのなめらかな動き、靄に包まれた模糊たる港の風景。やがて貨物船の荷上作業。叱咤する水夫頭、そして、その暴戻に反抗する原鉄。（略）全巻スピードと力にみちあふれて最後まで見物をあかめない（ママ）のはストーリー並びに監督の力にかゝつて居ると思はれる。

（植村彰「映画批評」『映画評論』１９３０年2月号）

主人公原鉄平は一下級船員である。港に船が這入つた時、監督の横暴な態度と酷使に憤を発して自ら船を下りる、そして町の居酒屋で、ひよんなことから「女」を救ふ。その女との愛欲のもつれが、この「摩天楼愛欲篇」の骨子である。それは、互ひに世の中を僻み、拗ねてゐる男と女との、相反撥する愛欲である。そこに不思議と人の心を捉える或る力を持つてゐる。稍々生硬ではあるけれども、所謂洗練されない、昇華されない、ワイルドな情欲の絆が荒く張られてゐるのである。原鉄平は女のために盗みをする、それは愛を得るためといふより、寧ろ女に対する片意地に近い気持からである。女もまたその通りである。が、情欲の一夜が明けて相倚つた二つの魂、それでも男にはまだ、女の、といふよりも人の情けが判らない、ばかりか、遂ひに終りまで、自分の行為の善悪をも判別出来ず、「婆婆だつて、監獄だつて、どうせ冷たい世の中だ」と叫んで縛に就くといふひどくニヒリスティックに押し通さしてゐる。（略）この映画となつた「愛欲篇」が、映画的に優れた多くのものを持つてゐることに於いて、本年度劈頭の日本映画界の収穫の一つであることは断言出来る。／居酒屋に於ける喧嘩、それから女と二人で黙々と歩く、「惚れたの？」「女になぞ惚れたことはねえ」の会話、それから先き最後まで完全に観客の心を把握して放さない。恐ろしい力だ。宝石店の強奪、逃走、捕物、波止場の追跡、そのスピード、隠れ家に於ける朝の二人の気持ちの変化、同じく上田殺害前後、今までの日本映画に見ない「活劇」と愛欲描写の一典型である。青島順一郎のカメラはファースト・シーンから終始、この偏狂的な内容を、美しくカヴァして、時には軟く、時には温く、更にまた、時には疾駆してこの映画の成功に大なる力を添へてゐる。港のロケイションの美しさは特に推賞出来やう。

（鈴木重三郎「主要日本映画批評」『キネマ旬報』１９３０年2月1日号）

青島のカメラについては、

青島の撮影は随分大胆な所があつた、それに移動撮影の正確さも、当然ながら数へてお

かねばなるまい、然し現像のせゐか少しアラびて見えた場面もあつて折角の苦心もフイになつた所もあつた

（『都新聞』１９３０年1月19日「新映画批評」、［勇］筆）

ファーストシーンの柔らかな雰囲気を持つすばらしい撮影から船内へ移動して主人公原鉄を引出し、更に酒場に転換して助演者を紹介して劇を進展せしむる滑らかさに息もつかせない、村田氏の老練は随所に見られる、得意の移動撮影と共に巧妙な青島氏のカメラよき俳優の熱演と相まつて争闘篇を凌ぐ優篇を作り上げた、併し後半特にラストシーンの呆気なさは遺憾である

（『名古屋新聞』１９３０年2月7日夕刊「ファンの声」、［山田正夫］投）

野鄙な港町の景趣防波堤の追蹤、屋上の争闘の移動美等々、青山技師（ママ）のキヤメラワークは畏敬すべきものがある。

（津加本かめを「摩天楼『愛欲篇』」『日活画報』１９３０年5月号「読者寄書」）

村田式のスピードとサスペンスは防波堤で原鉄平と刑事の追馳シーンの移動撮影の素晴らしさ。

（若杉禎「摩天楼を巡ぐる」『日活画報』１９３０年５月号「読者寄書」）

『摩天楼』愛欲篇はプロレタリア映画とは云へず、「人情活劇映画」たる事を立證させてゐるが村田氏の夫等映画に対するテンポの手法如何に依る事からではないだらうか？／現在の映画がコンマーシヤリズム組織で流行の先駆と無暗に強がる英雄タイプの生新なダイナミツクな映画が好讃されてゐるのも、これは村田氏の作品から初まつたのだらう。／只村田氏が現在の映画が商品価値以外に青島氏と共にキヤメラ・アングルに就ては全く映画の理想的使命を果さんとしてゐるだけに何んとしても村田氏の為めに、シナリオの政治的な道徳的な内容が欲しいのである。

（秋山夏樹「鋭角、村田実」『映画評論』１９３０年４月号）

『日活画報』１９３０年２月号「撮影日記抄」を見ると、例えば、

十二月十二日／セツト港町の小料理屋表／上田（三井泰三）に口説かれるお蝶（浜口富士子）を救つて、原鉄の得意の鉄拳、終つてから／セツト貨物船の船艙／原鉄は一等運転手を撲り飛ばし下船命令を下される。睨みつけた原鉄の顔のc. uへの移動でカツト。これがフアスト・シーンで原鉄の紹介。

とある。ファーストシーンで、原鉄平を演じる中野英治へカメラが前進移動していき、その睨んだ顔のアップで終わらせていることが想像できる。また12月15日の項には、

ランチで沖へ、走るヘサキに夜光虫がキレイに光る。／夜明けを待つて、密航の支度の場面三カット。防波堤で原鉄と刑事の追つかけをモーターボートで移動撮影。素晴らしいスピード。／追ひつめられて、つひに原鉄は高さ三間の突端から飛び込む。／陸(をか)へ帰つて原鉄とお蝶の海岸の出会ひ。霧の港の風景をふんだんにキヤメラに収めて京都へ帰つたのが夜十時過ぎ。

とある。青島の移動撮影の素晴らしさは前の批評でうかがえるが、霧の港の風景はかつて溝口健二の『霧の港』を青島が撮影したことを想起させる。動的なシーンの移動撮影と静的な風景描写！　いいシーンだったのだろうと想像をめぐらす……。

★

『摩天楼・愛欲篇』のあと、村田監督・青島撮影のコンビは『この太陽』（1930年9月封切）をつくる。『都新聞』の「勇」こと小林勇は、

村田実（略）は刻明な仕事を見せる、細部にしても全体にしても、彼の既作中では「灰燼」のそれに近い感じがある、あのケレン沢山の「摩天楼」の比ではない、

（『都新聞』１９３０年9月14日「新映画批評」、［勇］筆）

と評価したが、北川冬彦は、

村田実の作品であるといふ限りに於いて、これは、さして異色のあるものではない。（略）脚色といひ、監督といひ、その技術は、平々凡々、僕らをとらへるところは一つとしてありはしない。

（『キネマ旬報』１９３０年10月1日号「主要日本映画批評」、北川冬彦筆）

「この太陽」第二篇、第三篇を見てのちの結果は、第一篇に於いて予想した私の考へが殆んど間違つてはゐなかつたことだ。第二篇はことに不出来であつた。第三篇はやゝ取るべきところないではない。最後の埠頭の場面は相当力が這入つてゐた。が、しかしそれとても、嘗ての「日輪」、「激流」時代に於ける村田実のよさと大して異らないものなのだ。／ともかく、この厖大な三篇に亘る「この太陽」は粗雑な作品として、空虚にも私たちの眼前に墜ちた。私たちは、今後の村田実に、何を求め何を期待してよいのだらうか。

（『キネマ旬報』１９３０年10月21日号「主要日本映画批評」、北川冬彦筆）

とハナから拒否反応を示したような酷評だった。北川が『摩天楼』二作に対してどう評価したかが判るといいのだが、今のところ私はそれを見つけることができない。残念だが想像するに、北川は『灰燼』の後に村田が世に問うた『摩天楼』二作と『この太陽』を見て、村田に対する期待が連続して裏切られてガッカリしてしまったのではないか。それがこの身も蓋もないような批評になってしまったのではないか。そのことは大塚恭一の次の批評にもよくあらわれている。

村田実の如き兎も角も我国一流の映画人が、新聞小説の映画化に、その労力を消費しなければならないことは、残念この上ないことである。自分が彼へ期待した所は、（略）その題材を原料として、（略）純粋に映画として再現することを多少期待してゐたのだが、その期待に当然、美事に破られてしまつた。これは同じ種類の作品『日輪』等に到底及ばない作である。

（大塚恭一「映画批評」『映画評論』１９３０年11月号）

一方、『サンデーキネマ』の時鐘三郎のこうした期待から離れた批評は、おそらく北川や大塚がガッカリしたこの映画の性質を表現しているといえる。

原作が映画その儘であつたゞけに村田実氏の脚色もまことに原作に忠実であつた。原作に内容的な力強さがない丈に面白さは老練村田実氏の技巧の巧さを見るのであつた。久し振りの村田氏は氏の有するあらゆるテクニツクを使用して、より大衆的により映画的に面白くと力をそゝいだようである。

（『サンデーキネマ』１９３０年10月26日号「映画批評」）

青島のカメラについては『都新聞』の小林勇は村田への高評価と対照的に、「青島の割には、日活の割にはよくない、艶がない、白つぽい場面がよくなかつた」と低い（『都新聞』１９３０年９月14日「新映画批評」）。『報知新聞』の「中代生」こと中代富士男（この人は村田・青島コンビの『お澄と母』の原作『キネマの老婆』の作者イバニエスの『裸体の女』を翻訳した人であるが）も「くど過ぎる都大路の移動」と述べており、村田・青島コンビの売りであった移動撮影に苦言を呈しているし、「キヤメラの凝り方は、元雄と暁子が鎌倉の海辺を散策する数場面につきてゐる」と述べている（『報知新聞』１９３０年９月12日「試写評」）。

しかし『サンデーキネマ』の時鐘三郎の批評はこの作品の撮影スタイルに具体的に言及していて役に立つ。

青島順一郎のキヤメラも老練、前の人物をぼかして遠い人物にピントを合して、この両者の気分を出す点、ロングの人物のはつきり感じの出た点、風物に四季の色の出た点など流石である。

（『サンデーキネマ』1930年10月26日号「映画批評」）

いわゆる「縦の構図」を用いていることが判る。「縦の構図」というと溝口健二のことを思い浮かべるが、この頃の彼の作品でフィルムが残存しているものはいずれも部分だが、『朝日は輝く』『東京行進曲』（いずれも1929年）とほぼ全体が残っている部分トーキー『ふるさと』（1930年）がある。これらを見る限りでは溝口はまだ「縦の構図」を行っていないように思える。その点で時鐘のこの指摘は興味深い。

★

半年後の次作品『ミスター・ニッポン』（1931年3月20日封切）は、『愛欲篇』以上にルンペン映画として注目されている。松下富士夫はこの映画の原作者である郡司次郎正が「何を語らうとしてゐたか、に就いて最大の関心をもち、注意を払はなくてはならぬ」として、次のように言う。

僕は、この「ミスター・ニッポン」を通じて郡司次郎正氏の白日の下に曝露された正体を見る。次郎正氏は、決してプロレタリヤではない。小市民的でもない。勿論ブルジヨアではない。／郡司次郎正氏の正体こそ、ギヤアナリズムに拾はれた、人間の屑、ルンペン以外の何物でもない。

（松下富士夫「ミスター・ニッポン」『映画往来』1931年5・6月合併号）

一方、郡司次郎正は封切に先だって新聞に自らの意図をこう書いている。

ミスター・ニッポンもまた、菊池寛小説の特色に似て糸のもつれのやうに多くの筋を持ち、婦人公論連載物として、芸術的価値よりは大衆的俗衆味を多分に持つてゐる。しかし、ミスター・ニッポンには近代資本主義の没落過程としてのブルジヨアジーの矛盾を極度に暴露してゐる主題を持つ。（略）日本流行型（ニッポンア・ラ・モード）としての新聞小説、大衆小説の映画化にあたり、根本的に歪曲出来ない、歪曲しては悪いものに、作品の持つプロレタリア・イデオロギーがある。かくの如き歪曲出来ない主題を持たない小説は、映画化されて普及さるべき価値がないものであると、一九三一年は、もはや、断言してゐゝ時代である。

（「ニツポンア・ラ・モード」『国民新聞』1931年1月12日）

日活の内田吐夢、伊藤大輔、村田実氏等の勉強ぶりは既に時代に良心的な観点に立つてゐる。／時代に良心的とはプロレタリアのセオリイに就いてである。／近代資本主義の現象である不風景気に依る大ブルジョアジーの台所の裏面を暴露したものが「ミスター・ニッポン」の主□（不明）であるが村田実氏は、これが映化に当つての討究は作者を赤面させる程、緻密に渡つてゐる。

（「ニッポンア・ラ・モード」『読売新聞』1931年3月13日）

で、肝心の映画についてだが、まず筈見恒夫はこう批評する。

日活のニッポン三部作に『マダム・ニッポン』を加え、昨年姿を消した傾向映画が、別の形態をして、再び日本映画の流行に乗りさうである。其のトップを切つた村田実の『ミスター・ニッポン』はどんな姿で現はれたか。申し訳のイデオロギイ、そんなものを徹底的に覆ひ隠すのが、エロとグロ。一九三一年の尖端「傾向」映画、例へば、これは一つの遊蕩映画である十八巻は、諸君の為に、遊びの手ほどきをする。

（筈見恒夫「三月の映画界」『時事新報』1931年3月28日）

以下、次のようなやはり否定的な評価が続く。

エピローグに近くルンペンといふタイトルを連続して、逸子に階級意識を自覚させ、又小杉の労働者姿等全く申訳の様でもの足りぬ

（『都新聞』1931年5月11日「月曜壇場」、［凡造］投）

彼（佐相註＝村田実）が営利会社日活の一製作者であるかぎりは、彼の「民衆と共に行く」その民衆は、日活映画に金を払ふお客以外の何物でもない。そうしてそのお客が、現代人である限りかれらはスポーツを談ずると共に、階級闘争をも論ずる。階級闘争のための映画でなくして、映画の為の階級闘争である。『ミスター・ニッポン』に於て数百米のカットを犠牲にしてまで女車掌のデモを写そうとしたのも、こうした動機に他ならないと思ふ。／彼の最近の作品に於ける監督手法を一瞥するならば、も早其処には何等の進歩も飛躍も認められない。『激流』以後の彼の監督手法は全く固定し切つてゐる。『この太陽』も『ミスター日本（ママ）』も相も変らぬ彼でしかない。今や一つの村田実型の俳優指導なり、場内構成なりがすつかり出来上つてしまつたのである。／村田実型の監督手法とはどんなものであるか。彼はかつて彼の手法を『象徴的写実主義』と自ら呼んだそうであるが、或はそんな名称を与へてもいゝかも知れない。だが要するにそれは単なる写実に多少の誇張を加へたものでしか無い。（略）だが、彼は何と云つても現在の日本映画界に於て最も力ある監督の一人である。『ミスター・ニッポン』の一編にも彼の監督としての力が充分現れ

てゐる。最初の出は、やはり『清作の妻』や近くは『灰燼』を思はせる印象的な出だし、あれだけの長編を兎も角力を抜かずに引つ張つて行つたのは流石である。（略）彼の手法は固定してしまつてゐる。しかしそれだけ危な気もなくなつてゐる。興行の為のモダン味としてなら何を取入れることも心得た彼である。今後もこうした映画を幾つも作ることは期待していゝが、彼の手法にそれ以上の飛躍の期待を持つことは不可能であらう。

（大塚恭一「村田実」『映画評論』1931年6月号）

一方、次のような同情的な評もある。

メロドラマとしての構成は麿彦とお光を中心に展開される場面など充分大衆の興味の対象たり得てゐる。後篇の最後で逸子がその可愛がつてゐた光子の死に直面し、兄に復讐を誓ふあたりは、大いに作者の気を入れたところらしいが、この映画では、何んだか迫力に乏しい。逸子役の夏川の芝居どころであるが、この辺、もつとカツトして、むしろ麿彦が一労働者として過去の生活を清算する描写に力を入れた方が、原作のテーマを生かすに、効果があるのでないかと思はれる。／しかし、前篇におけるミスター・ニツポン池田子の生活描写など、確実にその暴露に役立つた映出であり、とまれ、この最大尺を興味深く見終らせる。

（『報知新聞』１９３１年3月14日「試写評」、［中代生］筆）

この物語にはきつと多分のイデオロギーがふくまれてゐたに違ひない、だが映画「ミスター・ニッポン」はエロのカムフラージをもつてこれを避けてゐる、池田家の崩壊、逸子の政略結婚、麿彦の新生活――これを中心に「真理の愛」的な暴露が展開される、母親の死からお光を池田家に運ぶまでの脚色はひどくスムーズである。そしてこの作を見ても村田氏には老ざる「新鮮な感覚」がある事を感じる、ラストの火花、抱いた人形などにも氏の意識は充分動いてゐる。

（『中外商業新報』１９３１年3月17日夕刊「試写室」、［忠］筆）

作者が描き出さうとしたブルジョアの没落といふ大潮流、これは出し切れなかつた、が、それは当然であり、現在の検閲制度の下でこれだけ出せたものはなかつた、

（『都新聞』１９３１年3月19日「新映画批評」、［勇］筆）

面白味は後篇にある。可憐なお光の恋のよろこびに始まつて、女秘書の嫉妬から来た馘首、ドラ息子共の恋の取引、お光の自殺、ミスター・ニツポンの破産、お光の姉のバスの車掌の階級的イデオロギーをさへ加へて、金略結婚の犠牲になる令嬢で終るあたり、前篇

後半の些かのダレ気分を補ひ乍ら急速にピッチを上げてゐる。

（田葉一雄「『ミスターニッポン』是非」『読売新聞』１９３１年3月23日夕刊）

青島のカメラについては次のような評がある。

とまれこの作は村田監督快心の傑作と高々と誇つてよく、青嶋（ママ）順一郎またカメラポジシヨンの立体化適確さに於てこの作に重大な寄与となり、優れた俳優陣が映出価値を全的に高めてゐることも否めない、

（『時事新報』１９３１年3月14日夕刊「試写室から」、［H］筆）

ロケーシヨンに、セツトに、監督、キヤメラの努力が見える。

（『報知新聞』１９３１年3月14日「試写評」、［中代生］筆）

俳優の自由なる駆使、セツトの好みよき、青島氏のクランクの冴え――堂々と春の日本映画陣に乗りだし得る作品

（『中外商業新報』１９３１年3月17日夕刊「試写室」、［忠］筆）

青島君の美しいカメラは魔術的とまで讃嘆される省略法に依りスツキリと纏め上げ限りない情熱を以つて終始してゐる事は敬服の外ない。

（『時事新報』１９３１年３月17日「ミスター・ニツポン」）

セツト、ライト、撮影等には文句なし、二三いゝモンタージュのあつたことでも書いておかう

（『都新聞』１９３１年３月19日「新映画批評」、［勇］筆）

カメラは前篇巻頭の農村と、わけても、お光の家出が素晴らしい。極めて軟調な夜の調子が、お光を乗せた汽車を包むあたり圧巻である。『全戦』のテイツセからハイライトを除いたかのやうな……。だが東京の描写が始まるともう、ありきたりのマンネリズムで、画面も暗く感心できない。麿彦とお光との恋の場面、海岸のあの燈台の美しさはいゝ。あゝした調子は却々カメラに捉へにくい調子だ。

（田葉一雄「『ミスターニツポン』是非」『読売新聞』１９３１年３月23日夕刊）

麿彦と敬治の喫茶店で会見するあたりから次第に事件が煩瑣になつて来ると共に、ひどくカメラが各シーンの描写に執拗になつて来、主要俳優のアクトに食ひ入つて簡快にそれ

を切り上げやうとしない。そしてこの刻銘な各ストーリイの描写の間に時々長々しい説明字幕が挿入されるのであつた。（略）そのカメラが主要俳優のアクトを追ふて執拗に絡んで行く冗長さは、終りのお光の死を訪ふ逸子の描写に至つて実に大きな破綻を生んである。何故あのやうに叮嚀極まる描写がなされねばならなかつたか。之が自分には大きな不思議である。

（村重秀雄「映画批評」『映画評論』１９３１年５月号）

その他、ルンペン映画とかかわらないところでの批評を見ていこう。

村田監督の映出手法は一分の隙きもなくこの長篇に満々の興味を盛つて躍動し冴え切つてゐる、この成功は一面、村田監督が従来余りに多端なストリーの忠実なる映画化にのみ苦心してきたが、この作では薄倖の一少女の描写に力点を置いた手際のよい辷るやうに滑かな脚色法の効に俟つ処も決して尠くないだらう、

（『時事新報』１９３１年３月14日夕刊「試写室から」、［H］筆）

全体にみるクラレンス・ブラウン物にも匹敵する緊密な台本の効果、（略）逸子とお光の姉との会見以後に盛り上る異常な迫力の原因をなすカット、諸所にひらめくいはゆるモ

ンタージユの奏功――やはりこれは村田氏の物であり、氏以外のたれにも一寸企及し得ない境地でもある。

（『東京朝日新聞』1931年3月19日「新映画評」、［巣］筆）

「ミスター・ニツポン」を見て、私は、よく出来てゐると思つた。面白い、とも思つた。／たゞ、気になつたのは、村田実が、一つの型に嵌つてしまつたことだ。／それが、全篇に、重々しく感じられた。／之は、村田実に止らず、日活現代劇映画の全体に及ぼしさうな気がする。（略）マンネリズムだ。／村田実よ、之は、清算の必要がある。

（古川緑波「私の映画月旦」『映画時代』1931年5月号）

この映画は日活の名に耻ぢざる範疇のものだらう。あのいつもの贅沢なセツト（だが之も海岸のお光の死んだ家の辺は困りもの）と青島順一郎氏の真剣なカメラの応援を得た村田実氏のメガフオンには我々はスタンバーグにでも感ずる堂々たる力を感ずる。／誠に村田実は才人であり精力家である。彼には少しの危惧もなければいさゝかの間に合せの感も見出されない。その俳優指導に至つては蓋し随一である。それは伏見信子の今度のスバラシサでも感受出来る。たとへ彼女自身も大きかつたにせよ。だが僕は少し村田氏を讃め過ぎた。なぜなら、この大きな背景と原作にも拘はらず、その場面転換が如何にも慌だしい事である。この事は村田氏に「モロッコ」などの落ち着きを真似て戴きたいので、この落度は彼のこの映画のモンタージュさへ艶消しにして了つた。殊に小林氏の脚色の正功法がある以上。

（黒木川喬「ミスター・ニッポン」『映画往来』1931年5・6月合併号）

この頃の村田実の作品について富岡捷はこう書いている。

プロレタリア・イデオロギイの問題がある。映画もプロレタリア・イデオロギイをその内容に盛り込まねばならないと云ふ問題に遭遇した場合、忽ちこの問題を衒学的に人は取り扱ひ、且これを取り込むものであるが、氏はさう言ふ所謂「尖端的」或は「ウルトラ」な態度には出ない。要するに線香花火と言ふことを氏は極端に嫌ふのだ。／「摩天楼」（愛欲篇）が出た頃は、映画界に所謂「イデオロギイ物」華やかなりし頃であつた。にも拘らず、「愛欲篇」に於ては氏はルムペンを取り扱ひ、恐るべきリアリズムをもつて、一個の個人的な人間を描くことに努力してゐた。「この太陽」に於ても、プチ・ブル性の分析と曝露に終始して、何等嬉しきイデオロギイの飛躍を見せなかつた点、そして更に「ミスター・ニッポン」に於て、没落し行く人間や、階級を、忠実に描写した点等々に於て、僕は氏の面目の躍如たる所を観るのである。もつとも「この太陽」に於て「くるめく轍」が這入り、「ミスター・ニッポン」に於て、麿彦が労働者に転換などして、一見、余りにも飛躍したイデオロギイの無関連性を悪評する人々もあつたやうだが、こゝにも又僕は氏の面目をみるのである。識らない点はあくまでも知らない！　として自分を曝け出す氏の態度は知つたか振りをして自分を虚飾しやうとする小市民性を完全に打破した態度である。／兎角、尖端に走り過ぎ、ウルトラに堕し、結局反動化する人の多い現在に於て、著々と、恰も、タンクが轟々のとゞろきを挙げ地を圧して、敵を屠り進むが如く、氏の社会人として、映画人としての歩みは重厚であり、正確であり、且威力を含んでゐる。／かゝる態度で一貫してゐる氏は、嘗ては、映画を芸術としての水準に迄高めた氏であるし、現代に於ては、映画の大衆化（興行的な意味でなしに、文化的、進歩的な意味で）を計つて居る氏でもある。

（「ツエツペリン的存在！」『日活画報』1931年6月号）

★

『海のない港』は1931年9月封切だが、そこで村田実は大きく変身をとげたらしい。そのことは次の三つの批評を読むことで判る。

これは村田実の佳作品である。／変に気取つた良心や、歪んだ落着や、そんなものはさつぱり清算して、村田実は唯面白く〳〵映画を作る事に努力した。（略）単なるメロドラ、としてもよく、いつそモダン童話として見てもいゝ。小杉勇と夏川静江、こんな男と女が好きにならない奴は馬鹿だ。／それから、市川春代の素晴しい朗らかさと若々しさ！　これは「海のない港」第一の収穫であつた。

（筈見恒夫「日活映画と三面記事」『日活映画』１９３１年10月号）

大変な盛り沢山の筋を、村田実は、驚くべきスマートさと、快よいスピードで、一気呵成に片付けて行くのである。面白い。（略）こゝにはいつもの、むつつり屋で、気どり屋で、その上いやに芸術家肌の村田実の影さえない。全く一箇の興味ある『物語作者』となつて登場してゐる。

（鈴木重三郎「各社試写室より」『キネマ旬報』１９３１年９月１日号）

「灰燼」時代に見せた様なこり方は一切ない、只明朗に、いいスピードで描かうとしたらしい、移動パノラマすら、殊更に避けたといふ様なテクニツクに迄その感じが出た、然しその結果はそう悪くない、一口に云つてこの写真を大衆的にしたと云へる、（略）ロケーシヨンはどれも成功してゐた、カツトの巧さ等今更書く迄もなからう、

（『都新聞』１９３１年９月15日「新映画批評」、［勇］筆）

変身を肯定するこの三つの批評に対し、次の三つは懐疑的・否定的なものである。

監督たる村田氏は、最早多年に鍛えあげたその老練な技巧を以て、自由に、楽に、又軽快に面白く流暢に作つてゐるが、（略）然し何か一つの固定した型を思はせて、最早そこには何等の情熱がない。（略）うまくはあるが、最早訴へて来るものがなくなつた、とは彼に捧げて好い言葉かも知れぬ。

（村重秀雄「映画批評」『映画評論』1931年10月号）

そのむかし村田実といふ監督は、欧洲渡来の新らしい映画技巧を接収し、大胆な表現法を行ふ人間として有名だつた。（略）そして「灰燼」となつた。「灰燼」で彼はその手法がガラリ一変した。そこでの表現はそれ以前の無反省な模倣に比べてシックリと板についた感じを持つようになつた。ストオリーのもつ精神が、主張が、意図が的確に表はされてゐた。（略）然るにその後の村田実はどうなつたであらうか。彼は板につかない表現法をやめたのはいゝが、いまゝで持つてゐたところの覇気を失つた。彼はキザから地味になると同時に次第に商売人的製作者に退化して行つた。「摩天楼」ものから「ミスター・ニッポン」に至る数篇を見るがいゝ。それらの作品からは彼の商才的手腕以外には何物も見られなくなつた。／「海のない港」はその村田実の退歩を示す一つの好適例なのである。

（『キネマ旬報』１９３１年10月11日号「主要日本映画批評」、飯田心美筆）

資本家、悪徳政治家、マネキン、円タク、そしてルンペン――／そこに、村田実が飛込んで行つたとて、それは彼の自由に違ひない。しかし、近作、「海のない港」に至るまでもなく、既に「摩天楼争闘篇」あたりに於て、村田実はもう「街の手品師」の純情さを失つてゐた。（略）「摩天楼争闘篇」にしろ、「海のない港」にしろ斯ういふ人生の断面に、村田実が転換して行つたことは、決して悪いとはいへない。しかしながら、如何に牧逸馬の大衆小説を手がけたとはいえ、五台のボロ自働車をマッ白にぬりかえて、都大路を疾走させるこの童話劇をこれだけのものにしか成し得なかつた彼の良心を、われわれは一体どこへ求めたらいゝのか。（略）村田実は、ほんとうの人生と、ほんとうの生活に向つて、再び彼のすぐれた眸が向けられることに、彼の凡てを盡すことを俟つのである。ほんとうの生活を知らない村田実ではない。いまの、尠くとも彼の進んでゐる道も、乃至は彼自身の逃避的態度も、彼は何よりも一番よく知つてゐるのだ。それが、只、彼の場合、ゴルフ・パンツにかくされて、美しい撮影と、キャメラ・ポジションへの腐心のみに盡されて行くのだ。

（柳田秀「才人としての村田実」『キネマ旬報』１９３１年12月１日号「読者寄書欄」）

この柳田の最後の文は青島のカメラに対する評でもあるが、他にも青島のカメラに関する批評がある。

キャメラは例に依つて青島順一郎、明快敏捷の一語に盡きる。
（鈴木重三郎「各社試写室より」『キネマ旬報』1931年9月1日号）

青島の撮影では移動マット式のトリック等、目立たぬ努力は認めるがどうも派手でない、いや、これは彼へ云ふより現像への言葉になるかも知れぬ、もつと明るく艶が欲しい
（『都新聞』1931年9月15日「新映画批評」、［勇］筆）

そして次の『白い姉』（1931年11月封切）になるとほぼ全否定になってしまう。

この写真からは我々は大仏次郎のあの原作の感じを感ずるよりも、「海のない港」「この太陽」と立て続けに見せられて来た（村田実の頭を通して見た）牧逸馬の原作と全く同じものしか感じられなかつた、と云ふ事になる、これは村田実の個性の強さを語るものではあるまいか、（略）セット、ライト等は文句はないとして現像はいい方じやなかつた
（『都新聞』1931年11月15日「新映画批評」、［勇］筆）

女主人公中田佐保子は、メーデーを自動車の中から見て感激したり、また、やけつぱちになつて、反省なんかふつとんぢまへと、酒をあほつたり、ダンスホールで、ダンサーに親しい言葉をかけたりする。しかし、この映画では結局、どうして、そんな行動をとるのか、どんな性格なのかそれが殆んど出てゐない。

（『キネマ旬報』１９３１年12月1日号「主要日本映画批評」、北川冬彦筆）

［前篇への批評］

村田実は、あることの描写に当つて、それの意味と切り離して、それ自身の中に溺れる。（略）青島順一郎のカメラは美しいが、しかしこの原作にはふさわしからぬものだ。（略）これは、前作「海のない港」よりもさへ落ちる村田実の愚作である。

（『キネマ旬報』１９３１年12月11日号「主要日本映画批評」、北川冬彦筆）

［後篇への批評］

次が青島にとっても村田にとっても初のトーキー作品となる『上海』（１９３２年4月封切）である。トーキーの面からの評価では、そもそもアフレコであることへの疑問が語られている。

最初無声映画として撮影しモンタアジユされるものに別に声とか音とかを加えることは

兎もすればトオキイ的な効果の点に於て越え難い障碍をもたらす様に思ふのだ。

（上野一郎「映画批評」『映画評論』1932年6月号）

これはこの映画だけではなく、他の初期のトーキーに対しても言われたことであった（拙著『溝口健二・全作品解説8』近代文芸社、2010年、225〜234ページ参照）。また『都新聞』の小林勇は、

新国劇所演の原作からの脚色だが、舞台のとは大きに趣きが違ふ、而もこの脚色は極めて皮肉、わざと受けるところをはづしたり、派手にも行けるのを地味にしたりして、やつてゐる、それが成功か失敗かは別問題として、一応脚色者村田実の「野心」を感じ、それに敬意を表しておこう、（略）村田実の脚色で感心した第一は勿論ストオリイのせいもあるが、徒らにせりふにたよらない事だつた、松竹の「上陸第一歩」が無残に舞台劇に降伏し、せりふだけで芝居をはこんでゐた醜態が目前にあるだけ、それだけこの点は嬉しかつた、

（『都新聞』1932年5月3日「新映画批評」、［勇］筆）

と述べているが、双葉十三郎は、

一つトオキイについての認識不足の現れとも見る可き仕方をあげておくと、ダンスホオルから、「俺は日本人だ！」と自覚して悪漢の「巣窟へ！」と出かけて行く件の、スウパア・インポオズである。一体、この横にヅラリと現れる字幕は何のためにあるのか？　言葉と言葉、映像と言葉、映像と映像、の相剋によつてすべてが描き出さる可きであるに拘らず、イキナリ天下り的に、押付け的に、あの様な字幕を出すとは何といふ卑怯な、出鱈目な、無理解な、無反省なやり方であらう！　僕はこの部分で、この作品の正体が読めた様な気がした。借着だから方々から変な尻尾があらはれる。この場合のヘマは、自分のものに対する努力の故に犯されるヘマと同一視さる可きではない。

（「映画文法第一課」『映画往来』1932年6月号）

と述べている。しかし双葉は一方で、

此の作品は前三作（佐相註＝『上陸第一歩』『時の氏神』『女国定』）に比して遙かにトオキイ的である。村田実の底力が相当示されてゐる。メロドラマの大作である点もトオキイとしては最初のものであるし、画面の流動性と音声使用法のコナれてゐる点なども買はれてよい。

とこの映画を「トオキイ的」であり、「画面の流動性」も「コナれてゐる」という。それ以上具体的に書いていないので、それが字幕に頼っている「トオキイについての認識不足」という評価とどう関わるのかが判らないが、小林が「せりふに頼らない」と感じたのと、双葉が「画面の流動性」を感じたのとは、あるいは同じものだったのではないかという感じもする。

あとは大河内のこととスタンバーグ模倣ということが語られている。

「女国定」「時の氏神」に次いで発表された日活のトーキーである。（略）村田実に大河内を配すると云ふことが、そもそも間違つてゐるのではなかつたか、と僕には思はれる。（略）この映画は、スタンバーグやマムリアンの影響の歴然たるを見ないだらうか。感受性とか影響とか云ふと言葉はいゝが、しかし、僕はあの感じでは模倣と云ひ度いところだ。「モロッコ」をムキダシに感じる。ことに梅村蓉子の扱ひ、そのしぐさ、それから、ライトやセットは「間諜X27」や「市街」のそれらを感じさせる。そして、結局のところ、村田実の何がこゝに示されたらうか。

（『キネマ旬報』1932年5月11日号「主要日本映画批評」、北川冬彦筆）

ストーリイは、魔都の裏面と流行ものゝギャングとヒノマルをめぐる愛国心と――これにスタンバーグの「モロツコ」を思はせるステバチ同志の恋愛をからませた、きはめて興味的なレリーフのたゝみこみだ。

（『名古屋新聞』１９３２年5月17日「新映画評」、［ＭＳＯ］筆）

彼はこの作品ではスタンバアグの乾分である。ホテルの一室からマリア像の前へ移る箇所をはじめとするオーヴアラップは「Ｘ・27」的方法の踏襲であり、又、全体を支配してゐるムード（佐竹とお浜の交渉シインは「モロッコ」に範を求めてゐる。「モウお帰りよ！」迄、は真似をしなくても良さうなものだのに！）つまりこれは、村田実自身の作ではなく、ムラタ・ヨゼフ・フオン・ミノルの作品なのである。

（双葉十三郎「映画文法第一課」『映画往来』１９３２年6月号）

青島のカメラについての言及が全くないのが残念だが、同時代の評者の注目は「音」の面に集中していたのであろうから仕方がないところか。

第六章

新興キネマへの移籍そして村田実の死

『時事新報』１９３２年5月6日夕刊「演劇映画」は次のように報じている。

青島順一郎氏日活退社　日活のカメラマンのナンバーワンとしてその腕を鳴らしてゐた青島順一郎氏は『上海』撮影を最後として日活を脱退、新興キネマに入り溝口健二監督の『満蒙建国の黎明』にカメラを担いで渡満した。

『上海』を最後とあるが、実際にはその後に『朝凪の海は歌う』も撮影している（封切は8月）。それはともあれ、青島の日活退社の背後には、１９３１年末に行われた日活現代劇部における多数の整理、事業縮小にともなう撮影費の節減や減俸といった事態があったと思われる。入江たか子は、兄の東坊城恭長と姉婿の木村千疋男の主導で、日活に辞表を出して（１９３１年12月）入江プロを誕生させ、溝口健二も１９３２年4月に中野英治とともに日活をやめて新興キネマへと移っていった。日活に対する新興キネマの攻勢がかけられたのである。青島の日活脱退もこうした動きの一環であった。一方、村田実は9月になって伊藤大輔・内田吐夢・田坂具隆らと共に日活を退社し、「新映画社」を結成した。

こうして青島は村田といったん離れることになり、１９２３年以来実に久し振りに溝口の作品を撮ることになる。『満蒙建国の黎明』がそれだが、これは中山良夫との共同撮影となっている。封切当時の批評を見ると、

すばらしさはこの大ロケである。満洲の風物、広ばくたる原野、万里の長城、蒙古軍の蜂起の「アジアの嵐」的な描写、ラマの祭の奇異（略）溝口氏の労、中山カメラマンの労を多としなければならない。
（『中外商業新報』１９３２年９月30日夕刊「試写室」、［忠］筆）

カメラはロケーションを賞めて置く。
（東海林透「映画批評」『映画評論』１９３２年10月号）

この一篇の最も興味を惹くところは、その満蒙におけるロケーションである、数千里にわたる広野や蒙古の奇異な習俗の展開は、充分フアンを喜ばすに違ひない、巧みにキヤメラに収められてゐる、
（『報知新聞』１９３２年10月1日夕刊「試写評」、［中代生］筆）

内地のロケーションや、セットの撮影にも、新しきプロに陥りたげなごまかしはないが、一度満蒙□(不明)方のロケーションとなると、これまでの日本映画にはちよつと見られなかつた、傑れたものを見せてゐる。

（『読売新聞』１９３２年10月1日夕刊、［を・き］筆）

溝口健二が実地ロケーションを利して、持前の重厚な長編映画的手法でこのメロドラマを押し切るのだ。時には、丹念過ぎて、或ひは余りにも正攻法的な嫌ひで、執拗な感に捕はれることもあるが、かへつてその歯切れの悪い映画話術がこう云ふ大物に適しく、作品に重さを加へてゐると云へやう。そして流石練達なかれである、カメラ・マン中山良夫の才華を駆つてなかなかに素晴らしいカメラ・アングルを見せてゐる。密偵団と彩子側の夜襲戦等、ライトの巧みな使ひ方を以て、日本映画には稀に見る迫真的な戦慄味を感じさせる。

（『キネマ旬報』１９３２年10月1日号「各社試写室より」、友田純一郎筆）

とあるように、カメラの良さが指摘されているが、具体的にカメラマンとして名前に上がっているのは中山であって、青島ではない。この映画に青島はどの程度かかわっていたのか。満蒙ロケに参加しているのだろうか。藤田潤一編『満蒙建国の黎明』（駿南社、１９３２年6月）

に掲載されているロケスナップにはカメラを回しているのは中山良夫となっている。

当時の報道をたどってみると、『キネマ旬報』１９３２年5月21日号「新興キネマ太秦通信」には、

> 溝口健二氏は既報「満蒙建国の黎明」の奉天付近のロケを終へ、青島順一郎、中山信(ママ)夫両技師と共に急拠上海に向った。

とあり、中国ロケに青島・中山ともに行っていることが判る。『キネマ旬報』１９３２年6月1日号「新興キネマ太秦通信」には、

> 「満蒙建国の黎明」の撮影班一行は五月十日満州より上海へ回り、同地で四日間撮影、五月十八日上海丸で帰洛した。尚溝口監督、中山技師、福田満州、小阪信夫等一行は、前記一行と別れ、満蒙洮南より内蒙古の奥部へ、独立守備隊護衛の下に決死的撮影を続行、五月末帰洛の筈。

とあり、青島は上海丸で帰国し、中山はさらに奥地へと行ったということのようだ。とすればその撮影が賞められている満蒙・蒙古のカメラは中山が一人で撮ったということになり、青

島はタッチしていないことになる。なお帰国してからのセット撮影の撮影分担については情報がない。

★

『白蓮』（入江プロ、１９３２年12月、木村恵吾監督）は、

青島順一郎のキヤメラを讃めておかなくてはなるまい。
（『都新聞』１９３２年12月６日「白蓮」、［勇］筆）

例へば、筑紫御殿に、愛なき結婚生活の憂悶を抱いて部屋に閉じ込る白蓮の情景に（略）美文調な字幕（略）『花の散る、夢の宴の昔もあつた、鳥の鳴く夢の、小春の昔もあつた、――過ぎた日頃よ、佳い日であつた』落葉、落葉、落葉のカット。泣き濡れてゐる白蓮に入江たか子が、青島順一郎のうつくしいカメラ操作に――（略）別に映画的にはすぐれたところはないが、俳優の演技と青島順一郎のカメラには鑑賞す可き多くのものがある。
（『キネマ旬報』１９３２年12月11日号「各社試写室より」、友田純一郎筆）

と評価されているが、一方、

撮影は青島順一郎だが、『月の明るい櫟林の道』といふ感じなども良く出てゐない有様で、物足りなかつた。
（『キネマ旬報』1933年1月1日号「主要日本映画批評」、和田山滋筆）

といった評価もあった。

次の『街の青空』（新興キネマ、1933年2月、木村恵吾監督）は、

青島順一郎のカメラも生彩なし。よごれた暗いアガリである
（上野一郎「映画批評」『映画評論』1933年3月号）

とあり、『新しき天』（入江プロ、1933年9月、阿部豊監督）に至っては、

二人とも（入江と岡田＝佐相註）所謂美男美女、よく出てはゐるが青島順一郎の撮影は余りにはつきり撮り過ぎて、些(わず)かの欠点すら描出し盡してゐたのは、功名のしつぱいである

（『都新聞』１９３３年9月14日「新映画評」、［勇］筆）

カメラは青島順一郎、つねに平明的な位置をとらうとする傾向がみとめられて、平凡である

（友田純一郎「各社試写室より」『キネマ旬報』１９３３年9月21日号、前篇のみの批評）

というように、この頃の青島の評はあまり芳しくないことが判る。村田実と別れたということが響いているのであろうか。

しかし１９３３年に村田実が新興キネマに入社し、青島とのコラボが復活した。その中で評判になったのは、『霧笛』と『山の呼び声』であった。『霧笛』（１９３４年5月封切）は同じ「明治物」ということで溝口の『滝の白糸』（１９３３年）や『神風連』（１９３４年）と対比して論じられている。

考へてみると村田実もこゝの所はスランプだつた、が、この一作は、彼未だ老いず、適当な条件と、刺戟を与へれば、立派な仕事が出来るのだ、といふ事を誇示してゐるかに見える、（略）セットの注文、ロケーションの好み等、溝口が「白糸」や「神風連」で見せ

た程の素養、このみを味はゝせた
（『都新聞』１９３４年5月12日「上映中の新興作品評判」、［勇］筆）

監督の船来演出法は此の際、処を得て効果的である。／雰囲気醸成にはむろんカメラの良さが大いに参与してゐる。／事件のスピーディな運び方は脚色術として誤つてゐない。／更に俳優指導の良さは大いに買ふ。（略）そして改めて註文し度いことは、少しづゝ『摩天楼』から離れて行くことだ。／『滝の白糸』『神風連』と言つた新興の一つの傾向を代表する作品に之れも新に加はるべきものである。変に現代化した新派悲劇をつくるより、斯ういふものを作る方がどんなに利巧な政策だか知れない。
（渡辺敏彦「性格の颶風」『映画評論』１９３４年6月号）

明治初期の古典的浪漫風景が、『滝の白糸』の積極的ではあるが内に潜む消極性、情緒に汲入する諦観の立場を飛び越えて、積極的なものに変化してゐるのは、泉鏡花のもつ個性と大仏次郎の大衆文学的個性の象徴としての対比が面白いばかりでなく、又これを製作せる溝口健二と村田実の観点の相異を示すものと言つて差支へあるまい。溝口健二では情緒を以て全体を包括せんとした結果、描出された世界は抽象の世界或は仮象の世界としての消極的傾向を多分に含有するやうになる。村田実の場合では、映出されたものは情緒の世界の他にリアリステイツクな再現の方向を辿る故に、積極的な傾向を持つ。溝口健二の方向も村田実のとる方向も製作態度としては必然の方向ではあるが、一面また溝口健二には情緒高潮のために内容的説明が失敗に終る危険があり、村田実にはイデーと現実の相剋に依る内容の分裂を来す危険がある。前者は『唐人お吉』『滝の白糸』の成功と『神風連』の失敗をみて充分実證されるだろうと思ふ、村田実では初期の『灰燼』と今又『霧笛』の成功、日活退社以前の『海のない港』等の失敗を思ひ合せてみれば明である。／筋の運び方でも最初の出の大げさはカメラの美しさで救はれたものの、軽く流して行つてはどうだつたろうか。勿論クウパーの現在の地位を説明はしえたが、千代吉が彼と交渉を持つ迄の紹介は土井晩翠の一頃の詩をみる様な時代的な凝り過ぎだと私は思ふ。クウパーと千代吉の主従関係から富との出合ひ、お花を中心とする豚常と千代吉の鞘当ての描写は村田実の日活現代劇で用ひた活劇風の手法に依り、拙いセツトではあつたが、リアリステイツクに筋を運び、青島順一郎の軟調のカメラを伴つて情緒をその中に織り込まうとする。この取扱ひは幾度も見慣れたこと乍ら、観客を吸引する力を蔵するものである。（略）カメラは青島順一郎。セツトの汚いのが彼には気の毒であつた。

（小竹昌夫「村田実の復活」『映画評論』１９３４年６月号）

そして村田実の作品歴に位置づけて次のようにも評された。

　実に第何十本目かに、漸く、見応へのある新興映画に当面したのである。そして又村田実の作品中でも、「街の手品師」「清作の妻」「灰燼」等と共に上位に置かる可き映画に違ひない。しかし、この映画は佳作として賞美す可きより、映画作家として下降線を辿る村田実が、珍らしくも映画的情熱を回春して、「青春街」「春の目覚(ママ)め」等の無責任な仕事と違つて、メロドラマ作家的力量を傾倒し盡してゐるところに興味があるものである。一口に云はうなら、この映画は何年振りかに見えたところの村田実の力作であり、そのおもしろさはなによりも特異な題材を取り揚げて、これを或程度迄映画的に生かしたところにある。特異な題材——云ひ換れば明治初年の横浜が描く、和洋文化の混交した奇しき世界であり、蒸気が、瓦斯が、そして機械が白人の魔法としてこの国の人に映つた原始的な時代と雰囲気とであり、更に白人を英雄崇拝し、強きものを憧るゝ、放縦慓悍な浮浪児の強烈な性格であり、そして又、白人、やくざ、らしやめん、等が入り交つて点ずる異様な色模様にもある。即、この映画の取扱ふ世界と雰囲気、登場する人物の特殊性が、人間のなかに潜むでゐる好奇癖を駆り立てるほどではないが、不図誘引する程度の快感を覚へるのである。そして又、主人公の強烈な性格の魅力は、村田実の傾倒的な仕事に際して、彼に依つて今日の位置を得た中野英治が、恰もその知遇に報ゆる如く熱演して、これを伝へてゐる。雰囲気と性格の特殊性の強調、この二点には相当の効果を得てゐるが、こゝでは大仏次郎の原作から外面的な事件とそれを包む色彩だけが比較的巧みに抽出されてゐるに他ならない。原作の基調をなし、陰影をつくる、放浪児千代松(ママ)と日本人を軽蔑し、恰も帝王の如く横浜邦人間に君臨するクーパーとの心理的相剋は、映画化するに至難なものには違ひないが、村田実はひたすら中野英治の演技に依頼して、これをごまかしてゐるに過ぎない。

（『キネマ旬報』1934年6月1日号「主要日本映画批評」、友田純一郎筆）

最後に私がこの映画を見た時の感想がノートに残っているので、あえてそれを書き残しておきたいと思う。青島のカメラが描いた画面が具体的にどのようなものか判るからである。

いいのは、ラストの中野英治が菅井一郎と志賀暁子のいるところへ乗りこんでいくところからあとである。ここで中野が菅井のピストルの前に自分の身をさらして菅井を敗北させるが、彼の敗れた姿を見て中野は勝ち誇るどころか寂しさを感じるあたりがいい。だからこのあと志賀と中野が村田宏寿の弾にうたれて死んでいくという結末が納得できる。メロドラマには違いないが、中野の無常感は死で終るのにふさわしい。霧にけむる港の最後の一カットは情緒てん綿として深く心に残る。この映画のカメラは青島順一郎である。1923年に溝口の『霧の港』を撮った青島である。このラストカットに『霧の港』の霧のシーンをうかがうこともできるかもしれない。

（１９９３年10月1日、渋谷電力館）

お花（志賀暁子）が草っ原を左から右へと小走りで行く。それを横移動のカメラがとらえる。カメラがとまり、お花がフレームアウトし、やがてカメラは草をかき分けて前進移動していくと、その向うで豚常（村田宏寿）と千代吉（中野英治）が格斗しているのが見えてくる。こういう移動は青島らしいカメラワークである。また他にはクロースアップのショットが目についた。冒頭の船の女人像の横のアップから、外国人の横顔のアップをつないだところとか、千代吉がクーパー（菅井一郎）の写真を足でふみつけるアップとか、千代吉がお花からもらった腕時計を腕にまくアップとかが印象に残る。／映画全体として見ると、前2回見た時には駄作であるというように感想を書いているが、今日見たところではそんなことはないように思えた。特に千代吉がお花の囲われている館へ行って、お花がクーパーの愛人であったことを知るシーンが私は一番好きだ。ここではベッドにかかっている沙のカーテンがうまく生かされている。このシーンあたりからずっと雪のシーンであり、その中で千代吉とお花の〝くずれた男女〟の愛情がうまく描かれている。特に志賀暁子が魅力的である。最後の方は、夜の港のガス灯にうかび上がる霧の煙っている情景が印象に残る。／岡崎さんが上映後、千代吉とお花のカットバックがいいと言っていた。

（２００４年2月29日、フィルムセンター）

　これはなかなか見事な作品だという感じがした。青島のカメラのことを中心にして見ていたせいもあるのかも知れないが、一ショット一ショットの力を強く感じた。冒頭の港のシーンにおける女人像や外国人、あるいは港の労働者などをモンタージュしたところから既にそれを感じたが、全体に夜や室内のシーンが多く、そこでの照明の当て方に感心した。その画面の中心人物に照明を当てるのではなく、例えば中野と志賀のいる室内の奥の方に照明を当てて2人の人物は間接的な照明によって照らされているとか、ランプの照明が中心になっているとかといったショットが多くなる。そのことによって主人公2人の悲劇性といったものがやわらかに浮き彫りにされる。／またスダレごしのショットとか、薄いカーテンごしのショットなどもあり、ソフトフォーカスの効果を出している。千代吉が代官坂の何とかいう男と喧嘩する夜のシーンでは煙があがって軟調の画面をつくり出している。／千代吉とお花のラブシーンが上からモヤのようなものがかかってワイプとなり、クーパーのいる船のシーンへとつなげていく。この船のシーンは男達がロープをまわすところをやカメラを傾けたアップでとらえるなど、それまでの甘いラブシーンと対比した硬質な画像づくりになっている。／お花の歩行にそって横移動していくところは、お花を右へ切ってカメラは左へ移動し、芦のような植物を分け入って前進移動していくとその先の広場で千代吉と豚常が斗っているのが見えてくる。そのあとは2人の格斗シーンとそれを隠れて見ているお花のカットバックとなる。／よく溝口は女を描き、村田は男を描いたと言われる。

確かにこの映画の主人公は中野英治だが、しかし志賀暁子の描写もなかなかのものであり、しかもこのヒロインの頽廃味と色っぽさは溝口の映画の女性にはないものである。『滝の白糸』はこの前年の作品だが、両者の男女の描写の違いの本質をどう表現したらよいのだろう。／またこの映画は明治七年の出来事なのだが、いわゆる溝口の明治物とどういう違いがあるのだろうか。この年、溝口は『神風連』をつくっている。もっとこの『霧笛』について本格的に分析する必要がある。／字幕は大体画面いっぱいくらいで、それ程短いものではないが、しかし長過ぎるということはなく、あるリズムが作られている。

（2008年8月1日、横浜シネマジャック）

★

『山の呼び声』（1934年8月封切）は、溝口が1924年に撮った『塵境』のリメイクだが、北アルプスや三里塚牧場にロケした。次のような批評がある。

ロケーション、セット、共に非常な努力があしらへれてゐたらしいがそれだけのものはあつた、青島順一郎の撮影はほめられていい、但し、現像には不足がある、これは撮影との連絡が悪かつたのであらう、然しそれにしてもこの一作の迫力は相当なもの、「霧笛」と云ひ、これと云ひ、村田は完全に立ち直つたらしい。

（『都新聞』１９３４年8月30日「上映中の新興作品評判」、［勇］筆）

白馬の絶景をロケハンした青島順一郎のカメラは素晴らしい。残雪を頂いた高峰、牧羊の疾駆する高原、渓流、沼、――僕等は山の自然美を相当味へる。そして神社の前の結婚式は怪奇なスペクタクルである。（略）山岳実写映画に劣らない自然美はあるが、山に棲む人間の内的な外的な美しさがない。

（『キネマ旬報』１９３４年9月1日号「主要日本映画批評」、友田純一郎筆）

青島順一郎のカメラは賞むべき哉である。静と動と、自然と人間をよく掴へて充分に理解してゐる処なんか嬉しくならざるをえない。

（『映画評論』１９３４年10月号「映画批評」）

山のキヤメラは決して上々の出来とはいへないまでも、白馬に困難なロケを敢行したことが、結果からみれば、此の映画を成功せしめた第一の原因であつた。

（『キネマ週報』１９３４年9月7日号・№２１１「新映画批評欄」、菊盛英夫筆）

三四年の村田実には、著しい飛躍がある。／その作品「霧笛」は、ロマンチツクな題材を、リアリスチツクに荒いタツチで再現し、明治初年の港町の雰囲気、其処に血みどろに争ふ人々の嵐のやうな感情を、描き盡し、「山の呼び声」は、山を背景にうごめく人間性を、冷静な、しかも真摯な態度で曝き、異常な迫力を持つメロドラマたらしめた。／まつたく、過去に葬り去られやうとした村田実は、この二作によつて美事に復活したのである。

（小川博「一九三四年の日本映画」『映画之友』1934年12月号）

岡崎宏三は『ひまわりとキャメラ』（三一書房、1999年）においてこう書いている。

青島さんはストーリー主義ですから、当時他のキャメラマンが嫌ってやらなかった雨天時のシーンなんかでも脚本・演出の狙いが生きると判断すれば取り入れる人でした、村田監督の『山の呼び声』なんかもそうなんです。／しかし、若かった私には青島さんの真意がわからなかった。ただ美しい調子の画面で撮りたいということに、心を奪われていたのです。

（33〜34ページ）

★

こうして『霧笛』『山の呼び声』で、「美事に復活した」と評された村田だが、続く『花咲く街』（１９３４年）、『女の友情』『情熱の不知火』『突破無電』（以上１９３５年）での評価は低調であった。そして１９３６年の『桜の園』となる。実質的な彼の遺作である。この作品については前掲「新藤兼人インタビュー」を参照していただきたい。次にあげるように同時代に酷評されたこの作品だが、それとは違う評価が私にとって大変興味深かったので、少しつっこんで分析してみた。是非読んでいただきたいと思う。ここではそこでは触れられなかったことについて書いてみたい。

まず青島のカメラについてだが、同時代の批評は、

録音、撮影ともに感心できず。
（『キネマ旬報』１９３６年5月21日号「主要日本映画批評」、滋野辰彦筆）

カメラと録音は流石に好調。
（『二六新報』１９３６年5月21日「桜の園」、［山本］筆）

セットには大分苦労したらしい痕があるがセットの価値は表現された結果に出なければ何にもならない。この点青島順一郎のキヤメラを用ゐてさへ少しも美しい情緒はない。
（『東京朝日新聞』１９３６年5月20日「新映画評」）

などと述べているが、ここで私が注目したいのは次の評である。

撮影は青島順一郎、部分的には度ぎついライトを使つてゐるのが目についた。
（『都新聞』1936年5月18日「新映画評判記」、［U］筆）

「度ぎついライト」の使用ということはこの映画の「様式性」（表現主義的といってもいいのだろう）を示しているだろう。『桜の園』の撮り方が凝っているということはなかったかというインタビューでの私の質問に対して新藤兼人は、「ありましたね。青島さんが力を入れてやりましたね。監督の意図を生かすように」と答えている。その監督の意図について新藤は「新劇出身の村田さんが長い間の夢を実現したような作品だったんじゃないですかね」とし、そのためにセットを中心にした様式に統一したのではないかと語っている。新藤は「評判が悪かったのは、原作をそんなに変えないでそのままやったわけですよ」としているが、多くの不評の中にあって珍しくその点を高く評価したものがある。

第一に、全体のプロットが、かなり原作に忠実である。少し忠実すぎるほど忠実である。（略）監督村田実氏は、決して、この映画製作を頭から甘くみくびつて、いゝ加減に仕事を進行させてゐない、それどころか、一生懸命原作と首つぴきで、頻りにコツ〳〵やつてゐる。／唯、あまりに、いつも、原作の身近に寄り添ひすぎて、時には、少し離れて、その全貌を眺め見わたすだけの余裕ある瞬間が、少しも持てなかつたのが、この作の大きな欠陥を作つてゐるといひたい。（略）併し、繰返し言ふやうに、この映画が、チエホフの原作の持つ劇的技巧を、思ひの外、忠実に、フランクに取入れ、そして思ひの外それを悪どくえげつなく歪めず、製作を進行させてゐる点は、好感が持てる。／トロフイーモフとアーニヤとの桜の園における会話など、僕は在来の映画のラヴシインみたいになるのでないかと、見ない前は少し恐れをなしてゐたが、さすがに千田是也が現れてゐる丈のことはある。無雑作に甘く片づけてはゐない。

（西村晉一「桜の園」『日本映画』１９３６年7月号）

しかしこの点で問題があるとすれば「様式性」への統一の仕方がたりなかったのではないかという点だ。次のような批評がある。

象徴の不足といふことは、千田是也の青年が階段を転げ下ちるところにもよく見えてゐる。彼がドドツと音をたてゝ転がるのは、一体どういふ意味なのか、この映画では一向判らないのである。

（滋野辰彦「主要日本映画批評」『キネマ旬報』１９３６年5月21日号）

フィルムが残っていないことが残念でならないが、リアリズムの観点からではなく、「様式性」という観点から見たらどう見えるか、今はフィルムが忽然と夢のように現れることを期待したい。

★

その年、村田実は病に倒れ、監督する予定だった『新月抄』は鈴木重吉が代わって監督した。かくて1937年6月、村田実は永眠した。青島・村田のコンビは終演した。この時の青島の悲嘆は相当のものであったようで、岡崎宏三は『ひまわりとキャメラ』で次のように語っている。

三七年には村田実監督が糖尿病に肋膜炎を併発して四四歳で亡くなりました。／私もお葬式には手伝いに行きました。そして三九年には溝口さんが松竹下加茂撮影所に去って行ったのです。／そうなると、新興には青島さんの実力を発揮させる監督も鈴木重吉ぐらいになり、青島さんもがっかりしていたんです。／そこで青島さんは、満映（満州映画協会）に行って自ら活路を見出そうとしたんですが、新興も青島さんに抜けられたら大変だというので引き止めたんです。そのことは新聞記事になったぐらい騒動になりました。／その後、会社も気を遣ったのか、青島さんの趣味が魚釣りだったので釣りの好きな監督と組ませるといった、非常に日本的なやり方で慰めたりしていました。

（34ページ）

青島・村田のコンビは、1924年の『清作の妻』から1936年の『桜の園』まで30作品（前編・後編等は一作と数えた）にのぼるが、こうして彼等の作品をたどってみると、村田あっての青島であり、青島あっての村田であるといえるほどに二人は互いに互いを高め合っていたといえよう。ちなみに村田の他のカメラマンとの作品本数もあげておこう。

水谷文二郎『奉仕の薔薇』『光に立つ女』（1920）『路上の霊魂』『君よ知らずや』（1921）
小田浜太郎『君よ知らずや』
高城泰策『父の罪』（1923）
樋口哲雄『地獄の舞踏』（1923）
内田静一『お光と清三郎』（1923）
横田達之『青春の歌』（1924）『街の手品師』（1925）
松沢又男『法を慕ふ女』（1925）
碧川道夫『一九三二年の母』（1932）

伊佐山三郎『昭和新撰組』（1932）
三木茂『青春街』（1933）

全部合わせても13本にしかならない。本数からしても村田と青島の関係の深さが見てとれる。

参考までに溝口健二がコンビを組んだカメラマンの作品数も次にあげておこう。

高坂利光『愛に甦る日』『情炎の巷』『813』『廃墟の中』『峠の唄』（1923）【5本】
岩村友蔵『故郷』（1923）
渡辺寛『青春の夢路』『情炎の巷』（1923）
青島順一郎『敗惨の唄は悲し』『血と霊』『霧の港』『夜』（1923）『満蒙建国の黎明』（1932）『露営の歌』『あゝ故郷』（1938）【7本】
祝田昌平『哀しき白痴』（1924）
内田静一『暁の死』『現代の女王』『女性は強し』『塵境』『七面鳥の行衛』『さみだれ草紙』『無銭不戦』（1924）『噫特務艦関東』（1925）【8本】
内田斉『伊藤巡査の死』『歓楽の女』『曲馬団の女王』（1924）
塚越成治『伊藤巡査の死』（1924）
気賀靖吾『伊藤巡査の死』（1924）『噫特務艦関東』『乃木大将と熊さん』（1925）

横田達之『噫特務艦関東』『学窓を出でて』『大地は微笑む・第一篇』『白百合は嘆く』『赫い夕陽に照されて』『ふるさとの歌』『街上スケッチ』『人間』（１９２５）『紙人形春の囁き』『狂恋の女師匠』『海国男児』『金』（１９２６）『皇恩』『慈悲心鳥』（１９２７）『人の一生・人間万事金の巻』『人の一生・浮世はつらいねの巻』『人の一生・クマとトラ再会の巻』『娘可愛や』（１９２８）『日本橋』『朝日は輝く』『東京行進曲』『都会交響樂』（１９２９）『ふるさと』『唐人お吉』（１９３０）『しかも彼等は行く』（１９３１）『時の氏神』（１９３２）『愛憎峠』（１９３４）【27本】

伊佐山三郎『銅貨王』（１９２６）

松沢又男『新説己が罪』（１９２６）『東京行進曲』（１９２９）

中山良夫『満蒙建国の黎明』（１９３２）

三木茂『滝の白糸』（１９３３）

三木稔（滋人）『祇園祭』（１９３３）『神風連』（１９３４）『折鶴お千』『マリヤのお雪』『虞美人草』（１９３５）『浪華悲歌』『祇園の姉妹』（１９３６）『愛怨峡』（１９３７）『残菊物語』（１９３９）『浪花女』（１９４０）『団十郎三代』『宮本武蔵』（１９４４）『名刀美女丸』（１９４５）『歌麿をめぐる五人の女』（１９４６）『女優須磨子の恋』（１９４７）【15本】

藤洋三『残菊物語』（１９３９）

杉山公平『芸道一代男』『元禄忠臣蔵・前篇』（１９４１）『元禄忠臣蔵・後篇』（１９４２）『夜の女たち』（１９４８）『我が恋は燃えぬ』（１９４９）『楊貴妃』（１９５５）【６本】

生方敏夫『女性の勝利』（１９４６）

小原譲治『雪夫人絵図』（１９５０）

宮川一夫『お遊さま』（１９５１）『雨月物語』『祇園囃子』（１９５３）『山椒大夫』『噂の女』『近松物語』（１９５４）『新・平家物語』（１９５５）『赤線地帯』（１９５６）【８本】

玉井正夫『武蔵野夫人』（１９５１）

平野好美『西鶴一代女』（１９５２）

これを見ても、青島・村田コンビの30本という数に圧倒される思いである。

第七章　再び溝口と

村田の死後、注目したいのは１９３８年に溝口健二の二作品を撮影していることである。『満蒙建国の黎明』（１９３２年）以来、久し振りの青島・溝口のコンビによる作品であり、トーキーとしては二人のコンビの最初の作品となる。

溝口は、入江プロと新興キネマで『満蒙建国の黎明』『滝の白糸』『祇園祭』『神風連』を撮って新興を離れ、『愛憎峠』を日活で監督した後、第一映画に入り『折鶴お千』『マリヤのお雪』『虞美人草』、そして『浪華悲歌』『祇園の姉妹』という傑作を残して第一映画はつぶれ、溝口は新興キネマに戻ってきたのである。第一映画における溝口のミューズであった山田五十鈴も新興へ移るが、同じ新興でも二人は東京と京都に別れたので、溝口の新たなミューズは山路ふみ子となり、『愛怨峡』（１９３７年）という佳作を生み出した（カメラは三木稔）。ところが１９３７年７月の盧溝橋事件による大日本帝国の本格的な中国侵略によって、映画への締め付けが厳しくなり、溝口が次にとりかかる予定だった『拐帯者』は「没落者の過程を扱つたもので暗すぎ時局向きでないといふ所内の意見で中止」（『都新聞』１９３７年11月２日）となり、次の『薔薇合戦』はこのような恋愛物を映画化することは時局柄面白くないと内務省から注意を受け、製作断念に追い込まれた。そしてあげくのはてに作られたのが『露営の歌』であった。そのへんの事情を『朝日新聞』のＱこと津村秀夫は、

溝口健二監督の「愛怨峡」に次ぐ作品は最初、自身の創作シナリオ「拐帯者」の予定から、丹羽文雄原作「薔薇合戦」に変更され、三転して「露営の歌」に落着いた。撮影所幹部の意嚮によつて、彼は最も彼らしからぬものを作らされた結果になる。
（『東京朝日新聞』１９３８年2月19日「新映画評」）

と書いている。

「勝ってくるぞと勇ましく」という軍歌「露営の歌」は１９３７年9月にコロムビアレコードから発売され大流行したもので、映画はその軍歌を題名にしているのだが、紙恭輔によると「トップタイトルに露営の歌の吹込関係者の名前がずらりとならんで居るが『露営の歌』と云ふものは全編中実に二回しか出て来ない。」（紙恭輔「音楽を中心に」『日本映画』１９３８年4月号）ということで、題名と内容とはあまり関係はなかったようだ。津村はこう書いている。

歌は最初にちよつと合唱が使用されるだけで、殆ど何が「露営の歌」であるかわからないやうな、陳腐な新派悲劇である。勿論、決して軍事映画ともいへない。／主人公の予

備将校林秀雄（河津）が出征、南京攻略戦で決死隊長として塹壕で最後の訓示をしたり、突撃に移つて一隊が匍ひ出る寔にセツト臭紛々たる簡単な一場面があるのみ。

（『東京朝日新聞』１９３８年2月19日「新映画評」）

戦争・戦時に関わるシーンについては筈見恒夫も、

この映画の最初の幾つかのシーンは、この小さい息子の父親が、歓呼の声に送られて出征したことを示し、又、篇中の二つのカットは、銃声の轟く塹壕で泥まみれになつた父親の姿を描いて見せる。

（「日本の戦争映画」『キネマ旬報』１９３８年2月21日号）

と書いており、冒頭の秀雄の出征のシーンと、途中の中国戦線における秀雄の活躍を描いたところが二カ所ほどあったに過ぎないということになる。その数少ないシーンについて、この映画で青島の助手についたカメラマンの岡崎宏三は私のインタビューでこんなふうに思い出話を語っている。

佐相　『露営の歌』は御覧になってますか。

岡崎　完成ですか。勿論見てます。飯能っていう武蔵野電車で、その裏へ行ってね、部屋の中から菅井一郎が廊下へ出て来て、キャメラが少し左へふれると、五百メートルぐらい向こうの田んぼの道を出征兵士が戦っててズーッと行くなんてのは、アーッ、溝口組だなって感じでしたね。それよりいかにこれを回し切るかという。えらいカットになったなという方が。

佐　当時から奥行きを。

岡　ええ。それで戦争シーンやったんですが、セットでね。あの人、必ずあぐらかいてるんですよ。今でも覚えてるけども、コールテンのズボンをはいて、それも安いコールテンじゃなくて絹のコールテンなんですね。キュッ、キュッ、キュッ、キュッ、音がするんですよ。それでカメラがズーッと行って、回想シーンに入る前にカメラの前でバーンと爆発するシーンがあったんです。当時は紐で引っ張ってね。それがちょっと遅れてね、カメラが行った移動車の下あたりでドカーンといったんですよ。薬が溝口さんの真上にいやっていうほどかかったんです。そんなふうな。とにかく作品の評判はよくないです。

この話の前半部分、すなわち「飯能っていう武蔵野電車で、その裏へ行ってね、部屋の中から菅井一郎が廊下へ出て来て、キャメラが少し左へふれると、五百メートルぐらい向こうの田んぼの道を出征兵士が戦っててズーッと行く」というところだが、これは三つあるところの戦争シーンのどれに当たるのだろうか。「戦ってて」と表現されているので、中国戦線におけるシーンかとも疑われるが、菅井一郎が演じる秀雄の父親が登場しているのであれば、場所は日本であり、遠くの田んぼ道を通っている秀雄の出征を父親が見ているシーンと考えるのがいいだろう。つまり冒頭のシーンに当たることになる。この場面の構図について岡崎は、「アーッ、溝口組だなって感じでしたね。それよりいかにこれを回し切るかという。えらいカットになったなという方が」と語っており、ここが長回しであったことを示している。また、私が「当時から奥行きを」と尋ねたのに対し、「ええ」と肯定していることは、ここが手前に菅井一郎を配し、遠くに出征兵士の行進を配置するという奥行きのある構図であることが類推できる。どんなシーンだったのか興味はつきないが、同時代の批評にはこの場面についての記述は今のところ見つけられないのが残念だ。ただこの映画の長回しについては次のような指摘がある。

「露営の唄(ママ)」の形式――といへば誰でも最初にカットの冗漫なる長さを言ひ度くなるだらうと思ふが僕もそいつを語り度い。新興キネマの某君の話によると、あの中には一カット四百呎(フート)といふのを筆頭に三百や二百といふのはザラだつたといふ。終り近く、菅井一郎の祖父(をぢ)さんの許に帰るのがいやさに子供がもう一度山路ふみ子の家まで戻る件なぞは魔(ま)胡々(ご)するると五百位はあつたのではなからうかとまで思ふのだが、兎に角これにはうんざゝりさせられた。

（杉山静夫「『母ぞよく知る』その他」『映画之友』１９３８年5月号）

この作品には、十分位も一つのカットが続く場面がある、これは故意か自然か分らない、実験的に大写を避け、日活向島映画式のカットでどの位表現出来るか、やつて見たのだと云へないこともないが、さうだとしても、あまりにふざけたやり方だと云ふの外はない、名優総出演ならばまだ許せるがこの程度の俳優で持ちこたへるとは絶対に不可能である、

（『国民新聞』１９３８年2月25日夕刊「映画評」、飯島正筆）

溝口氏の演出はまたかなりルーズなもので一シーンづゝ舞台的に断然カメラを固定しつゞけた事である。かういふ手法が、現在の新興の観客層に迎へられるか否かは知る所でないし、又映画俳優の長い演技の連続、その勉強には役立つであらうが、映画的にはカメラの固定といふ事は頗る退屈な事である。溝口氏何んの意図あつてかゝる方法を取つたものか諒解に苦むものがある。万一これを逆手と見てもその効果はあがつてゐない。カメラの固定のために構図は常にフール・シーンのみとなり、バストもクローズ・アップも見られず、わづかに小部分の移動撮影があるのみである。

（『中外商業新報』１９３８年2月21日夕刊「試写室」、［忠］筆）

ワンカットの長さに比してその場面が可成に持ち耐へられた事は流石にヴェテラン溝口である、と言ふ様な言ひ方は此の際有害無益以上の何物でも無い。溝口を信じ、彼を値高く買えば買ふ程此の映画への怒りと失望は大きい。新興企劃の前に一人の監督者が斃れたと言ふ事よりも、今は溝口程の個性の強靭さがかうももろく崩れた事を嘆きたい。

（『キネマ旬報』１９３８年3月21日号「日本映画批評」、村上忠久筆）

溝口監督は、この映画では、カメラを対象から遠く引き離し、それを動かさず彼一流の凝り方を見せてゐるが、それは却つて物語の空々しさと不自然さとお芝居とを感じさせる結果のみにとゞまつたのは遺憾である。

（内田岐三雄「映画週評」『東京日日新聞』１９３８年2月20日夕刊）

きわめて不評である。それは長回しだけでなく、ほとんど固定したカメラであったことに理由があるようだ。評者は何のために溝口がこんな手法をとったのか理解に苦しんでいるが、その一人である飯島正は次作の『あゝ故郷』を見るに及んで、溝口の意図を理解するに至っている。そのことは『あゝ故郷』のところで見ていこう。

ところで岡崎宏三もインタビューで『露営の歌』が長回しであったことを認めているが、その部分を含めて前後のところを紹介したいと思う。青島のカメラの特徴が語られているからである。

佐相　次はいよいよ溝口さんの『露営の歌』ですが、これは岡崎さんはついてるんですか。

岡崎　ついてます。

佐　これは評判の悪かった映画なんですが。

岡　これは否応なく、急遽ね。他の映画やるはずだったんですが。

佐　『薔薇合戦』と『拐帯者』ですね。

岡　で穴が開いちゃうんで急遽撮ったんじゃないですか。この前に『愛怨峡』をやってんじゃないですか。

佐　『薔薇合戦』と『拐帯者』が駄目になる前ですね。

岡　『愛怨峡』は三木さんとコンビで撮ってるんです。青島さんは他の仕事してたんじゃないですか。

佐　で『露営の歌』ですが、これはカットが凄く長かったということですが。

岡　ええもう大変ですよ。溝口さんてのは『祇園の姉妹』それから『残菊』、あのあたりからああいうワンシーンワンカットでやるというね、演出方法、スタイルが変わってきたんじゃないですか。それが評判が非常によくて、それと同時に美術とか、ああいうスタイルが完璧に。周辺からも盛り上げられる。そこに三木さんてのが、当時あんまりワイドという不自然なレンズを使って……。

佐　あの『愛怨峡』なんかも長いし、山路ふみ子の顔なんかほとんど見えないですよね。あれは三木稔さんですが、そのスタイルは青島さんも。

岡　いや、ここでもそういうショットになって割れないということはありましたが。

佐　スタイルは違う？

岡　ええスタイルは青島さんなりの。溝口さんも青島さんと呼んで、一目おいてるような感じがしました。

佐　話はあまりしないんですか。

岡　青島さんと溝口さんはやってますけどね、我々とはあんまり。

佐　三木稔さんのキャメラはほとんど顔が見えないくらい暗いんですが、青島さんはどういう。

岡　当時のライティングからすると、あれだけ引かれると無理もあるし、その暗さが溝口さんの演出にマッチングしているということもあるんじゃないですか。青島さんはどっちかというと、画の調子よりも話を撮れというね。いいキャメラマンというのは黒紋付着て、クローズアップでも嫌な顔をしないで撮るのがいいキャメラマンだというのが、私が教えられたことなんです。僕ら、よその映画見てきて、三浦光雄さんの流麗な画調で、綺麗綺麗で。「ああそうかい、あんなのがいいの」なんて。なんでそんなことを言うのかな、と思っていたんですが。村田さんがヨーロッパで学んできた画調とか映画の作り方から、だんだん自分のものを作り上げていって、この当時になってストーリーというように、変わってきた矢先なんです。

佐　例えば溝口の『血と霊』などを青島さんが撮ってるんで、映像的に凝ってたんじゃないかという気もしてたんですが。

岡　それは当然やらざるをえないし、それ以上のものというのはその後に積み重なってるもんですからね。

佐　そういう過程を経て、たどりついたのが物語を撮れという。

岡　そうそう。ですから村田さんともそういう話になってきてる矢先に村田さんが亡くなられてね、それで次の監督とはそこまでの接点がなくなったという。

佐　『霧笛』ぐらいしか、村田さんのものは残ってないですが。

岡　あれは『モロッコ』を見て参考にしたと書いてあるのを見たことがありますけどね。よく似てるところはありますよね。

佐　あれは青島さんの物語を撮れという路線で。

岡　なってきたんじゃないですか。なってきたと思います。

佐　そのへんの考えの変化というか。

岡　ありますよね。変化と、これからやろうというところで挫折というか。村田さんが亡くなったことによっての。その当時は私もそこまで感じ取れるようにはなってなくて、何しろお師匠さんの仕事にミステークが絶対にないようにしようということでついてましたからね。

佐　今、覚えてられるということは強烈な印象があったということですね、その言葉が。

岡　そう。今はね。

佐　岡崎さん、そのへんは今よく判るわけですね。最初は映像に凝るけれども、そういうものではないという。

岡　そうそう。ですから黒紋付、黒バックというのが未だに頭に残ってます。その後、僕は世界の巨匠にしごかれた、スタンバーグの、それで更に。その時に、カメラマンの立場で表現しなきゃいけない時に、ふっと思い出すという。

ところで『露営の歌』について、一つ「蛇足」を加えておきたいと思う。それはラストシーンについてである。『東京朝日新聞』の「Q」こと津村秀夫はこう書いている。

> 最も下品なのは結末の「細工」であつて、母の許へ逃げ帰つた子供を奪ふために「祖父」が訪れると、「医者」が仲に入り、秀雄が決死隊長として戦死したかの如き口吻を洩らす。頑固親爺の心が融けて母子共に引取らうと言明した後で、実は戦死してゐないといふ。まるで、二輪加芝居の趣向ではないか。
>
> （1938年2月19日「新映画評」）

同時代の他の批評でも評判の悪いところなのだが、これについて私なりの一つの視点を提案してみたいのだ。というのは私がこのラストの部分を「映画物語」で読んで、溝口の過去の作品の中の『皇恩』（1927年）と『時の氏神』（1932年）を思い出した、ということである。『皇恩』は、日清戦争で父親を失った三兄妹とその母親との物語である。弟は母思いで日露戦争が勃発すると出征したが、兄と妹は母を顧みず、家を出てしまった。名誉の負傷をして回復し家に戻った弟は兄と妹の不孝を責め、二人は「皇恩」に悖る行為を心から詫びた。とそんな話であるのだが、これは1923年に日本で公開されて大変な人気を博したアメリカ映画『オーバー・ゼ・ヒル』（1920年）を土台にしたものである。ちなみにこの映画は小津安二郎の『戸田家の兄妹』（1941年）の元ネタでもある。で、『皇恩』だが、『露営の歌』との関連で、この映画の同時代批評で気になるのは時代考証がデタラメだという指摘である。1904年頃の話なのに1920年代に始まった美容院が登場し、耳かくしという流行の髪型やモガの断髪洋装などが出てくるというのだ。また1908年に発布された「戊辰詔書」を1904年の時代の作品に入れてしまったという。この点について、『キネマ旬報』の芳原薫は、「日露戦争前に一九二七年タイプの洋装ガールや美容院やボーイッシ・ヘヤーを出して時代を痛快に蹴つ飛ばしてゐるのは、直ぐ前にランプを使つて細心さを見せた監督として変な気持にさせられた」（1927年3月1日号「主要日本映画批評」）と述べているが、清水俊二はもう一歩踏み込んでこう書いている。

デタラメな反動映画で、明治三十七、八年戦役当時に、美容院があつたり、ファースト・シーンのタイトルには「皇恩の無窮に感激して作つた」といふ意味のことが書かれてあり、反つて逆効果をあげてゐた。反動映画のカリカチュアしたものらしくて面白かつた。
（「日本映画監督総批判」『映画往来』１９３１年7月号）

また戦後の言及だが岸松雄もこう書いている。

「皇恩」は単なる軍事劇と言い切れぬものをもつていた。ファースト・シーンに「皇恩の無窮に感激して作つた」という意味のタイトルが出るのだが、描かれているものは明治三十七、八年戦役当時に美容院があるという風に、すべて戯画化されていて、そのため反戦的な効果をあげていたという人もある。
（『現代日本映画人伝　上巻』池田書店、１９５５年、23ページ）

バーナード・ショーは『シーザーとクレオパトラ』（１８９８年）において、十九世紀の流行語や時事問題をシーザーの時代に持ち込むという「時代錯誤」の手法を使っているというが（山本修二「あとがき」『シーザーとクレオパトラ』岩波文庫、１９５３年、２１２ページ）、溝口はこの頃ショーに関心をもっていたと思われるので（拙著『溝口健二・全作品解説

5』近代文芸社、２００８年、２１４〜２１５ページ参照)、ショーの「時代錯誤」の手法をヒントにして『皇恩』を作り上げたのかも知れない。戦後の１９５５年のことだが、筈見恒夫との対談でも溝口はショーのこの手法について言及している(「溝口健二・筈見恒夫対談」『映画の友』１９５５年7月号)。１９５４年にアメリカへ行った時に見た劇に、「セリフを聞くと、バーナード・ショウがやったみたいにむかしの話を現代の話に直しちゃっている。日本では、ああいう諷刺を利かせたものがない」と語っている。ショーのこの手法を「諷刺」と認識していたことになる。

もう一つの作品『時の氏神』だが、これはトーキーで菊池寛の同名の戯曲を原作にしている。カメラが固定して動かないという箇所がいくつかある舞台的な作品と評されたものである。だが溝口はこの作品のトーキーとしてのミソは、「街頭で多くの人に歌はれてゐる音楽を随所に入れて」みることだと述べている(「音への苦労」『映画と演芸』１９３２年5月号)。冒頭にジンタによる「美しき天然」を入れ、夫婦喧嘩でヒロインが家を飛び出すシーンには「カチューシャの唄」を入れ、夫が妻を迎えにくるが、なす術なく一人でスゴスゴと帰るシーンには「ストトン節」(ストトン　ストトンと通わせて　今更厭とは胴欲な　厭なら厭だと最初から　言えばストトンで通わせぬ　ストトン　ストトン)、そしてラストシーンには馬鹿囃子である。こうした通俗的、あるいは低俗とも見られていた音楽を使ったことに「仁輪加芝居の囃子のやうに、下司い感情を挑発するだけ」だと酷評された。しかし極一部ではあるが、この

「音の駆使」に「無条件で圧倒された」とか「ファース的な面白さ」があると評価した人もいた。フィルムが残っていないので、この目と耳で確かめることができないのが残念だが、多分溝口がやろうとしたことは、画面外の「音」によって「画」を相対化し、揶揄し、諷刺し、異化するということだったのではないかと想像される。『露営の歌』における悲劇からファースへの最後の大逆転もまた、肩肘はったものへの肩透かしの手法、人を脱力させる手法だったのではないか。それを反戦的ということができるかどうかは判らない。溝口が１９３７年7月の「盧溝橋事件」から12月の「南京陥落」までの戦争をどう考えていたかは全く判らないからである。しかし城戸四郎の松竹グループの戦争映画への消極的な動きが新興キネマにいた溝口と呼応するものがあったのかも知れない。そうした城戸の消極性に対して、筈見恒夫が次のような批判の文を寄せている。

田坂具隆の「五人の斥候兵」があれほどに、従来の戦争映画と駆け離れた感銘を齎らしたのは、先づ個人主義的な感傷と人道主義的な芸感を一応清算し切つたことによる。そして、今の時勢は、そういふものを強く求めなければならなくなつた時勢なのである。／「五人の斥候兵」と反対に失敗した例を、溝口健二の近作「露営の歌」に見る。「祇園の姉妹」や「愛怨峡」「浪華悲歌」の作者が戦争映画とは名ばかりで、実は流行歌を伴奏にした小公子的物語を、新派的な膳立で映画化さなければ（ママ）ならないのは悲惨ではあるが、この悲運と大きな眼で眺めれば、一人溝口健二だけに振りかゝつてゐるわけではないのであるから、こゝで一応は、我々の国の最大の映画作家溝口健二にも、更に、この作品を巨匠のものした最初の戦争映画として、堂々発表した城戸四郎にも、或ひは、新興キネマの最高スタフにも、（彼等に対する日頃の尊敬から）充分な批判の眼が向けられていゝのである。／僕は、日本でも、それから、北京の街でも「露営の歌」のメロデイが口ずさまれるのを聞いた。北京の街で、愛すべき兵士（山中貞雄に似て、顎の長い兵隊さんだつた）にまですでに、この歌が伝へられてゐることを知つた。「露営の歌」は、たしかに日本の上を縦断して流れてゐる筈である。それなのに、この映画の作者は、頑くなゝ祖父と、若く美しい嫁と、その無邪気な子との三人の悲劇に終つてゐる。成程、この映画の最初の幾つかのシーンは、この小さい息子の父親が、歓呼の声に送られて出征したことを示し、又、篇中の二つのカットは、銃声の轟く塹壕で泥まみれになつた父親の姿を描いて見せる。だが、この部分を除くと、おそらく小公子を題材にしたであらう「露営の歌」は、今、我々が最大の関心を持ち、多くの友達が身命を賭して戦つてゐる戦争とは、何の関係もないのである。／僕は、この作品に「祇園の姉妹」や「愛怨峡」で溝口が持つた世相への鋭い眼を最初から求めはしなかつた。しかし、鋭くないにしても、世相が描かれてゐればよかつた。例へば、戦争といふ突発的な環境の中に投げ込まれて、次第に、国家といふ観念に目覚めて来る妻の姿が描かれゝばよかつた。溝口健二の映画作家としての力量を持つて、その程度の人間の心が描き終はせない理由はないと信じるからだ。／その期待にも拘らず、こゝにあるのは、曽我廼家五郎の舞台を思はせる涙の喜劇である。その涙は、全部の日本人が、東洋平和のために戦つてゐる悲壮への涙ではなく、余りにも祖父が頑くなであり、母親が健気であり、息子が可憐であることへの涙である。これは徒らなる個人的感傷なのである。反省のない煽動なのである。／現在、戦争映画を作ることは、多少でも、キワモノを考へてはならない。勿論、それによつて、一つの会社が社運を挽回しようなどと考へるのは冒瀆である。作る以上は、国民としての情熱が欲しいのだ。「五人の斥候兵」のことは敢へて云はないが、これは「進軍の歌」から「露営の歌」まで、一つとしてキワモノ以外の戦争映画を企画しなかつた城戸四郎への苦言なのである。即ち、東宝といふ会社が、例外なく駄作、愚作を出し乍らも、とにかく真摯なレポルタージュとして「上海」を出し「南京」を発表してゐるのに、松竹キネマといふ、もう一つの巨大なブロックは、国家の流れに拘らなさ過ぎる。映画の上からダンス・ホールを消したり、恋愛映画を中止したりするだけでは、余りに消極的な愛国心の発露ではないであらうか。

（筈見恒夫「日本の戦争映画」『キネマ旬報』１９３８年2月21日号）

こうしたものに対してファース的、俄的に茶化そうという意図は溝口にあったのかも知れないと思う。溝口自身が語っている。

概念的に今まで、戦争映画と云へばころばつた肉をガツ〳〵喰べる様な傾向が見られると思ひますが、やつぱり映画である以上充分味ひのある和らかい霜降りロースの味覚で行かなくてはならないと思ひます。／それで、この「露営の歌」はそう云つた意図から和らかな味を持つた戦争映画として皆さんに、のんびり気楽に娯しんで頂く積りで居ります。／それから、戦争映画はとかく暗い感じで塗り潰され勝ちですが、これは絶対にいけないと思つて居りますので、明るい……明朗な戦争映画として努力致したいと思ひます

（「監督――巨匠・溝口健二氏は語る……」『読売新聞』1938年2月15日第一夕刊）

1937年12月、南京虐殺が大日本帝国の軍隊によって引き起こされる。映画『露営の歌』には南京一番乗りの話が出てくるということで、『婦人倶楽部』1938年2月号にはその「映画物語」が掲載されている。その全文は拙著『サイレント時代の溝口健二をめぐる人々その1――カメラマン青島順一郎――資料編』（東京図書出版、2025年）の「【資料編1】青島順一郎全作品データ」に引用しておいたが、その『婦人倶楽部』には、斎藤五百枝画「南京入城」（そこには、「嗚呼昭和十二年十二月十七日、世界史上に輝かしき一頁を飾る皇軍南京入城の日は遂に来た。旭日旗燦然と輝く城門に馬蹄の音戛々、畏くも朝香中将宮殿下を始め奉り、松井最高指揮官及びその幕僚は左右に堵列する忠烈なる皇軍将士の間を歩武堂々輝かしい入場式を行つた。江南の野に転戦幾ケ月、辛苦を共にした将士の眼には感慨無量の涙が光る。見よ、

晴れた師走の空に輝く日章旗、地下の戦友よ安かれ、吾らは今敵都に入城したのだ。この感激、この崇高壮厳なる光景よ。」とキャプションされている）やサトウ・ハチロー作、小林秀恒画「戦線ロマンス・百人斬両少尉」があり、また同誌特派記者による「南京一番乗りの武勲に輝く脇坂部隊長の留守宅を訪ねて」という記事もある。その冒頭の文をまずは掲げておこう。

敵国首都の陥落！　あゝ、正義の軍にとつて、これほどの栄誉！　感激！　あまたとあらうか。燦然と、世界戦史に刻む烈々たる金字塔だ。讃へよ、その武勲！　歌へや、その勇武！／ときに、昭和十二年十二月十日午後五時過ぎ、南京城光華門めがけて、ドツとばかりに躍り込んだのは、我が忠勇なる脇坂部隊決死の一部だ、ビウンビウンと、手榴弾は炸裂する。城壁は、砲弾のために、ガフ〳〵と崩れかゝる。見る見る、戦友は、左に、右に倒れる、何んの悲壮ぞ！　伊藤少佐の率ゐる手兵は、尊いその屍(かばね)を踏み越え、踏み越え、おゝ、燦然と輝く大日章旗を、光華門城頭高く、ハタ〳〵と掲げたのだ。そして、孤軍よく、城頭を死守した伊藤少佐以下の精鋭は、見る〳〵、敵弾のために斃れて行つた。——日章旗の下で、笑つて死んでくださつたのだ。／これぞ、南京一番乗り、殊勲部隊不滅の群像だ！　しかも、脇坂部隊長には、最新の武器、最新の戦術が激烈に展開されてゐる陣頭に立つて、古風なる朱房のついた采配を打ち振りながら、剣禅(けんぜん)一如(にょ)の泰然たる英姿を以て、異彩を放ち、よく部下の勇士を一段と鼓舞されたといふ。……／記者が、この感激と感謝に胸躍らせながら、殊勲に輝く部隊長のお留守宅を、○○県○○の小さな町にお訪ねしたのは、あたかも、全国の津々浦々まで、南京陥落の祝賀に熱狂する当日でした。わけても、この町からは、部隊長初め、一番乗り部隊の勇士を沢山出してゐるだけに、町全体は全く歓喜！　感激の坩堝と化し、折柄の冬晴れの空に、轟く万々歳！　旗！　旗の波でありました。

こう前置きして、以下部隊長夫人や娘達へのインタビューの内容が記者によって要約されるが、私の印象に残ったのは、部隊長の陣中からの手紙に、「万難を排して、戦死者の遺族及び出征勇士の家族慰問に努めよ」とだけ書いてあったということ、その手紙で注意を受けるまでもなく、夫人はそのようにする覚悟であり、事実、夫人は「夜となく昼となく、戦死者の弔問から、出征家族の訪問、西に東に、席の暖まる寸暇もなく」、「それでもまだ心足りずに、遺族の全部の方々に、それぐ〵真情あふれる悔みの手紙を認め」という一節であり、夫人が夫について、「とても涙もろいところがありますので、部下から沢山の犠牲者を出しましたことで、どんなに胸を痛めてゐるか、私どもにもよくわかります」と語っていることである。自分のことよりも他者を思うということ、犠牲の尊さが「美しさ」として語られている。「他者」の究極には「天皇」がいるのであり、「君恩」に応えることが使命となる。そしてそこには必ず「敵」がいる。「敵」は思いをかける他者にはならない。「敵」が「味方」へと転化するまでは。

さて、夫人が夫について語って、瞼をふせた時、次のような光景があったことを記者は描く。

と、時も時！　往来の方から、手に手に、日章旗を打ちふる町の祝勝行列の歓声が、『……進軍ラッパ聞くたびに、瞼に浮かぶ旗の波』と叫びながら、だん〳〵近づいてくるのが聞えて来ました。／『みんな、部下の方々のお手柄で御座います。』／じーツと、湧き立つ町の歓声を耳にしつゝ奥様は、心からかう繰返されるのでした。

脇坂部隊長の本家の脇坂子爵は、かの脇坂安治の直裔だということで、記者は脇坂子爵家へと向かう。

老子爵は、満面に歓びをたゝへられて、『うん、さうぢや。次郎（脇坂部隊長のお名前）の部隊が、このたび南京一番乗りをやつたさうぢやが、まことに祝着ぢや。満足至極に思うとります。』／と、いかにもお嬉しさうに語られました。／『朱房の采配をお餞（はなむけ）遊ばしましたさうですが。』／『うん、やりましたとも。あの采配はぢや、当脇坂家の祖先、賤ケ嶽七本槍の一人として、加藤清正、福島正則などとその名を歴史に止めてゐる脇坂安治が、朝鮮征伐の時に携へて行つた誠に由緒深い品ぢや。永く家宝の一つとして秘蔵して居つたが、このたび次郎が部隊長として出征すると聞いたので、わしは、わざ〳〵大阪の宿舎に持つて行つて、やりましたわけです。そのときもわしは、「この采配には、祖先の血が生々しく沁み込んでゐる、祖先の武功を偲び、勇気凛々、剛気沈着、千軍万馬の士気を鼓舞して、最後まで堂々と戦つてくれ！」と申し遣しましたぢや。そのとき次郎は、非常に感激し、多くは云はなかつたが、何か期するところがあるやうに、眉宇に決意を現はしてゐましたが、たうとうやつてくれました。』／老子爵は、こゝで、一寸言葉を切られてから、『実に、有難いことぢや。わが有史以来、敵の首都を襲撃して陥落さしたのは、秀吉公の朝鮮征伐と今回と二度だけぢやが、わが脇坂家は、二度ともそれに出陣出来、しかも今回は一番乗りとは、誠に一家の名誉だと感謝して居ます。ひつきやうこれ皆、上御一人の、大御稜威と、勇士の方々の賜物で、なんと申してよいか御礼の言葉に窮します。』／と感激の言葉を結ばれました。

16世紀末の豊臣秀吉による朝鮮侵略と、20世紀中盤の南京侵略とが無媒介に結びつけられているこうした心性を見ると、日本帝国主義が封建的なものを引きずっていたことも事実であったろうと思わせる。

さて、同誌には作家・中村正常の「日章旗翻へる南京入城報告記」も載っている。それはこんなふうに始まる。

揚子江をさかのぼること一昼夜、駆逐艦○○は早暁一時半、下関(シヤーカン)沖に投錨した。耳をすますと、機関銃の音が不気味に江上をつたはつてくる。スハとばかり、甲板上にとびだしてみると――オヽ、南京の空は遙に赤く焦げてゐる。劫火が燃えてゐるのだ。今日、昭和十二年十二月十七日の晴れの南京入場式を前に、皇軍は一睡のいとまもなく、南京場外の残敵の殲滅に夜を徹して奮戦してゐるのだ。――そして、七時四十八分、東方の雲をつんざいて旭日が昇りだした。鮮血のやうなまつ赤な、素晴らしく大きな太陽！

かくて中村ら「便乗者」は津浦鉄路中山碼頭(しんぽてつろちうさんマトー)に上陸、南京城までの約3キロを海軍武官が「分捕つて」きた「南京市政府の消防自動車」に乗って、「マツシグラ、南京城内を目ざして疾駆した」。

二十四間道路が素晴しく見事に一直線に走つてゐる。――城壁に達する附近あたりからは、両側に算を乱して倒れてゐる支那兵の死体、鉄兜、銃身の焼けたチエツコ機関銃、わが空軍の爆撃にフツとんだトーチカの残骸――ナマヤサシイ描写の筆ではチヨイとかき現はせない光景を呈してゐる。『敵の死傷はこのあたりで、どの位ゐでせう。』／などと、ウツカリ質問すると、一人の士官は落ちつき払つた声で『おさつし下さい。片附けても片附けても、片附けきれん数ですからなア。』／わが砲撃で楼門を飛ばされた土台ばかしの把江(はかう)

門をくぐると、このあたりは南京の官衙街らしくて、交通部、鉄道部、海軍部、司法部、八十八司令部などがずらりと、宏壮を誇つて、たちならんでゐる。が、敗戦国のみじめさ、わが空爆に辛うじて残つた建物は、いづれも皇軍の各部隊の司令部に早代りしてゐる。

中村は午後二時の入場式まで「南京見物」でもしようと思い、中央飯店という大ホテルの前で消防自動車を下ろしてもらった。

ところが、この南京見物といふのは誠に変な感じのもので、――なにしろ、市中はガラあきで、住民は一人もゐない。ゐるのはわが憲兵と新聞社の従軍記者諸氏と、それから晴れの入場式に続々と進軍してくる皇軍の大部隊と、――たゞそれだけである。ちよいと横丁に折れると、もう人つ子一人ゐない。まるで、魔法の街のやうな、白日の夢のやうな、不気味でそして不思議な気持に捕はれてしまふ。／酒屋の店を覗けば酒壺がずらりとならんでゐるし、文房具屋の店には紙類がギッシリとつまつてゐる。菓子屋の店には菓子があるし、葬儀屋の店にはいつでも用に供せるやうに棺桶がずらりと陳列してある。――そして一人の店員も一人のお客もゐないのである。考へてもみたまへ、銀座の街に店だけが残つてゐて人が一人もゐないとしたら……(略)そこで、僕は、街頭に見張つて市内の治安を堅持してゐるわが憲兵の前にいつてきいてみた。／『南京はからつぽになつてゐますが、一体、住民はどこにいつてしまひましたか。』／すると、ヒゲもぢやの親切さうな憲兵氏は笑ひながら、／『金のあるやつらは、とつくに逃げてしまつたし、金のない市民たちは――軍で避難民区といふものをつくつて、そこに収容してありますよ。』／そこで、僕はその避難民収容所といふのを見に行くことにした。／その避難民区といふのは、城内のあき地に垣を作つて、その中に敵意のない良民だけを収容したものであるが――正に、震災当時の上野公園や日比谷公園の、あの急造バラックの如きもので、戦禍におびえた不幸なる支那人たちは、漸くにして皇軍の慈雨に浴して食と住とを供されて、一命をつないでゐる。／『やア、ずゐ分ゐますねエ、――泣きつらをしてゐるかと思つたら、笑つてるぢやないですか。』／――実際である、想像したよりも平和な顔つきをして、子供は日なたで遊戯をしてゐる。／『こゝにゐるかぎり、支那軍の酷使からもまぬかれますし――トニカク、生命は保証されてゐますからね。』／赤十字の腕章をつけたわが看護兵の一人は、テントの中で避難民中の病人に手当をしてやりながら、僕に答へてくれた。

そうこうするうちに入場式の時間がせまってきたので、中村はそちらへ向かうと、「紫金山の中腹にかすんでみえる中山陵にかけて一文字に南京の市中を縦貫する中山路の両側には、連隊旗を捧げたわが皇軍が、粛然と整列して一糸乱れぬ武威を輝かしてゐる」。

かくて、正二時、かつては蔣介石政権の中枢であつた国民政府の表門の前に、カツカツたる馬蹄の音も晴がましく、親しく三軍を御統率遊ばさるゝ朝香宮殿下を初め奉り、われらの松井最高指揮官、その他の各将星が威風堂々到着した。まもなく湧き上る陸海軍楽隊の君が代の曲のうちに、表門高くそびえる旗竿の頂上に、へんぽんと掲げられた日章旗！——世界歴史に、また、一つの章が書き加へられた瞬間である。時しも空には轟々の響きをみなぎらして、空の精鋭の壮快な空中分列式だ。／国民政府の内庭に整列した参列の各員は国旗に向つて最敬礼、つづいて、遙かに陛下のゐます東方の空を望んで、わが松井大将は皇恩を謝して聖上万歳を三唱すれば、今ぞ南京を埋めた皇軍は、故国に響けよとばかり万歳を斉唱した。その逞ましい目に頰に光る涙！　あゝ、その胸中の思ひはどんなであらう。

入場式が終わり、従軍記者達がまっさきにこのニュースを、このフィルムを故国に伝えようと奔走する。一方、中村は営業しているホテルがないので、軍の許可を得て、あいている宿屋に勝手に泊まり、一日が終わる。

一夜があけると——僕は戸外(おもて)へ出てみておどろいた。南京は雪である。／『雪ですよ。』／するとみんなは、急に静かになつた。／『さうか——今日は慰霊祭だ……』／天も弔意を表したのであらう――うすい白布をもつて地上の汚れたるものを、すべて覆ひ去つてくれた。／故宮飛行場といふのは、昔の明の故宮のあとである。飛行場の中央には、簡素な祭場がつくられ、日本流に青竹の笹の葉が寒風にカサカサと音をたてゝゐた。南京攻略にたふれた英霊は、いまや、この南京城頭高く輝く日章旗の下に、静かに慰霊され、その芳魂は靖国神社へと移されるのである――参列した皇軍は、昨日に引きかへ、みな声をのんで面(おもて)を伏せた……

中村はまた掃海艇に乗って揚子江を下った。途中、甲板で軍楽隊の演奏が行われた。

揚子江の濁流にひびかせてきく軍艦マーチのメロデーこそ、僕が千載一遇にきゝ得た最大の音楽であつたと、人に語つたら笑はれるであらうか、僕は恥ないつもりである。

ここで中村の文は終わっている。このルポを読んで、私はこの時の「南京」という、日常とは異質の場の「戦争＝死」の「ロマン」に宗教的といってもいい精神的昂揚を中村が感じたのだということがよく判る。そこが「戦争」の恐さである。日常と異質であるがゆえに生ずる「ロマン」的昂揚！「1937年12月」という時と、「南京」という場における「戦争（死・犠牲等々）」によって宗教的共同幻想の昂揚にさらされた一作家（知識人）の姿がよく現れている文章だと思う。この「昂揚」はおそらく人間に普遍的にあるもので、これを人間が「止揚」することができるかどうかが現代の我々に課された課題であろう。

戦地の昂揚とは異なるとしても、日本でも提灯行列が続き、昂揚があった。そうした中でのあの溝口の『露営の歌』についての発言はどういう意味を持つのであろうか。繰り返し考えてみたいと思う。

★

『露営の歌』に続く溝口・青島コンビの『あゝ故郷』でも長回しが指摘されている。

> 溝口健二の監督ぶりでは、例の如く芝居中心といふ特色がハッキリ出てゐる、一カットで三分四分といふのが少くない、然し人物が相当大きく、移動又はパンする等で幸ひ圧迫不快さはない、然し彼の長カットの癖は筆者としてはどうしても承服し兼ねる、
> （『都新聞』１９３８年9月28日「新映画」、［U］筆）

『露営の歌』の長回しが同時代評において評判が悪かったことは前に述べたが、ここでもまた評判が悪い。しかし、この点に関連してちょっと面白い見方をしているのが飯島正である。彼は同時代には公表していなかったらしい彼のノートに書きつけられた自分の『あゝ故郷』につ

いての批評を『日本映画史・上巻』（白水社、１９５５年）に発表しているが、その中にこんな一節がある。

溝口健二は以上のような故郷の雰囲気を、いままでの彼の作品とは多少ちがった方法で、えがきだしている。この作品ぐらい、そっけない感じのする映画はめずらしい。必要な場面だけで筋を運び、せりふにたよった説明をすこしもいとわない。かなり省略法をもちいた映画だが、それだけに、ロケイション撮影が、効果をあげていたともいえる。『露営の歌』の単調な・ながいショットを、ぼくはかつて意図されたものではないかとうたがったが、どうやらそれはあたっていた気がする。下手なクロウス・アップを機械的につかうことはさけているようにもおもわれる。これは一種の腕だめしである。この映画は、その点、全然とはいえないが、相当うまく行っていたとおもう。

飯島は同時代に発表した『露営の歌』の批評ではその長回しを「あまりにふざけたやり方だと云ふの外はない」（『国民新聞』１９３８年2月25日夕刊「映画評」）と酷評したが、しかし、その「ふざけたやり方」には何か意図があったのではないかとも疑っていたらしい。その疑いは『あゝ故郷』を見るに至って晴れ、『露営の歌』の意図的な単調な長回しの〈実験〉が『露営の歌』では失敗したが、『あゝ故郷』において、「センティメンタルなあまさのない点で、新鮮味のある異色篇」（『日本映画史・上巻』）として成功したと確信したのである。そしてこの長回しは『あゝ故郷』の次作である『残菊物語』（１９３９年）において、また違った形での「新鮮味ある」作品として結実したのだと思われる。その意味で『露営の歌』『あゝ故郷』という１９３８年の二作のプリントが失われ、現在の我々が見ることができないことはとても残念なことだ。この二作はもっと注目されてよいと私は思う。

『露営の歌』と『あゝ故郷』の長回しについては、この二作に撮影助手としてついた岡崎宏三も次のように語っている。

私の助手時代の溝口組作品『露営の歌』(38)と『ああ故郷』(38)では長回しが多いんです。だからキャメラが回り始めてから二〇〇フィート（約二分強）ぐらいになると俳優が柱の陰かなんかにスーッと入るんです。その瞬間、青島さんがパッとキャメラをフィックスにして私が素早くフイルムにパンチを入れ、作業が終ると本番になり隠れた俳優が柱の後ろから出てくるという仕掛けになっていまして……。／そのパンチを頼りに後で暗室で切り分けるんです。つまり、そういう工夫をしてワンカットを五分にも七分にも見せるわけなんですね。

（『ひまわりとキャメラ』26ページ）

新興キネマでスクリプターをしていた久慈孝子（新藤兼人の最初の妻。新藤が監督した1951年の『愛妻物語』のモデル）の弟の敬二は撮影助手で岡崎のもとで働いていた。彼についてて岡崎はこう語っている。

青島さんの溝口組なぞで、彼はよく駆り出されました。というのも彼は天才的フレキシブルマンだった。普通の助手は一〇〇フィートも連続で回すのが精一杯なんですが、久慈君は体力的に恵まれていたこともあって、二〇〇フィートは正確な回転を保てるんです。ですから、青島さんからも「久慈君を呼びなさい」って指名されるぐらい彼はクランクがうまかった。

（同右、42ページ）

長回しの点は別にして、カメラマンとしての『あゝ故郷』の青島は批評家に高く評価されている。

撮影はさすが青島順一郎氏だと思はせる出来栄え

（『二六新報』1938年10月1日夕刊「新映画から」）

カメラの落ついた美しさ

（上野耕三「作品評・あゝ故郷」『日本映画』１９３８年11月号）

青島順一郎の撮影は、一体にうつくしい。

（飯島正『日本映画史・上巻』白水社、１９５５年）

青島順一郎の撮影はその構図に見るべき物は多く、トーンも亦正調であつた

（『キネマ旬報』１９３８年10月21日号「日本映画批評」、村上忠久筆）

この「正調」について岡崎は、『浪華悲歌』『祇園の姉妹』『愛怨峡』の三木稔のカメラと比較しながら私のインタビューで次のように語っている。

佐相　で『あゝ故郷』ですけど、演出上で一番注目されたのは、東北弁を使ったということなんですが、東北弁なんてのは当時使わないですよね。

岡崎　使わないです。関西の京都弁は別にして、そういうところでも標準語を使うのが普通で、東北の特に重い言葉は避けたんじゃないですか。

佐　青島さんのカメラについてはかなり評価されていて、落ちついた美しさとか、言われてま

すよね。

岡　だから三木さんとは違うね。あの三本か四本、三木さんと組んだ集大成は別な意味の内容表現ではないかと思いますね。

佐　そのへんが実際に見て。

岡　そう、どこが違うかね。

佐　(フィルムがないのが) 残念ですよね。

岡　残念です。(略)

佐　青島さんの撮影はその構図に見るべきもの多く、トーンもまた正調であった、とあるんですが、「正調」というのはどういう。

岡　三木さんの暗さに対する正調ということでしょう。そのへんは僕は溝口さんと横田達之さんの長いコンビというのは、横田さんというのはケレンが無いキャメラマンでしたからね。あの人の代表作は『人生劇場』(1936年) なんてのを撮ってますけどね。

佐　内田吐夢の。

岡　そうです。

佐　溝口さんの1925年の『ふるさとの歌』とか、トーキーの『ふるさと』が横田さんですが、ああいうのが正調という。

岡　そうそう。だから『あゝ故郷』は青島さんと組んで、三木さんみたいな調子ではやらないんじゃないですかね。おそらく青島さんの方からここはこう割ってアップいれたいとか、アイディアが出てたのかも知れませんね。当然そういう発言をしても、溝口さんは納得するキャメラマンだったと思いますから。そこまで私も介入せず、夢中になってましたけど。正調と言われるのは、ああいう作品で完成度が高かったからいいんですが、実際は暗いですよね。あの『愛怨峡』にしてもね。

佐　『愛怨峡』は三木稔ですね。暗いですね。ああいう感じじゃないわけですね。

岡　ないです。

佐　割とクリアというか。

岡　ええ。

佐　見えるものは見えるという。

岡　そうです。あのくらい信用されていれば、おそらくそういう調子がついたんじゃないですかね。

［Q］こと津村秀夫が、「撮影青島順一郎は但し溝口のコッテリした作風に合つてゐない」（『東京朝日新聞』1938年10月2日夕刊「新映画評」）と指摘しているのは、青島の「正調」のカメラが「溝口のコッテリした作風」にはふさわしくない、という意味であることが判る。

インタビューの別のところで岡崎は、『あゝ故郷』における青島についてさらに語っているので紹介しよう。

岡　で、この頃に溝口組で、ピントを合わせると（他が）ボケるという、そういうレンズしかないんで、大変です。芝居を見極めなきゃいけませんしね。あの人はああしろとか、こうしろとか、市川崑さんみたいに言うわけじゃないし。そんなことはできないわけがないとか、あんた役者でしょ、とか。デンと座ったままで、大きな黒板があって、坂根田鶴子が全部、台詞を書いて。

佐　当時からあったんですね。

岡　ええ。自分で準備ができてないんですかね、いきなりセットへ来てね、水谷浩がつくったのをトントンと叩いて、「これは水谷君、百年も経ってませんね」と。「百年の堅さじゃないですね」。それから大変ですよ。大道具へ行って、入れてね。なるほどね、昔の旧家というのはツルツルして、コンクリートみたいになってますよね。

佐　そういう理不尽みたいなことを言われて。

岡　ええ理不尽もいいとこですよ。屋根まで、山形の屋根に、僕ら青島さんと一緒に紐で持ち上げて、青島さんもじっと、早くやれとか言わないですよ。青島さんに、どうでしょうか、って言ったら、青島さん、今日は駄目だな、あの屋根の影がこっち来すぎたから、止めよう、って。溝口さんのあれで止めちゃうんですよ。何てひどいことだと、思って。だからあのスナップでも、普通の移動車じゃ足りないんですよ。工事用のトロッコにキャメラつけて。ところがその工事用のガタガタ揺れるということに対して青島さんは文句言わないんです。平気でやるんですけどね。名人なんです。

佐　画面、揺れないんですか。

岡　ええ、キャメラの方を揺らしてるというか、揺れに合わせて。だから撮影しながら、ズーッと行って、ちょっと行き過ぎて、もっといいコースがあるなというと、横にあったライトを片手に持って横に揺れて撮ったりね。

佐　溝口さんはカメラ覗かないと言われてますが。

岡　そう。

佐　青島さんに任せているという。そういう態度は変わってないんですね。

岡　おそらく三木さんとは違った、比較してみないと判りませんけどね、青島さんがここでアップがいるんじゃないかと言って撮ってたんじゃないかと思いますけどね。だからその頃に僕がもう少し、溝口さんてのはどうなんですか、とか。そんなことを質問できる立場じゃないんですよね。

三木稔と青島の比較については岡崎は『ひまわりとキャメラ』でこう語っている。

溝口さんが第一映画で撮った『祇園の姉妹』（36）や新興キネマの『愛怨峡』（37）は名手三木稔のキャメラでした。三木さんは25ミリというワイドレンズを使用し、溝口組の長回しに対応しました。特にフルショットの中で演技者の芝居を捕まえる場合、ワイドレンズの焦点深度を利用し、カットを割らなくても前景・背景にまでフォーカスが合うといったレンズの特性を生かした結果だと思います。／一方、青島さんの溝口組での対応は確かに25ミリも使いましたが、話の内容によって40ミリで正攻法としながら無駄なものは省いて、あえて無技巧に撮ることもありました。青島さんの技術的特徴は脚本・内容次第で明快なハイキートーンにもなれば、重厚なローキートーンも表現できるといった、作品によって画調を大胆に変化させることにありました。ですから、同じ溝口演出でも三木さん、青島さんなりの個性は出ていると思います。さすがの名君溝口さんでも、自分より三歳年下の青島さんに対してさえ『青島さん』と呼び、決して『青島君』とは言いませんでした。溝口さんも一目置いていることは『露営の歌』『あゝ故郷』で助手を務めた私にも肌で感じられました。

（32ページ）

また岡崎は、『新興キネマ』（フィルムアート社、１９９３年）の佐藤忠男によるインタビューでは次のように語っている。

岡崎　当時、新興の現像場では現像は千フィートはできなくて、だいたい四百フィートで撮影して、二百フィートずつ巻いて現像していました。ですから溝口組なんか千フィート回してしまうと、いかにして一コマも損じないで現像するかと苦労しました。当時の溝口さんの作品を見ますと、長回しの途中でどこかの柱の陰かなにかに入る場面がきっとあります。そこでストップしてフィルムをチェンジしていたんです。溝口組ですとワン・カットで七百、八百なんてザラにありました。／溝口組では一日中ぜんぶライトをつけてリハーサルです。当時のカメラはレンズがシャープじゃないので、演技をフォーカスで、遠近を利かせてピントを送って長いカットの中で俳優があっちへ行ったりこっちへ来たりですからたいへんでした。

——パン・フォーカスの技術をすでに使っていたわけですか？

岡崎　やっとパン・フォーカスと言えるレンズが二十五ミリです。溝口さんが第一映画の『祇園の姉妹』から新興キネマの『愛怨峡』のころ、三木稔さんというカメラマンと組んだのですが、三木さんがこの二十五ミリの焦点深度の深いワイド・レンズで溝口さんの演出に合う画面を作ったのです。私のお師匠さんの青島さんは「話の撮れる」カメラマンですから、四十ミリぐらいのレンズで、きちっと正攻法で、無駄なものをはぶいて、無技巧に近いシャシンを撮ってました。だからカメラマンによってレンズの使い方も個性がありました。

——溝口さんはいつ頃からパン・フォーカス的な演出をするようになったのでしょう？

岡崎　溝口さんと古くから組んでいた横田達之さんというカメラマンがおりまして、この人も名人で『人生劇場』（内田吐夢監督）などがありますが、この人の頃はノーマルが多かったんじゃないですか。それが第一映画に行って杉山公平さんと組んだり三木滋人（三木稔）さんと組んだりした頃から作風が変わってきたんじゃないでしょうか？

——『浪華悲歌』あたりになるともう、ずいぶん深い？

岡崎　深いです。あれは二十五ミリを使ってますね。だから私のお師匠さんも『あゝ故郷』あたりは溝口演出に合わせて二十五ミリを使いました。でも見ていますと、溝口さんもぼくのお師匠さんの青島さんには一目おいていました。しかし溝口さんはロケーションに行っても食事やなにかスタッフと一緒に交流するというようなことのない人で、別格で、仕事が終わるとどこへ行っているのかわからない、そんな人でしたよ。ですから私が溝口組で苦労したことといえばいかにピントをぼかさないかということでしたね。

——でも、それはたいへんでしょう。かなりえんえんとあちこちカメラが動くから。

岡崎　ええ、録音部もたいへんでしたよ。いまのような集中マイクじゃなくて、竹竿の先にマイクをつけて追っかけて歩くんですからね。

（「新興のカメラマンは現像・編集までやった＝岡崎宏三」92ページ）

岡崎は『ひまわりとキャメラ』で、当時の新興には「クレーンもないし、あるのは木製の移動車です」と語っているが（24ページ）、同書33ページに掲載されている『あゝ故郷』のロケ風景の写真を見ると、木製の移動車の上にキャメラと溝口が乗っている。移動撮影はこういう形で行われたのだ。

私のインタビューで岡崎はさらに『あゝ故郷』についての様々なエピソードも語っていて興味深い。

佐　次が例の『あゝ故郷』なんですが。

岡　これはね、良かったんじゃないですか。

佐　これは当時の批評で色々あるんですが、いいのも多いんです。

岡　そうでしょ。『キネ旬』でも何位かに入ってるんじゃないですか。

佐　そうですね、九位くらいに入ってるんで。これは山形でロケですよね。

岡　そうそう。古い家とか、市庁とか残ってるんで。市役所は独特のものでしたよね。一番最初のシーンが清光園という箱根の湯本にある松竹の定宿で、我々もよく行くんですが、その風呂場から始まったような記憶が残ってます。

佐　坂根田鶴子さんについて大西悦子さんが書いた本（『溝口健二を愛した女』三一書房、1993年）があるんですが。

岡　ああ読みました。

佐　それに坂根さんの日記が全部載ってるんですよ。ここのところに（85ページ）清光園とありますね。

岡　大浴場、これがね、ちょっとツーステップばかり露出が不足だったんですよね。私がミスして、冷や汗もんだったですよ。後で救ってもらったからよかったけど。

佐　修正したんですか。

岡　そうそう。長いこと入ってるから。

佐　これは設定では山形の風呂場ということですか、旧家のね。

岡　そうです。

佐　でもなんでわざわざ箱根なんですかね。

岡　ここは始終貸してくれるし。ここは駅前シリーズの定宿です。新興は松竹系ですからね。清光園のせがれかなんかが、東京にいたんじゃないですか。未だに何かあれば利用してるんじゃないですか。

佐　じゃ大西さんが「溝口の気に入るようなホテルがなかったため、わざわざ箱根ロケになったと思われる」（85ページ）と書いていますが。

岡　いやそうじゃなくて、風呂場はライトも持ってけるし、ここでやっちゃおうという。

佐　馴染みの所だったということで。

岡　そうです。

佐　で山形ロケで。

岡　で行ってね、夜の駅のお蕎麦を食うシーンがあったんですよ。それを加藤さんが真面目でね、ちょっと口つけて、後は箸の上げ下げだけすればいいのに。

佐　食べたんですか。当然何回も。

岡　まあ何回どころじゃないですからね！

佐　何十回と。

岡　ええ、できないわけないですよ。気の毒になっちゃって、最後はね助監督の高木孝一かな、食べるふりだけしてください、って。

佐　加藤さんは新劇の。

岡　そう、加藤道子のお父さん。それでね、ロケーション行ってね、キャメラ据えるでしょ。当時、物売りというのは独特の地方のモンペはいて。そうするとすぐね、高木孝一に、あっ、いい雰囲気だ、あれ呼びなさい、って。それでちょっと、一時間ばかり、お金あげるから、って。他に行かれちゃ困るから品物買って。

佐　それを撮るわけですか、バックか何かで。

岡　そうそう。怒る声が僕に聞こえてくるんですよ。素人ですから、うまくいかないでしょ。高木君！　あれは君、美的観念が無い！　美的観念、あるわけがない。そんなの覚えてるなあ。

佐　いきなり、そういうことするんですか。あれがいいって。

岡　瞬間にね。内容を説明するとか、こうだからああしよう、って人じゃないんですよ。自分は出来上がってるんですけどね。こうしたらこうなるということは。

佐　溝口さんの映画はバックの人間がいいですよね。

岡　いいです！　それはね、スキのない。ワンシーン、ワンカットで相米なんてのがやるけどね、長いだけでね、内容が無駄なく、主役を生かす背景じゃないんですよ。

佐　聞いた話なんですが、素人さんは別でしょうけども、大部屋俳優のバックを通る人は、お前はどういうつもりで歩いてるのか、を考えさせるという、背景から。今何でそこにいるのかと。

岡　昔の監督はみんなそうですよ。

佐　膨らみが出てくるという。

岡　そうですね。

このへんのところについて岡崎は、佐藤忠男のインタビューに答えて次のように語っている。

山形へロケに行ったとき、行商人がいて、監督が「高木（孝一、助監督）君、あれはいいぞ、あれをつかまえておきなさい」と言う。そこでその行商人に待ってもらって、それからテストをやってテストをやって……。行商人はほんのちょっと出るだけなのにそれで一日待たされてしまう。また、「青島さん、どうですか光線は」と言う。青島さんが「いいですね、尾根の影がこういうふうになっている」と言うと、人の家の屋根の好きなところまでカメラをあげて、テスト、テストでやっているうちに影が変わってくる。すると「今日はやめましょう」。／加藤精一という俳優さん、山形の駅のソバを食べる場面で、食べる真似をしていればいいのに、溝口作品ですから本当に食べなければいけないと思って何杯も食べたりしていました。風呂に入る場面でも、箱根の温泉で、風呂を水みたいにしておかないといけないんですけど、本格的に何時間も入ってやっているんです。

（「新興のカメラマンは現像・編集までやった＝岡崎宏三」『新興キネマ』フィルムアート社、１９９３年、92〜93ページ）

風呂の件は山路ふみ子も覚えていてこう語っている。

三分から五分も回しっぱなしでしょ。だからみんな真剣ですわ。加藤精一さんという俳優さんがいらして、禿げていらっしゃったんだけど、あるカットで、それでいこうってことで本番になって三分ぐらいたったら頭から湯気が出て、びっくりしちゃった。「ごめんなさい」と言うけど、仕方がない。半泣きになりましてね。半分ぐらいまではいいんですけど。

（「娘役から母親役まで――新興スター女優＝山路ふみ子」同右、１０２ページ）

蕎麦をたくさん食わされた加藤精一は、そのお蔭であろうか、封切当時の批評で絶讃されている。

加藤の父親は立派な主演級の起用で舞台の底力をだしてゐる。
（『中外商業新報』１９３８年9月29日夕刊「試写室」、［忠］筆）

加藤が堂々たる演技に終始してゐるのが目についた
（『中央新聞』１９３８年9月30日夕刊「新映画評判」）

俳優では加藤精一が筆頭の出来栄へである。この舞台協会出の老優は「愛怨峡」でもすてきな出来栄へを示してゐたが、この映画では最もよく東北弁をこなしてゐた。
（『キネマ旬報』１９３８年10月1日号「各社試写室より」、友田純一郎筆）

山路ふみ子のお美代は子飼からの芸者でない所を見せて居たのが好い、加藤精一の金造も事業々々と直に何にでも乗る性の男を上手に表して居た、
（『万朝報』１９３８年10月1日「新映画印象」、『やまと新聞』１９３８年10月1日「新映画印象」も同文）

和夫がデパート建設の政策のために花熊の娘と結婚する話で、行く行くはデパート支配人になると云ふ父の幸福の為に、犠牲となる覚悟を抱くお美代と父との間柄は、まれに見る深い感銘を持ち、加藤精一の父は圧巻の演技と云ふべく山路ふみ子も亦巧いものであつた

（『二六新報』1938年10月1日夕刊「新映画から」、［岡］筆）

僅に加藤精一がある種の無知な人間の感じをよく表現してゐるが、然しこの映画の父娘が余りにも無知なのはよいとして、その無知さ加減が結局馬鹿げて見えるやうな描き方は溝口のために採らない。それでは古風な人情に惑溺するだけである。

（『東京朝日新聞』1938年10月2日夕刊「新映画評」、［Q］筆）

現はれる人物の一人一人が充分の生活意欲と現実的存在を示してゐる事には今更乍ら驚く計りであり、殊に金造とお美代との描き方には生彩が溢れてゐた。更に之等の人々の性格の裏に今一段の発展性のある事を望みたいのは既に述べたが、之に見る限りでも之等の人々が何れも血肉の通つた人間である事には讃辞を送らざるを得ない。更に之は良く考へて見ると実に怖るべき絶望の底にある性格悲劇——特に金造——であるが、それが現実的な裏打をされてゐる為に、悲劇が一つの事象として冷く我々に迫つて絶望の悲しさを何か

虚無的に揚棄してゐた。好き場面として挙げる物は多いが、今はその一つ一つを指摘するよりも、何れの場合にも溝口の眼光がその全てを包摂する事を記して置きたい。

（『キネマ旬報』１９３８年10月21日号「日本映画批評」、村上忠久筆）

俳優では加藤精一の父親、山口勇の資本家といふ順によかつたが、これなどもこの方言の使ひこなし方が相当関係してゐるやうに思はれる。

（上野耕三「作品評・あゝ故郷」『日本映画』１９３８年11月号）

これは、田舎の小都会で、その理想家的な企業癖故に深みに落ちて行く父と、その犠牲となつて芸妓生活をし、愛人を失ひ、父と共に東京へ去つて行く娘との悲劇であるが、父に扮する加藤精一の卓抜な演技によつて、父の姿は見事に描き出されてゐる。その性格悲劇は、時に恐しいまでの真実を以てせまる場面を作り出してゐるのである

（大塚恭一「特輯映画批評」『映画評論』１９３９年1月号）

また物売りについては、『虞美人草』（１９３５年）に京都の物売り娘の姿が描かれていた（声は入っていなかったように思う）し、『折鶴お千』（１９３５年）にもパン売りが出てきた。『あゝ故郷』の次作の『残菊物語』（１９３９年）では様々な声・音が美事に生かされていた。

ところで山路ふみ子が前出の佐藤忠男のインタビューで興味深いことを語っているので引用しておこう。

――溝口健二監督の『愛怨峡』のときは何度も何度も撮り直しで、それはそれはたいへんだったと伝説的に語り伝えられていますね？

山路　いやあ、それはね、間違って伝えられているんです。あんなに楽しい撮影はありませんでしたよ。はじめはたいへんでした。撮影がはじまる前の日に、助監督さんが、「明日はここからここまでですから憶えてきて下さいよ」とみんなに言うんです。そこでみんな一生けんめい、家でも台本を離さないで、お風呂に入っているときでも読んでもらって聞いて、一字一句間違えないように憶えたんです。そして翌朝九時に撮影開始で行くんです。ところがそれがぜんぜん変わっている。ぜんぶ書き直されているんです。でもこちらには前に憶えたものがちり頭に入っているでしょう。だから誰かがふっと前に憶えたセリフを言うんです。それでやり直し。だから三日目ぐらいまではうまくゆきませんでしたね。それから気がつきました。ああわかった。台本は傍に置いといて、直したセリフの書いてあるほうを見ればいいんだ。（略）それから楽になりました。そして俳優たちがお互いに、私はこうするから、あんたはこうして、と言って勝手にやりはじめたんです。溝口さんはただ黙ってこうしている。（略）私たちはああでもないこうでもないと言って自分たちで工夫して相談して演技します。一カット三分ぐらいを朝から晩まで繰り返しやっていると、それは盛り上がりますね。なんとも言えん盛り上がるんです。みんな自分で考えて自由にやるんです。嬉しかったわあ。溝口さんはときどき、「それでいこう！」とか、「あ、それ」と言うだけ。あとはもう、こうやって（と、また溝口のポーズの真似）。溝口さんてずるいですよ。でも本当に偉いです。「それでいこう！」という言葉が出なかったら徹夜です。（略）

――溝口監督は怖くはなかったんですか？

山路　いいえ、私は大好き。あんなやさしい、いい人ないですわ。文句などひとつも言わないんですよ。ただこうやってる（と、三たびポーズの真似）。いいのか悪いのか、どこ見ているのか分らんけど。またこうしているから（と難しい表情の真似）あかんのやろか？　そこでまた工夫するんです。

――溝口健二は怖い人だったと言う人が多いものですから、お話をうかがってちょっと意外でした。

山路　怖くなんかありません。自由にやらせてくれますから。ああしろこうしろとは言わないんです。『愛怨峡』で私が酔っぱらう場面があるでしょう。私、ほんもののお酒を飲んだんです。だんだん酔ってきて、芝居じゃなく本当に酔っぱらっちゃった。これは時間がたてばたつほどいいんです。はじめはちょっとしか飲んでいなかったんだけど、三時間か五時間たったら本当にベロベロになっちゃった。だからやりいいですわ。相手役と二人で相談してね。私ここをこうするから、あんたこうしてね、と言って。だからみんなとても喜んでやりましたよ。グループでやっているうちに自然に雰囲気ができてしまうんです。カメラは据えっぱなしでしょう。動かさないでしょう。アップはあんまりない。必要なときはカメラがそうーっと寄ってくるでしょう。だから俳優たちのグループの雰囲気はぐーっと盛り上がってきて途切れない。みんなが一生けんめい工夫して作るんです。溝口さんは黙ってそれを見ているの。私たちは考えればいいの。

——他の監督さんたちとはその点だいぶ違いましたか？

山路　他の監督さんたちはね、親切にね、ここではこうやって、ここではこうしてて、と、いちいち教えて下さるの。だから、もたれっぱなしでした。もう本当に大事にして下さってね。ですから溝口さんの仕事では本当にびっくりしました。何もおっしゃらない。「それっ！」でおしまい。五時間も六時間もやったあとで、「それでいこう！」でしょう。まああの酔っぱらいの場面なんか、よくやったものだと思いますよ。はじめはチビチビ飲んでいたんですけど、本当に酔っぱらってしまって、でも本当に飲まなければやっぱりダメだったと思いますね。酔っぱらいの真似はいくらでもできますけど、目が生きていてはね。

（「娘役から母親役まで——新興スター女優＝山路ふみ子」１０２〜１０４ページ）

溝口の意図したことを山路がみごとに理解し、体現したのだということが判る。私はこれを読んだ時、本当に感動した。そしてこの発言を多くの人に知ってほしいと切に思った。

★

しかしその溝口は『残菊物語』を撮るべく、新興キネマを去って松竹下加茂に移った。青島の絶望は更に深くなったようだ。青島がやる気を失って、助手の岡崎にまかせてしまうというようなことが多くなってくる。村田実を失い、溝口とのコンビも『あゝ故郷』以後はなくなってしまったことが彼のやる気を失わせたのであろう。

その辺のところについて岡崎は、やはり佐藤忠男のインタビューでこう語っている。

村田実監督がなくなられてから青島さんはもう、村田さんほどの大監督との仕事ができないということでがっくりなさったんですかねえ、自分自身で本気でやる仕事は鈴木重吉監督のときぐらいでしたね。シナリオを読んで面白くないと、もうあまり本格的にやらないで私に現場のオペレートをまかせてくれました。自分は録音部に行って録音の仕事を見たり、あと編集をやっていました。

(「新興のカメラマンは現像・編集までやった＝岡崎宏三」91ページ)

また『ひまわりとキャメラ』ではこう語っている。

三七年には村田実監督が糖尿病に肋膜炎を併発して四四歳で亡くなりました。／私もお葬式には手伝いに行きました。そして三九年には溝口さんが松竹下加茂撮影所に去って行ったのです。／そうなると、新興には青島さんの実力を発揮させる監督も鈴木重吉ぐらいになり、青島さんもがっかりしていたんです。／そこで青島さんは、満映（満州映画協会）に行って自ら活路を見出そうとしたんですが、新興も青島さんに抜けられたら大変だというので引き止めたんです。そのことは新聞記事になったぐらい騒動になりました。／その後、会社も気を遣ったのか、青島さんの趣味が魚釣りだったので釣りの好きな監督と組ませるといった、非常に日本的なやり方で慰めたりしていました。／結局、青島さんは四二年に企業統合政策で大映多摩川撮影所へ行かれ、戦後特撮を担当されて四八年に胸を患い四七歳で亡くなりました。／もしお元気で映画の良き時代の五〇年代、六〇年代に活躍されていたらどれだけ日本映画界に貢献できたかと思うと残念で仕方がありません。

（34ページ）

第八章　戦時下の諸作品

やる気を失った青島だが、しかし細かく見ていけばその後の作品の中にも興味深いものが見つかる。例えば『病院船』である。岡崎宏三は『ひまわりとキャメラ』で言う。

私も『愛の記念日』から順調に撮影を担当できたんですが、時局柄内閣情報局より国策映画に協力することを命じられました。つまり、国家に協力しないと生フィルムが貰えなかったんです。各社とも、映画の製作本数や作品の内容、上映に至るまで国家の管理体制の下での映画づくりを余儀なくされました。／松竹と東宝は大手として文化映画部があり、国策として劇映画や時事映画を製作していましたが、新興には独立した部門がなかったので、今テレビの『鬼平犯科帳』シリーズのプロデューサーになっている市川久夫を文化部長にして新興キネマ初の軍の文化映画、今村貞雄監督『病院船』（40）を製作することになりました。／私も青島さんのB班のキャメラで上海に行きました。初めての海外ロケです。／この作品はドラマ仕立てのドキュメンタリーで、大部屋の女優さんを従軍看護婦に見立てて、他は現地の兵隊でこしらえた四巻ものです。／戦時下であっても、国際法により絶対攻撃してはいけない〈白山丸〉という船体に大きく赤十字のマークがはいっている病院船に負傷兵を乗せて、兵隊を一昼夜かけて上海から広島の軍港・宇品港まで護送するといったストーリーでした。／これは、実際に従軍看護婦だった大嶽康子の実話の脚色です。／実話にある上海の病院でロケし、本物の病院船内でも撮り、客室などは新興に帰ってセット撮影しました。このシャシンはヒットしたんですが、内容が悲劇的すぎるということで当局の覚えは宜しくなかったようです。

（42～43ページ）

また岡崎は私のインタビューでは次のように語っている。

岡崎　『病院船』ね。
佐相　当時、評判が良かった。
岡　良かったんですよ。これは。
佐　見ましたけども、私（佐相註＝『病院船』の36分の短縮版は1997年2～3月にフィルムセンターで上映された）。
岡　あれは欠落してるんです。
佐　五十何分あるはずなんですが、三十何分しかなくて。欠落してる部分はどこなんですか。

岡　私もあれ見たんですが、全体によく覚えてないんですが、実写部分が大分なくなってるんじゃないですか。変に演出して下手な芝居してるところが残っちゃった（笑）。

佐　当時の批評を見ても、記録の部分がよくて、ドラマの部分は白々しい、と。

岡　そりゃそうなんですよ。いいとこあるんですよ。最後の上海でね。

佐　上海ですか、これ。

岡　そうです。（青島さんと私と）二人でアイモで撮ったんです。

佐　ああドキュメンタリータッチで。

岡　宇品の港から白山丸という船が出航して、玄界灘でやった方がリアルだというのでやったんですよ。手術のシーンを。ところが揺れて助手が酔っぱらっちゃって撮影どころじゃないですよ。バケツを下に置きながら、［聴取不能］から手でまいたのを覚えてますけど。

佐　本当の手術ですか。

岡　いや、やらせ。白山丸って船は小さいんですよ。そして我々はスイートルームをとってそこにいたんです。帰りは病院船満杯ですから。

佐　それは本物の病院船？

岡　有名なドイツの。

佐　上海の部分があるという。

岡　これは野戦病院ですね。現地行ってね、実際の野戦病院は実写だけ撮って、ほんとの兵隊を撮るのは顔もあるし。現地の報道部が世話してくれたんですよ。サントウショウに行きなさいというわけですよ。イットウ、ニトウとあって、上海の郊外かな。病院なんですけど、みんな健在なんですよ。元気で、繃帯してるのいないんですよ。で女優がね、兵隊さん、どこやられたんですか、と言ったら、ニタニタしてるわけです。みんな、下の病気なんですよ。花柳病。だから元気なわけですよね。それに繃帯巻いて、それで患者にして、やったんです。それと最後の患者を搬送するところで小雪がちらつきましてね。非常にリアルな、たまたまそんな感じの中で、患者を船に乗せましたので、そのへんがよかったんじゃないですか。そこが無いような。

佐　この波止場というのは向こうの波止場ですか。

岡　そうです。全部、本物。四人くらいで行ったんです。

佐　青島さんと。

岡　ええ、私と。

佐　今村さんは?

岡　今村さんというのは松竹の製作部にいた人ですね。松竹がニュース映画を作ったことがあるんですよ。その時に製作部長か何かをやってて、六車さんに可愛がられて、それで新興キネマの製作部長として来たわけですね。で、自分としてはドキュメンタリーをやりたかったわけですね。そして新興キネマもドキュメンタリーをやれば、フィルムが入ってくるから、やってみようかということで、第一回目の作品がこれですね。文化映画部の企画の責任者として市川久夫さんがなった。

佐　市川さんは現地には行かれてない？

岡　行ってません。

佐　じゃ現地に行かれたのは今村さんと。

岡　青島さん、私でしょ、助手でしょ、製作担当。

佐　助手というのは撮影の？

岡　ええ、これは久慈君といって、新藤兼人の奥さんの弟。ずーっと僕のとこについて。彼は特殊才能はね、当時手回しで手で回すんだけども、キャメラを操作する時にキャメラマンがこうやってるとパンできませんから、フレキシブルっていうフリースタイルのものがあるんですよ。それで遠くからキャメラの操作を邪魔しないように回すんですよ。それが抜群に彼はうまいんですよ。で、溝口組というと彼をひっぱりだして助手につけるんです。亡くなりましたけど。

佐　これは劇映画の部分を岡崎さんが担当するというようなことは？

岡　そんなことはない。全部一緒に。劇をドキュメンタリー風にごまかしてますから、いわゆる今言うならやらせの、あくまでドキュメンタリー・スタイルでやろうということなんで、新興キネマにセット組んで、女優さんが出てきてスタジオでやって撮ってるところが空々しく見えるんじゃないですか。

佐　あの女優さんは？

岡　大部屋の。でも当時、大部屋でも粒そろってましたからね。だから現地行って、撮影がなくて、慰問に行って、あやしげな踊りなんかして。で、兵隊さんを楽しませてね。それで白衣を着て、看護婦に交じってやったんです。

佐　劇映画部分も現地へ行ってるんですか。

岡　全部行ってます。スタッフは五人だけども、その他に女優が行ってるんです。三人か四人。

佐　じゃ、あれはセットで全部やってるわけではないんですね。

岡　病院のところはとてもできませんから、セットでやったんです。

佐　これは基本的には文化映画というより、劇映画をやろうということで。

岡　そうです。そのへんの新興キネマがなぜこの『病院船』という映画をやろうと思ったのかは、是非市川さんの口から裏が聞けると思うんです。

佐　当時は文化映画の中に入ってるんですよね。

（略）

岡　『病院船』は岡崎、行こう、というんで行って、ドキュメンタリーなのに大きな、いつも使ってるご愛用のミッチェルを上海へ持っていってるんですよ。

青島・岡崎のカメラを中心に同時代の批評を見てみよう。

最初の野戦病院の部分は明に記録撮影であり、内地帰還の戦傷兵達が病院船へ送り込まれる迄の描写は、粉雪の降る波止場風景など特に胸を搏つものあり、青島順一郎の撮影効果も優れたものである。／所が、肝要な病院船内部の生活に移ると忽ちセツト撮影の夥しい混入が看破される、セツト撮影が混入し、男女俳優の傷病兵や赤十字看護婦に扮した者が入つてゐるからといつて、必ずしもそれだけで文化映画の資格に欠けるとは断定出来ない。（略）けれども、観客側の心理に、明に作り物であり嘘であるとわかるやうなお芝居を設ける事は、文化映画本来の使命からいつて民衆に対する啓蒙と説得力を減殺する事甚だしいのではあるまいか。（略）感動を与へるのは、本物の看護婦が寝たままの患者に食事を与へる描写であり、同時に病臥看護婦の回想をオーヴアラツプなどで表現した抒情味である。

（『東京朝日新聞』１９４０年5月24日「新映画評」、［Q］筆）

原作は、日本赤十字社病院の看護婦大嶽康子が、事変勃発後、まもなく召集されて以来、約四ケ月間にわたつて書きためた従軍の記録である（略）私はこの映画を観て、ある場面では真実感にうたれて目がしらを熱くした。そこには原作の精神に通じるものがあるのである。けれども、その次の瞬間には、その感動をうらがへすやうなしらじらしいつくりごとを感じさせられた。さうしたことの繰りかへしが、この映画の真実感をしだいに稀薄なものにみちびいた。

（田中武「作品評」『日本映画』１９４０年６月号）

青島順一郎と岡崎宏三のキャメラは中々良い。此の映画の魅力の一部は此のキャメラの良さに負ふ所が多い（略）之は恐らくは本年に於ける新興第一位の映画と云つてよからう。

（『キネマ旬報』１９４０年６月11日号「日本映画批評」、村上忠久筆）

この写真は新興の今年出来たものゝ中ぢや高く買つていゝものだと思ふな、平常、新興が好んで作って居るどぎついメロドラマ臭の低俗なもの――あゝいふ調子から全然離れた真摯で終始して居る作品だと思ふ。他の会社でも滅多に作れないものぢやないかと思ふ。

（『キネマ旬報』１９４０年６月１日号「『病院船』合評」、飯田心美の発言）

『病院船』の現実を伝へるのが、この文化映画の目的であるなら、あくまでもその現実にカメラで食下るべきであつて、その現実を、カメラの威力と編輯の力で、立派に再現すべきであつた

（大塚恭一「特輯映画批判」『映画評論』１９４０年７月号）

此の映画の傷兵達は戦争の現実をきびしく示して呉れる。迂闊な話だが私はそこで始めて、想ひ出した様に戦争とはかう云ふものであつたかと思つた。戦争とはかう云ふものであつたかと云ふのは、戦争とはこの様に惨酷なものであつたかと云ふのではない。戦争とはこの様に犠牲の大きいものであることを知り、かゝる大なる犠牲を黙々と何の不平もなく払つた兵士等に対する感激と感慨である

（杉村靖「特輯映画批判」『映画評論』１９４０年７月号）

冒頭の氷雨降る中に病兵が看護婦達につきそはれて病院船に入るところなど、青島順一郎の撮影効果もなかなか秀れたものである

（山田浅右衛門「試写室雑語」『映画朝日』１９４０年８月号）

大嶽康子の『病院船』は文部省・軍事保護院・日本赤十字社の推薦図書として１９３９年10月に文苑社から刊行された。私が古書展で手に入れて持っているものは１９４２年２月に刊行されたもので、実に「二百七十版」と記されている。１９３７年７月29日から11月20日までの記録であるが、目をひくのは記録の最後に戦果が書かれていることで、例えば８月３日には

「四日、皇軍部隊堂々北京入城、居留民は狂喜感激す。」といった具合である。また「夜間演習中支那軍隊の不法射撃を受く」とか「支那軍の不法行為募り」とか「上海の空に敵機現はれ不法爆撃開始」といったように、「敵」の行為は「不法」であることが枕詞のように強調されている。日本赤十字が日本軍の中国侵略の同伴者であって、中立の存在ではないことをよく示している。そのことは「日本赤十字社副社長」の「序文」の次のような文にもよく示されている。

今次事変勃発以来、年を閲する既に二年有半、その間に於ける皇軍の勇猛果敢なる進撃は、随所に所期以上の戦果を収め、地域の広漠世界に比を見ざる支那全土に亘つて、わが日章旗の翩翻たるを見る。蓋し世界人の驚異と讃嘆の的となれるも、宜なりと謂ふべきである。而して我が忠勇なる将兵諸士の壮烈なる奮戦の状については、諸種の機関を通じて具さに世に報道せられ、国民は等しく感激と感謝とに溢れて居る。／わが日本赤十字社救護員は事変勃発と共に、直に出動して尊き使命の為に活躍したのであるが、就中、現地に於ける献身的奮闘に至つては、或は将兵諸士のそれらに劣らぬ程に悲壮なものがある。

原作の『病院船』によると、大嶽は陸軍病院の軍医の下に配属され赤十字から離れて陸軍管轄の「軍属」として戦地に向かったのである（同書10〜14ページ）。

龍膽寺雄は「序文」の次に掲載されている「病院船につき」という文で次のように書いてい

る。

とまれこの記録から、多少とも血なまぐさい匂ひを防ぎやうはあるまいが、私自身の気持を告白すれば、かへつてこれを読んで——さて、戦争に出て傷付くのを避けたり恐怖したりする感情を多少とも薄めたのは確かである。他のことは識らないとして、戦場で傷付いた者に対して、これだけ厳粛にして切実な愛情をもつて責任を負つてくれる一群の人々が、戦塵の現場に働いてゐるといふことに、限りない力強さを覚えるのである。

なお龍膽寺雄と大嶽との関係については、文苑社の社長の谷忠次が「巻末にしるす」に次のように書いている。

もともと大嶽さんは、文学に対して烈しい熱意を持たれた方で、わが「文苑研究会」にもしば〳〵出席され、龍膽寺雄先生を初め諸先生の指導を仰ぎつゝ、熱心に勉強をされてゐた

大嶽の叙述は日記のように時間を追って描かれているので、そこから私が興味深かったところを引用していきたい。

8月30日

　船を下りたすぐ其処に、煉瓦造りの大きな建物がある。部隊の本部にでもなつてゐるらしく丁度そこへ年頃二十歳位の痩せこけた捕虜の支那兵が一人、わが兵隊さんに引張られて来て、これからすぐこの裏で取調べを受けるのだと連れて行かれた。そこを通り抜けると見渡すかぎり広い田畦だ。勿論すつかり踏み荒されて眼もあてられない。畔路を行くと鉄道線路に出た。この辺は特に激戦であつたらしく、一面の弾痕で、敵の屍体がまだそこ此処にころがつて腐りかけてゐた。臭気は夥しく鼻をつくが、わが兵隊さんは、笑ひ乍らそこで昼食をとつてゐた。

8月31日

　右岸（揚子江の＝佐相註）はむごたらしい戦跡なのに、左岸には青々とした稲が何処までも続いてをり、藁屋根の家が、事もなげに平和に樹木に囲まれて点在し、青や黒色の長い服を着た支那人が、のろり〳〵と歩いてゐた。近くに大砲の音がとゞろいても、空に銀翼を並べたわが飛行機の爆音を聞いても、のそりと歩みを止めて見上げるに過ぎない彼等は、一体この事変をどう考へてゐるのであらうか。

9月2日

最後に腹部貫通を受けた患者を手術した時であつた。手術中に脈搏が悪くなり、前額に冷汗が流れ、鼻翼呼吸を始めて、刻々危険状態に陥入つていつた。それでも意識だけははつきりしてゐて、「今一度戦線にやつてくれ！　手術なんぞもういゝ！」と叫んでゐた。軍医は「よし〳〵、今行けるやうにしてやるぞ。」となだめながら器用に敏捷に手術を続けた。カンフル注射や輸血を行つたが、脈搏は次第々々に悪くなるばかりだつた。／「しつかりしなければ駄目だぞ！」／「しつかりしろ、しつかりしろ！」／手術は済んだ。が、脈搏は全然腕関節では触れないで、時々ガクリ、ガクリと下顎呼吸をするばかりだつた。手早く消毒布を除いて、人工呼吸を行ふと、かすかに眼を開いた彼は、／「天皇陛下　万歳！」／叫び了るとがつくり頭を垂れた。／軍医も衛生兵も、そこに居合すもの誰も言葉なく、深く頭を下げ、暫くは顔を上げることが出来なかつた。つい先刻までは皇国の丈夫として勇ましく戦野を駈け巡り、御国の楯となられた勇士、今こゝ野戦病院に身を横たへて永久の眠りに就くのだ。看取る肉親の者、哀惜にむせび泣く妻も子もかたへにゐず、たゞ落漠たる戦地の病院で、陛下万歳を最後に、護国の花と散つてゆくのだ。私は勇士の魂の叫びを、まざ〳〵（ママ）と断腸の思ひで聞いた。

9月19日

昨夜のすさまじい戦争は夢のやうに、今朝は砲声一つ聞えないで、秋晴れの空は高く、さわやかに明けた。／私たちは、患者も誰も昨夜の戦果を気づかつてゐるが、詳報を得ることが出来ない。勿論わが方の勝利は疑ふべきでないが、早くはつきりしたニュースがほしい。／ふと何か裏庭の方で騒がしい気配がしたので、窓から覗いて見ると、軍医や衛生兵が何かを囲んで話し合つてゐた。何んだらうと出ていつて人垣をかきわけて見ると、真黒焦げに焼け死んだ死体だつた。／「昨夜の空爆で墜落した敵機に乗つてゐた兵ですよ。」衛生兵が教へてくれた。／「このすぐ近くでしたよ。鉄骨だけ焼残つた飛行機の側にころがつてゐたのです。落下傘で下りようとして失敗したのですね。」／なる程、落下傘の綱であらう、手にその片端がからまりついてゐた。そして足を縮め、飛行機から飛び下りる時の姿勢をしてゐた。私は昨夜敵機がすぐ病院の間近くに来て、射落されたのを知り、身内がひきしまつた。そしてホツと息をすると、此の人も祖国の為に犠牲になつたのだ、と思つた時、国境を越えた尊敬の念が急に湧き上つてきて、皇国を悩まし、私たちの生命をおびやかした、憎い敵であるとばかり、一途に憎み切れない気持が、心の片隅に湧き上つてきた。人だか、猿だか、犬だか一寸見わけの出来ぬ死骸に、私はぢつと瞑目した。

9月23日

朝食をしてゐるところへボーイが「ニユース」と云つて、部屋の入口に印刷した紙束を置いていつた。近くに坐つてゐた雄弁家の森杉さんが持つてきて、その一枚を読みあげるので、みんな箸を休めて聞いた。／九月二十二日、○○○○丸ニユース／我ガ海軍航空隊ハ南京ヲ空爆。国民政府、中央軍官学校、其ノ他総ユル軍事根拠地ヲ大爆撃。南京ハ目下猛火ニ包マレテヰル。／忽ちそこゝに拍手の音や喜びの声がわき上つた。上海の野戦病院で見たあのはげしい火災が、昨夜は敵首都南京に燃上つたのだ！

9月25日（末尾の註に伏見宮負傷と記されている＝佐相記）

○○日

端艇で○○○○丸までゆくと、船が僅二三日の間に、真黒に塗りかへられてゐたのには驚いた。病院船は純白、と国際的に定められてゐるのに、それを守ることの出来ない支那軍の卑怯さが情ない。

※佐相註＝9月22日の項に、病院船の○○○○丸が「便衣隊」に迫撃砲で襲撃されたことが書かれている。

10月2日（殉死した婦長への隊長の弔辞、婦長は靖国神社に合祀された＝佐相記）
　惟ふに婦長は患者より感染したる病患が主なる因をなし、此処に其の尊き犠牲として殉職せしものなり。武人が皇国のため戦場の露と消ゆるはこよなき名誉たる如く、赤十字看護婦として戦時勤務中其職に仆れし事も亦前者に劣らざる名誉なり。

10月3日
　大きな船の間を、英国旗をかゝげ、青や黒の汚れ服を着て、のつそり立つてゐる支那人を満載したジヤンクが、傾きながら幾隻も下つていつた。

10月8日
　上海の桟橋に横付けになるが早いか、支那人の物売りが船内に入り込み、トランプや絵葉書、煙草等を売らうとする敏捷さ（すばしつこさ）には驚いた。向岸から小舟を竹棹で操つて来た支那の子供が、本船のタラツプの下へ来て、何か大声をあげて呼ぶので、見下すと、それは舟乞食と云つて、棹の先にめだかを掬ふやうな網をつけ、それを高く差しだし、何か入れてくれと叫んでゐた。その母親らしい女が舟底に腰を下して、赤児に乳をのませ、ほゝけた顔をして私たちを見上げてゐた。側にはこれも何処かで貰つたのであらう、野菜が一株ころがつてゐて、隅の方にはこはれた鍋や、小さな七輪があつた。舟の中が彼等の住家らしい。

／私たちは氷砂糖やキヤラメルを持つてきて投げてやつた。するとそれを決して水の中に落さずに、上手に受けとめて「謝謝」と喜んでゐた。何時の間にか本船の下には、かうした舟がどこからともなく群り集つて来て、一ぱいになつて了ひ、競争で自分のところへ投げて貰はうと奇怪な呼び声をたてゝゐた。それを見てゐるうち私は、憐憫をとほりこして何か苛だたしい気持になつた。かうした生活のどん底にまで国民を追ひやつて、まだ平然と戦争を続ける蔣介石に、私は激しいいきどほりと憎悪を感じた。

10月15日

朝点呼のすんだ後は旅館の二階で、航海中読めなかつた新聞を、古い日づけから拾ひ読みしてゐた。海軍航空隊の活躍や、陸軍部隊の次から次へと占領してゆく目覚ましい奮闘に、また銃後の真摯さに、血のたぎる思ひがした。／先ほどから門前に聞える靴の音は、これから戦地へ向ふ兵隊であらう。力強いその足音は地の底からわき上るやうに聞えた。あの中には再び故国の土を踏む事の出来ない人も居ることであらう。ザツク、ザツク、軍隊の勇ましい行進のリズムは、私の胸に滅私奉公、滅私奉公と響いて来た。／何時か新聞から目を離して、軍靴の音にぢつと耳をすませ、かうした感慨にふけつてゐると「一寸いらつしやい。とてもいゝ唄を教へてあげるから。」と、菊代さんが呼びに来た。菊代さんについて部屋にゆくと、五六人が蓄音機を囲んで何時になく神妙な顔をしてゐた。／「何をそんなにむづかしい顔をしてゐるの？」／「まあ黙つてこれを聞いて御覧なさい。」／円盤が回転すると、／勝つて来るぞと勇ましく／誓つて国を出たからは／手柄立てずに死なれうか／進軍ラツパ聞くたびに／瞼にうかぶ旗の波／、、、、、、、ゝ／力強い声であつたが、軽快なリズムは、一句一句強く私の胸にしみこんできて、ぢつと聞いてゐるうちに眼頭があつくなつて来た。／、、、、、、、ゝ／夢に出て来た父上に／死んで帰れと励まされ／覚めて睨むは敵の空／いつか大粒な泪がしたゝり落ちた。急いで気付かれぬやうに拭いたのだが、す早く見てとつた菊代さんは、「やつぱり貴女でも泣くのね。」と覗いて笑つた。しかし彼女の眼も涙に濡れてゐた。

10月22日

服装を整へて船室に集つてゐるやうにと庶務から達令せられた。午前十時、私たちは何事であらうと制服を着用して待つた。室には菊の花が飾られ、ほのかな香をあたりに漂はせてゐた。やがて折目の正しい白衣に着更へた坂入婦長は、庶務係二三人と共に、敬しく箱を捧げて入つて来られた。／「畏くも皇太后陛下には、此度の事変に際して、我々日本赤十字社救護看護婦の働きをお認め下さり、この御菓子を賜りました。皆様は一層各自の職務を自覚して、御国の為に働いて下さい。」／私たちは御慈しみ深い御沙汰に対して、今更驚きと感激に言葉もなく、たゞ深く頭を下げた。／御下賜の御菓子は一人して戴かず、内地に帰つたなら故郷の両親のもとに送り、この光栄を得た喜びを分けようと思つた。皆も申し合せたやうに叮嚀におし戴き、各自の貴重箱に収めた。

10月25日

　収容する時にはさほどにも思はなかつた一人の患者が、船が揺れ出して以来にはかに悪くなり、夕方から全身に冷汗が流れ、眼のまはりには黒い影が出来、眼の光りもにぶくなつてしまつた。私は強心剤の注射をしながら、脈搏に注意してゐたが、やがて呼吸が不正となり、脈搏が微細になつたので婦長に告げ、軍医に報告にいつた。吉本軍曹はすぐに来られたが、今は口をきく力もない。拭いても拭いても全身に汗がにじみ出て、生死の境を彷徨してゐる。患者はどうにかして覆ひかぶさつて来る黒い影を、払ひ除けようともがいてゐるらしく、何となない身振にもその苦闘が窺はれた。ひとしきり重い沈黙がつゞいたが、／「お母さん！」／と微に叫んだ。満身の力をこめて口に出した言葉だつた。しかし瞬間全身の気力は失せて、遂にそのまゝ萎えてしまつた。何万の敵をも物ともせずに戦ひぬいて来た彼も、最期の脳裏にひらめくものは、二十何年慈しみ育てゝくれた尊い母の姿であつたのだらう。

11月13日（佐相記＝註に「いよ〳〵南京攻略に入る」とある）

11月16日（佐相記＝完全占領した上海の街の様子。末尾の註に「南京政府は重慶へ遷都に決定す」とある）

行くうちに巾の広い立派な舗装道路も、到るところ爆弾で大きな穴があいてゐた。私ははじめてそこに、墨痕も鮮に記された真新しいわが勇士の墓標の立つてゐるのを見た。竹の花立てには戦友の心づくしであらう、野菊がさゝれてあつた。かうして古戦場でも見学するやうな気で大した感慨もなく易々と通りすぎてゐるこの道路も、わづか数ケ月前には、戦乱の巷だつたので、幾多のわが忠勇の士が鮮血を流したのだ。見透せば其処にも此処にも、道路の両側に墓標が並んでゐた。私はその一つ一つに深く頭を垂れた。まだ降りやまない時雨は、静に塔婆の上にもそゝいで、故海軍特務少尉○○○○戦死之地の墨跡が雨ににじんでゐる。土に流した鮮血は一雨毎に溶けて永久に消えることなく、大陸の地下深くしみ込んでゆくことであらう。／このほとんど壊れ盡したと思ふ両側の家々の中にも、ところどころお煎餅やキヤラメルを売る店が開かれてゐて、日本の女の人がその店先にゐた。市場も以前通つた時には、建物だけのガラン堂であつたのが、今は一ぱい店がならび、大勢の日本人が出入してゐた。その店先に立つて、しきりに私たちを見てゐる女があつた。見たことのある女だと考へてみると、野戦病院で奉仕的に手伝ひをしてゐた人だつた。その人も私に気づいて「まあ！」と懐しさうな目をしてお辞儀をした。／そこを通りぬけて辻に出ると、安全地帯の上に撃墜された支那の飛行機が、鉄骨をあらはに残骸をさらしてゐた。道路は今までより巾が狭くなつたが、どこまでいつても壊れた家がつづいてゐた。

11月20日（佐相記＝註に「我陸海軍将士に対し優渥なる勅語を賜はる」「国民政府は重慶遷都の宣言を発表す」とある）

最後に１９４５年までの日本赤十字の歴史を簡単に記載しておく。


１８７７年、西南戦争を機に、佐野常民ら、博愛社を設立。

１８８６年６月、日本政府、ジュネーブ条約に加入（公布は11月）。

１８８７年５月、社名「博愛社」を「日本赤十字社」に改める。

同９月、ジュネーブの赤十字国際委員会から国際赤十字への加入が承認される。

１８９４〜９５年、日清戦争で戦時救護活動。

１８９９年、赤十字病院の博愛丸、弘済丸が竣工。

１９００年、北清事変で病院船の救護班を派遣。

１９０４〜０５年、日露戦争で救護活動。

１９１４〜１８年、第一次世界大戦で病院船の派遣など救護活動。ロシア・イギリス・フランスの救護活動を支援。

１９１8年、シベリア出兵。東部シベリアへ救護活動。
１９３1年、満州事変で救護活動。
１９３7～４5年、日華事変から第二次世界大戦終結まで救護活動。
（『日本赤十字社創立１２5周年記念展』日本赤十字社、２００2年）

★

１９４0年代になると青島は田中重雄監督とコンビを組むことが多くなる。二人の最初の出会いは１９４0年の『女性本願』だが、以後、青島の最後の作品『土曜夫人』（１９４8年）まで17本（共同監督を含む）をともにしている。その中の評価された作品を取り上げてみよう。

まず、『女性本願』だが、

大泉作品としてこれ丈スマートなのは最近ないだらう。結局ストオリイの魅力である
（『都新聞』１９４0年6月15日「映評」、［U］筆）

青島順一郎のカメラの調子がなかなかよろしい
（『報知新聞』１９４0年6月16日夕刊「試写評」、［那］筆）

青島氏のカメラが流石老巧なものを見せてゐる、セットの細心に、ロケの美しさに之も好調である

（『中外商業新報』１９４０年６月20日夕刊「試写室」、［忠］筆）

その人間の抉り方には、絵空ごと然とした浅薄さは多分にあるが、この社製メロドラマとしては最近の収穫だ（略）総じて演出も煽情的誇張を避けて、堂々正攻法でいつたところ、母娘の生活描写などにも現はれてゐる

（『読売新聞』１９４０年６月23日夕刊「新映画評」、［K］筆）

吉田に対する須磨子と美弥子との気持など義理にもせよ親娘の一人の男に対する愛情である丈に、映画としては扱ひ難い物ではあるが、それにしても之では余りに表面のみ軽く触れ去つて居過ぎた

（『キネマ旬報』１９４０年７月１日号「日本映画批評」、村上忠久筆）

この映画の各人物は、菊地寛(ママ)の癖をそのまゝ生かして、典型化された人物をそのまゝに動かしてゐる

（『映画評論』１９４０年７月号「日本映画批評」、登川尚佐筆）

なかなかしつかりした良い映画だとおもつた。（略）気ばかりあせつたイデオロギッシュな映画を見せられてゐると、かういふ地についた作品がうれしくなる

（飯島正「最近の感想」『映画之友』１９４０年8月号）

ぼやけてしまつてゐる部分はすくなくないにしても、大体に於て、人物の心理は繊かく、陰翳豊かに把握され、描き出されて居る

（双葉十三郎「新興映画雑記」『新映画』１９４０年9月号）

配役上の考慮、セットの工夫、ロケ・ハンの苦心、それに青島順一郎のカメラの努力等々、何時もの粗雑な大衆調と異つた製作態度の大人つぽさがあり、近頃の新興物としては上の部に入るものだが、この程度の極甘の通俗物で満足されては困る

（山田浅右衛門「試写室雑語」『映画朝日』１９４０年9月号）

★

『母代』（１９４1年2月封切）は『映画評論』１９４０年11月号にシナリオが掲載されているのでそれを読むと、前半はよいのだが、後半のつうが百二十三番の子を亡くしてしまったことを告げた時の百二十三番の反応が不自然である。清水晶は「百二十三番の囚人は、主人公の

看守長と並んで重要な位置にありながら、その性格も心情も一向に描かれてゐない」（「最近のシナリオから」『映画評論』1940年12月号）と批評しているが、その通りであろう。

青島のカメラについては花村禎次郎が丁寧に批評している。

女囚独房の連らなる廊下の撮影はかつての青島順一郎を回想させる美事な効果的撮影をもつて暗調の中に立派なグラデエーションを保持して描写している。特に一日の時間の変化をその暗調の廊下をもつて表現し得た点偉とするにたりよう。この廊下のシーンは恐らくライトの使用は全然不可能であつた事と考へられる故にそれだけ青島の手腕はさらに買はれる理である。／其の他刑務所野外のシーンも又美事な効果を上げており、例へば黒田記代扮する処の綾部つうの自宅から仰ぐ空、綾部つうが医者よりのもどり道の野外の景等は皆非常に明るい調子で描かれ意識的に刑務所と対照的の効果を上げる事に成功している。／これだけ全面的な効果の上つているだけに青島順一郎だけのカメラマン故に残念に思はれるミスがなかつた理でもない。（略）最初の方でもちひられたダブル・エキスポジュアーの効果の悪かつた点。君が代を刑務所の女囚達が歌ふ点でショート・フォーカスのレンズを使用した為前面最前列の女の手が非常に大きく写し出され変な印象を与へる点。最後に近く女囚百二十三[ママ]番に対して係長が子供の死をつげる点で窓の外の光線の具合が夕方から夜るになり月が出るまでを十二三のカットで示しているがこれ等は余り凝りすぎで思

案に余つた感がないでもない。この様な点でまでライトの方をいじり廻す必要はないのではあるまいか

（「技術批評」『映画技術』1941年2月号）

この批評について岡崎宏三と下村一夫は私のインタビューで次のように語っている。

佐相　次が問題の『母代』ですね。花村禎次郎という人が『映画技術』に細かく批評していて助かるんですが。

岡崎　当時、花村さんと、あと田中としお、デンビンさんといって『アサヒカメラ』の編集をしていた人がよくカメラの批評をしてましたね。

佐　ローキーというのは青島さんにしては珍しいんですか。

岡　いや作品によって。当時の画調から大胆にやったということは目立つことですよね。話の内容をうまく再現してるんではないかと思いますね。（脚色の）鈴木英夫は僕らの同期で、なかなかの粘り屋さんで。

佐　花村の批評では「野外は明るい調子で描かれ意識的に刑務所と対照的な効果を上げる事に成功している」とありますが、戦後の青島さんの作品をビデオで見たら、暗いところはすごく暗く撮ってて、明るいところは非常にクリアに撮ってるのが印象に残ったんですが、やっぱり

こういう感じなんでしょうか、全部トーンを同じにするんじゃなくて。三木さんなんかは全部暗いですが。

下村　調子を揃えちゃう。

岡　その当時は調子を揃えるのが普通だったですね。

佐　青島さんはそういうことにはこだわらなかったんですね。その場、その場の。

岡　内容でね。

佐　あとのところは欠点の指摘で、ダブル・エキスポージュアがうまくいってないとか。

岡　そうでしょう。この当時はね、現像が自動現像じゃないでしょ。手でオーバーラップしたわけですから。肉眼で全くマニュアルでやったもんですからね、ひどいもんですよ。

佐　「ショート・フォーカスのレンズを使用した為前面最前列の女の手が」と。ちょっと歪んじゃったんですかね。

岡　そうそう。おそらく25ミリぐらいを使ったんじゃないですかね。三木さんが溝口さんのワンシーンワンカットをして。ああいう長回しと、情景をすべてフレームの中に収めようという傾向から今まであんまり使われてないワイドね、ショートフォーカスというのはワイドのレンズを使ってるんです。だけどそんなにクローズアップを使いませんからね。その当時のレンズは、今は直ってますが、ひずみというか、そういうのが矯正されてないのがあるんです。そういうのをあまり使ってないから、見た印象としてはそういうことが気になる。今は逆に便利なカメラでピントおくらないから、どんどんワイドで顔が大きくなったりが当たり前になってますけど。花村さんが見て、そう感じたということは、おそらく今までの常識の（ものよりは）ちょっと変わってるんじゃないかと。

佐　それから最後に「窓の外の光線の具合が夕方から夜るになり月が出るまでを十二三のカットで示しているがこれ等は余り凝りすぎで思案に余つた感がないでもない」とありますが。

岡　おそらくあれじゃないですか、この『母代』みたいに密室というか、檻の中というか、『十二人の怒れる男』は時間経過をライティングで見事に表して成功した作品ですが、そういうような。

佐　あー、それを狙ってるんですね。

岡　『霧笛』は『モロッコ』の画調を研究したという話がありますから、当時何か外国映画の影響があるかもしれない。当時は二、三カットで変化させることが普通だったのが、大胆にやったんじゃないでしょうかね。これは是非見たいですね。このシナリオで鈴木英夫は一気に認められた。

下　たしかこの映画は中野の刑務所で撮影したという。

佐　実際に借りて。

下　そうです。僕、兵隊に行くちょっと前だったですね。

佐　当時、刑務所で撮るというのは珍しかった？

下岡　珍しいですよ。

下　中野は女性だけの刑務所で。

佐　これは刑務所の部分がいいという批評ですね。

封切当時の批評を見てみよう。

構図に凝つて、かへつて稚拙な感じを与へる場面があるのが欠点だ。ラストなども伴奏音楽と大胆な構図で一応効果を挙げてゐるが、少し説明が足りないと思ふ
（『報知新聞』１９４１年2月18日夕刊「試写評」、［那］筆）

田中重雄氏の演出は彼の佳作『女性本願』よりさらに鋭いリアリズムを持ち刑務所内だけといふ場面の狭さを救ふために努力してゐる、ラストのラヂオ体操と花とのカットの如き青島氏のカメラと共に推奨すべきものだ
（『中外商業新報』１９４１年2月20日夕刊「試写室」、［忠］筆）

カメラを女子刑務所に持ち込み、その実景にセットを接合させて、俳優を駆使してゐるのであるが、絶大な効果をあげた。しかし『背景』の生殺与奪も、やはり、監督の構成演

出力に俟つこと論ずるまでもない。この映画は、田中重雄監督が青島順一郎のすぐれたカメラの協力を得て実力を発揮した作品であり、また新興東京近来の佳篇でもある

（『読売新聞』１９４1年2月23日「新映画評」、［坤］筆）

物足りないことは、彼女（佐相註＝主人公綾部つう）に、女としての人間的な悩みが感じられないことである。（略）既に看守長といふ地位にある彼女の内面に於ける生き方についての気持の起伏は、殆んど放棄されて、たゞ、地位がさうさせる概念に依つて動きが律せられてゐるだけである。彼女が、原作とは関係ないほど、人格の出来た立派な人間であることは差支ないが、もうすこしふくらみをつけてほしかつた、といひたい。／この点、田中重雄の演出にも責任はあると思ふ。要するに、彼は固くなつたのだ。（略）大事をとつて、まともに女主人公にしがみつき過ぎたのだ。そして、あまりに彼女を慎重に扱ひすぎた結果、表情を失はせてしまつたのだ。／尤も、以上の様な大きな欠陥はあるが、一面に於て、田中重雄の演出力は、充分認めるに足りる。美鳩まりの女囚に関する場面や、刑務所内の描写のトオンには、一流監督と呼んで恥かしからぬ風格があり見事さがある。そして、作品自体の調子も亦、十二分に、一個の作品たるの品位を具へてゐる。（略）この作品は新興東京作品中ではやはり屈指のものとして差支へないのである。

（『映画旬報』１９４1年3月1日号「日本映画批評」、双葉十三郎筆）

新興大泉の一つの進歩が見えて嬉しい、但し、結末が弱い、竜頭蛇尾の感が残る
（『都新聞』１９４１年2月18日「映評」、［U］筆）

題材が今迄の日本映画の範疇を脱する物であり、映画の興味がそれに依る物である事は事実であるが、今はそれ以上に田中重雄が、組むに足る題材の上で演出力を示し、彼の進歩を実証し得た事を喜びたい。新興映画稀に見る有意義の良作である
（村上忠久「作品月評」『映画評論』１９４１年2月号）

女囚を収容する刑務所の生活を田中がよく画にしてゐる
（友田純一郎「日本映画月評」『新映画』１９４１年3月号）

田中重雄の演出力は、新興東京撮影所で一頭地を抜いた存在であって、『母代』も彼の力量に相当した作となってゐる。心理的な内容であるから、演出者もかなり苦心してゐるやうだが、非常に真面目な力作であるにもかゝはらず、決して成功してゐるとはいひえない。（略）シナリオの構成で、すでに看守長や囚人一二三号の心理と境遇の表現に十分でなかつたと思ふ。
（滋野辰彦「日本映画月評」『映画之友』１９４１年4月号）

★

『北極光』（1941年8月封切）は樺太にロケした大作だが、撮影が大変だったようだ。このロケにカメラマンとして同行した岡崎宏三はその苦労を私のインタビューで次のように語ってくれた。

佐相　次が問題の『北極光』です。

岡崎　これは鈴木英夫が助監督、応援してるんですよ。それと新藤兼人、私がB班でね。新藤兼人と鈴木英夫と私と新藤兼人の女房の弟の久慈っていう助手さんと実景を撮りに豊原から真岡へ行って苦労してます。

佐　岡崎さんは主に実景を。

岡　それとね、やってるうちにロケ費が足りなくなっちゃったんですよ。その時にはそんなこと言わないけど、今思うとね。今村貞雄っていうプロデューサーがいて、彼が北海道の出身なんです。北海道から樺太庁という、そこに顔がきいたんじゃないですか。ところがやろうかという時にもめて大変だったんですよ。男が何十人も泊まってるうちに仲間割れしてみたり、小道具と喧嘩したりして。常にその大騒ぎを仲裁してたのが青島さんですよ。そのうちに、苫小牧の王子製紙があって、突然、ロケーションの終わり頃になって今村さんが文化映画を受注したわけです。『紙の出来るまで』というのを無理矢理作らせたんじゃないですか。それで何万円かの資金を調達して。私がセットへ帰って応援しようって頃にはもうその映画は終わってましたよ。

岡　これは有名な松竹出身の、正しくは「むつぐるま」という。この人が出てくるというのは超大作なんですよ。

下村　プロデューサーは六車(ろくしゃ)さんでね。

佐　で実際は今村さんが。

岡　そうそう。

佐　批評に「トリックと樺太ロケは成功している」とありますが、トリックを使ってるんですかね。

岡　ええとね、僕もよく覚えてないんだけど、雪の鉄道工事のそのへんのことができないんですよ、うるさくて。憲兵がついてて。地平線を撮ることもできなかったんです。

佐　ああ国境になってしまうということで。

岡　ええ、岡田嘉子が越境したところがあって。

佐　そこへ行かれたんですか。

岡　そこまで行きました。

佐　何もないところで。

岡　えらいところでしたよ。私はキャメラが凍らないようにということで。

佐　それは青島さんも座談会で。

岡　何せ今みたいに暖房はないしね。軍艦ストーブといって北海道とか樺太独特の石炭をくべると窯ごと変えるようなシステムで、それから汽車の中にはダルマストーブで、そんなんでいってね。たまたま真岡ってところに、うちのお袋の親戚がいましてね、僕は確か親戚の家を訪ねたことがあるんです。炭鉱ロケーションなんかするとおそらく樺太なんかから引っ張って来たんじゃないですかね。記念写真なんか撮られたくないような感じでした。だから蛸部屋と称して、当時の樺太史をひもとくと色々あるんじゃないでしょうか。そういう中での撮影ですからね。でも交通機関だって何もありませんからね。だからそこへ行く時には雪橇に乗るんですよ。橇は四人で組になって乗って、真ん中に湯たんぽを入れて、一時間も二時間もかけて撮影に行くわけですよ。もう酔っちゃうんですよ。そんな撮影でしたね。

佐　ギリヤーク人とかが。

岡　出てこないですよ、寒がって。最初はキャラメルでね。あそこはフルヤの。で樺太は酒の税もかからなくて、とにかくもう外国でしたよ、よくこんなところまで来たという。

佐　大変だったんですか、行くだけで。

岡　大変でした。北海道へ渡って、さらに汽車で。それから連絡船で。そりゃあ、大変でしたね。

佐　評判としては現地ロケの部分が非常にいいという。

岡　そうでしょう。それは何せあまり取り上げてない。

佐　ギリヤーク人が出てくるところとか。

岡　ギリヤークは一日で嫌になっちゃって出てこなくなっちゃった。キムチを漬けるような甕があって、トナカイの皮は冬場にやらないといけないいんですよ。

佐　それを甕の中に入れとくんですか。

岡　トナカイの肉を塩漬けにして。聞いたところによるとギリヤークというのは全部逆スパイなんですよ。こっちの情報を持ってったり、向こうの情報を持ってきたり。平気で三十八度線か、六度線か行けるんですよ。ロシアへ。何とか殿下というのがいて、そこからエキストラに入れて、不思議な何かインディアンの踊りみたいなのをやった覚えがありますよ。それを帰って来て夜のシーンを松明かなんかつけてやったんですが、雪のシーンを塩かなんか撒いてやったんですが、うまくいかないですよ。

佐　それは書いてありますね。要するにロケの部分は綺麗なんだけども、セットはそれに比べて「格段の不調、明暗の度が乱れがち」とありますね。やはり全然画調が違っちゃってたんですかね。

岡　そうでしょうね。それで美術が植田種康といって松竹から来た人で、新藤兼人が時代考証ですか。おそらく新藤兼人はB班の監督のようなことをやってたんじゃないですか、僕と実景を撮りに行ってますからね。

青島も苦心の撮影について、「座談会・『北極光』樺太ロケ」（『新映画』１９４１年６月号）において次のように発言している。

全く最初のロケハンの時はがつかりしたと云ふのが本当、之で画になるか場面になるか、劇になるかと、カメラの廻転を調査しながらも、そればかりが気になつてゐました。寒さは寒し、その心配はひし〳〵と迫るし。ところが三月八日に出発して、二回目の樺太を見ると大分に違ふ、つまり真冬の樺太と漸やく春を迎へやうとする、云はゞ冬眠から醒めた樺太の姿は余りにも歴然と違ふのである。以前には殆んど人影のなかつた地域にも人が散在するし、それで私の勇気が出ました。（略）撮影の方もその通りで、樺太の天地に馴れない中は、何処から手をつけてい丶のだか見当がつかない。然も考へて見れば、その見慣れないところが〝樺太〟なんだから、石にかじりついてもそれを征服し、把握しなければならない、さう一つの信念を持つて改めて見直すと、一三日撮つてゐる中に調子が出て、土地独特のよさに同化してゆける自信が出来た。零下三十度前後の撮影、毎日九時頃から二時頃までしか撮れないので、カメラが動かなくなつては大変だと、ハクキン懐爐を用意してゆくつもりだつたが、満鉄の早川技師が発表された実験を頂戴して懐爐灰を入れるあの普通のものをカメラに当がつて、この心配は一掃出来たが、それでも百呎巻の、八十呎あたりになると、俄然ハンドルが重くなり、うん〳〵力を入れる始末だつた。（略）さうした苦心をやりながら、スタチツクが発生した、この被害は相当の痛手で、何分一呎や二呎の検査では、それが発見出来なかつたとは云へ、こつちへ来てラツシユを見て、スタチツクを見出した時は、流石に参つた、残念だが、この原因は未だ不明で、之は将来への研究題目だと思つてゐる。（略）カメラの位置を一寸変へるのだつて大ごとなんです、ちよつとこつちへ、なんてわけにはいかぬ、雪踏みしめて、二三人が働かねば動かせない。移動のレールを敷くんだつて建設工事みたい。困つたのは、用意して行つたライトの電源を得ることで、七十五キロからのライトを使ふのに、裸線を特設したりした、そのために一間置き位に監視人を配列して、通行人のひつかからんやうに苦労した、若し一寸でも触れたら丸焦げになる、そんなことのないやうにの苦労など、フイルムで見れば、まるで判らない余分の努力が随分多かつた。助手達の今度の働らきなどといふものは言葉では語れない位です。（略）［佐相註＝カメラは］アイモを加へて三台です。その持運びの不便さは内地では想像が出来ません。（略）［佐相註＝鉄道工事で森林を伐採するシーンで］あの場面はとても壮観だつた、クランクしてゐて感激した程だつた。（略）［佐相註＝鉄道試運転のシーンで保線工夫が轢かれそうになった時］あの時は全く慄然とした、青くなりましたよ。その代りに、壮快を極めたのは、豊原駅前通りの学生行進の撮影だつた。（略）敷香は今年は雪が少なかつたと云つてゐた、夏の場面の必要から、雪をどけて撮影した時は、随分多い雪だなアと感じたが。総じて空が落ちるのでフイルターは淡い黄色を用ひたが、之は適当の様でした。フイルムは富士です。

また新藤兼人は私のインタビューでこう語っている。

新藤　それで村田さんが亡くなって、青島さんは田中重雄と組んだ。それは田中さんが新興では一級の監督だったから。そして『北極光』という映画がある。僕はシナリオと美術をやったんです。樺太へ行って、シナリオはできてたんですが、その手直しをしたり、美術のことをやったりして、その時に青島さんと一緒だった。酷寒の真冬に行って、ウタス（？）の森にロケーションに行ったり、幌内川の。ウタスの森というのはギリヤークやオロッコやアイヌがいて。その島に閉じ込めたわけですけど。国境線ですが、岡田嘉子が越境した所へも行きました。それで僕は新興をやめて溝口健二の『元禄忠臣蔵』に行きましたから、その後の青島さんの新興から大映のことは知らないですね。

佐相　『北極光』のあとに新藤さんが本を書いておられる『春星夫人』がありますね。

新　それはシナリオライターだから現場へは行ってない。『北極光』はたまたま美術をやったために現地に行った。青島さんは大先輩ですから、僕等は軽々しく声をかけられない。遠くから見てましたけどね。あまり喋りもしないし、冗談も言わないしね。むやみに人を叱ったりもしない。昔はネガを見て、うまくいってるかどうか判断しますね。そういうのを見て凄いと思いましたよ。名人芸みたいでしたね。ライトや絞りは全く勘というか技術の経験でやる。例えば潰し、夜のシーンは赤いフィルターをかけて撮る。そのフィルターを間違えると映らなくて全く真っ暗になってしまう。青島さんはその加減がとっても上手いですよ。

（略）

新　樺太は北海道と違って雪が積もらない、風が強くて。王子製紙が樺太で製材をやってるから、その施設を借りて、撮影したんです。そういうことで樺太で全部撮っていこうという。風土に慣れてなくて、大変でしょ撮影も。それでスタッフが反乱を起こしたんです。

佐　ああ、そうですか。

新　反乱を起こして要求を出したわけです。僕はずっと美術監督でやってるから、スタッフの長になってるわけよ。小道具・大道具・カメラ助手・助監督それに美術がいて。マネジャーの田代という人をみんなで殴ったんです。

佐　（笑）

新　殴ったんですよ、部屋へ呼んできて。小道具に強いのがいましてね。とにかく戦争の映画を撮ってるわけですから、軍靴があるから、それで部屋へ呼んでみんなでひどく殴ったんです。でも樺太だからすぐ復讐するわけにもいかないわけです。こっちもそういうことを見込んでやったわけです。撮影は続けたんです。謝ったんですよ。何が待遇が悪かったのか、はっきり覚えていませんが、僕が代表ではあるんですよ。僕は美術監督で、待遇が悪いとは思ってなかったんですが、まあ大変ではあったと思うんですよ。それで不満がつのって殴って、その人は暴力団と関係があるということになって、理由を言ったらお前らバラバラにしてやるということで、撮影ができなくなる。暴力団は結局来なくて、何でもなかったんですけどね。

封切当時の批評を見てみよう。

トリックと樺太ロケは成功してゐる
（『都新聞』１９４１年８月20日「映評」、［U］筆）

ロケーション効果は相当挙げてゐるが、母を尋ねる艶歌師、親の命で出張する若い技術家など、これらがいづれも主人公の知己であり友人である『偶然』の使ひ方が苦しすぎる
（『読売新聞』１９４１年８月27日夕刊「北極光」、［坤］筆）

此の作品では鉄道工事の、中絶とか再建とか復旧とか云ふことが実は一番重大な劇的テーマであるべきなのに、その辺を一番、簡単ににげてゐる（略）唯、特に注目すべきは

樺太に於ける実地ロケの効果である。雪原にしても、ギリヤーク人にしても、内地では捉え得ない材料を取り入れてることの強さは、全篇の作りに作られた話を、或る程度にリアルにしてゐる（略）カメラは青島順一郎と岡崎宏三の二人だが、勿論大部分は青島であったらう。雪景を収め、列車の進行をとらへなど、外地は殊更に美しいが、セットはそれに比して格段の不調、明暗の度が乱れがちだつたのは惜しまれた

（水町青磁「日本映画批評」『映画旬報』１９４１年10月1日号）

まづ企画の野心的な積極性、建設的な主題や意図は誰にも異論なく買はれるであらう。これは脚本では史実の部分の良さであり強みであるが、画面では現地ロケの幾多の場面、雪中の伐木作業や、雪野原のレール敷設作業や、土人の踊りの場面や、開通式のモッブシーンなどに見られる清らかな快い魅力となつてゐる。この映画がある程度後味のよい感銘を観客に与へ得るのは、もつぱらかうした演技抜きの実写場面、あるひは実写に近い場面の珍しさ新鮮さ及び真実性によるのであるといつても言ひすぎにはなるまい。／これに反して劇映画の本質をなす肝腎なドラマツルギーや演技の部面では、右の長所とどうにも融合できないほど、その惨めさ、なつてなさがいちじるしいのである

（高峰秀樹「作品評」『日本映画』１９４１年10月号）

内容はアメリカの鉄道開拓劇を換骨したやうなものである。（略）『大平原』の新興版とみればいゝわけだが、作品としての彼我の差のはなはだしさに僕は辟易し、がつかりしてしまふのである。（略）劇映画の背景になつたことをきかない樺太にこの映画がロケしたことは確にひとつの魅力である

（友田純一郎「日本映画月評」『新映画』1941年10月号）

私はこの作品を2001年3月にフィルムセンターで見ており、その時の感想をノートに記しているので、それをここに再録しておきたい。

冒頭、森林の闘いのシーンで左から右へと長いゆっくりした横移動があり、カメラが止まって一芝居あって、今度は右から左への横移動がある。同じような横移動は外人墓地を小柴幹治と真山くみ子が歩いているシーンで行っている。青島順一郎の移動カメラは村田実とのコンビ作品で有名だから、ここらあたりにその一端が垣間見えるか。／この作品で映像的に最も素晴らしいのは子供時代の徹と真澄が桜の散る中を遊んでいるシーンである（そういえば青島は『桜の園』を撮影している）。全体にこの作品の青島のトーンは軟調ではなく、クリアな画像なのだが、この桜散るシーンは白と黒のコントラストを明瞭にして、桜の花びらの白を際立たせている。そこに片足を失った植村謙二郎が松葉杖をつ

いてあらわれ、去って行くショット。手前に子供の後姿を陰にして向こうに去って行く植村の黒い姿を出していく。ここの光と陰、白と黒のコントラストがみごとで、美しい別れの絵になっている。／このショットも逆光だが、他にも手前の女性の顔を暗くとらえる逆光のショットが印象に残る。特に樺太で小柴と真山が再会して語るショットは手前に俵（?）などの荷物が黒く積まれていて、その向こうが明るくなっていて、そこに二人の黒い姿がうかんでいるという逆光のショットで、これはみごとな映像であり、男女の葛藤のドラマをうまく絵にしている。／また徹の母が死ぬシーンでは、母の顔の部分を暗くして、「死」の影をうまく表現している。／真山と小柴が港の丘の上で寝ころがっているシーン。真山の持っている日傘をうまく使って撮影している。日傘が画面をおおっていき、松岡邸へとつないでいくカッティングがいい。／真山の部屋。外には二つの塔（?）がボンヤリ見えている。真山と小柴が話している。ここの部屋の雰囲気がいい。また手前に真山が来て、その顔が暗く陰になっているところ。そのあと美鳩が真山の部屋を訪ねるところでは、二人の後姿をずっととらえていき、最後に真山の涙顔のアップを見せる。／そういえばこの映画は後姿が印象的であり、真山が船のデッキ（煙突などの機械の中）で佇んでいる後姿も心に残る。そのあとの正面から真山の姿をとらえたところもそうだが、樺太のシーンになって、真山が窓ごしに床についている小柴を見るところでは真山の右に鋭く下がっている何本かのつららが印象的だ。ここで突然主題歌が入り、雪の中を真山が歩いて来るショットになる。

★

１９４１年12月８日、大日本帝国は米英へ宣戦布告し、空・陸から香港に奇襲攻撃をかけた。イギリス軍は圧倒され香港島市街地はパニック状態となって、路上のあちこちには難民の死体が放置された。九龍占領後、日本軍は多田中佐を軍使に立て、犬を連れたイギリス婦人を先頭に「ピース・ミッション」と大書した横断幕を持って、13・17日の２度、イギリス側に降服を迫ったが、イギリスは拒否。かくて18日、上陸作戦で香港島を攻撃し、ついに25日、イギリスは降服した。

（和仁廉夫編著『香港』梨の木舎、１９９６年、12〜18ページ）

１９４１年12月末、日本軍政庁が置かれ、軍票交換所を開設。

１９４２年１月、人口疎散政策開始。

２月　磯谷総督が着任し、香港占領地総督部が正式に発足。

この時点で人口疎散政策により帰省させられた者55万４千人。

海南島への労働力徴用開始。

３月　軍法会議・軍律会議・民事法廷を設置。

白米の切符配給制が開始。

10月　香港への米軍初空襲。

（同右書、年表による）

『香港攻略　英国崩るゝの日』は、この史実をすぐに映画化したものであった。１９４２年３月４日、まず先発隊（田中・陶山・高岩・青島・今村）が香港に到着した。高岩肇は５月24日に次のように報告している。

脚本の第一稿は既に出来てゐたが、戦闘の実相に依つてこれをかへてゆくプランであつた。（略）われわれは各方面を見学し、香港攻略の正確な記録を蒐集し、多くの挿話をきいて脚本を改修した。更に軍参謀と報道部長の指導を仰ぎ、その後南支軍香港総督部の訂正を頂いた。かくて軍の絶大なる後援の下に現地の撮影が始まつた。

（六車修「香港撮影行」『新映画』１９４２年10月号）。

５人のスタッフは、俳優がいなくても撮影できる戦闘場面のみを15日間撮影した。カメラを担当するのは青島だけで助手もいなかった（「座談会　香港より帰りて」『映画之友』１９４２年10月号）。

第二班の俳優は5月30日に香港に到着した。岡崎宏三もこの時に同行している。こうして香港・九龍でのロケを終えて、現地を出発したのが7月30日で、8月17日に東京駅に到着した（「座談会　香港より帰りて」『映画之友』１９４２年10月号）。

その後、箱根ロケやセット撮影をしたようである（『日本映画』１９４２年11月号と12月号の「新作展望」）。『映画評論』１９４２年10月号「製作通信」には、「九月中旬の箱根方面ロケに引き続いて、連日セット撮影に大童である。香港女優紫羅蓮が現はれたり、白系ロシア人のエキストラが英国兵に扮したり、国際的な雰囲気の中に、仕事は順調に進んでゐる」と報じられている。

そして完成したのは11月初めのようである（『映画評論』１９４２年12月号「撮影所の動静」）。

この作品について岡崎・下村は私のインタビューで次のように語っている。

佐相　次が『英国崩るゝの日』ですね。国策映画ですから資料はたくさんあるんですが、田中・陶山・高岩・青島・今村の五人が先発したけれども、俳優がなかなか来なかった、とありますが。

岡崎　出発はしたんだけれど、台湾へ行ったらストップしちゃったんです。ということはもうアメリカの潜水艦が来てるから、定期便みたいなのはないわけ。二班に分かれて入船して、特殊の喫水の浅い船で香港まで行ったんですよ。

佐　岡崎さんはその俳優と一緒に？

岡　そうそう。貨物船と貨客船といって貨物と両方で。凄く待遇が良くってね。客船で行くよりも貨物と客船の合いの子で行った方がいいということでした。女優も一人乗ってましたしね、黒田記代ってのが。だから船員が喜んじゃってね、待遇は良かったですよ。

佐　5月30日に香港に着いたと書いてありますが、一カ月くらいかかったんですか？

岡　どのくらいかかったかな。

佐　もっと早く来る予定が来ないんで、軍隊の協力で俳優の出ないところを五人で撮って大変だったと。

岡　大変でしょうね。火薬関係は硝煙といって人工的にやる火薬じゃないんです。全部本物でやった。

佐　軍隊が大分協力したとありますが。

岡　軍隊が協力しなきゃ、普通の人が入れない時ですから。普通は戦争が終わると、占領当時は工兵隊が全部地雷とか死体とか、清掃というか、片付けるんですよ。それで初めて人が入れるようになるんですよ。我々が行ってる時はまだゴロゴロあってね、死体は熱いから、シャレコウベになってってね。骨付きの靴だとか、ビクトリアピークという、大正公園という名前にしちゃいましたけど、そこはまだそんなような戦跡が生々しい時でしたよ。着いた時に。だからそれ以前にこういうふうにやりたいという。シナリオは高岩肇さん、陶山鉄さん、この人は『土と兵隊』を書いた人です。鉄さんというのはなかなか芯のある。

（略）

佐　で、下村さんはその頃もう兵隊に行かれてました？

下村　兵隊に行ってってました。

佐　香港でロケをして、帰って来て箱根でロケをしたと。

岡　箱根ロケは何故かというと、香港の裏っかわというのは箱根と同じなんですよ。松が生えてて。大涌谷の横に排水路みたいなのがあるんですよ。それをトーチカに見立てて。で千葉から兵隊呼んだり、日大の学生を兵隊にしたりしてね。それでほとんど戦闘シーンていうのは仕込みの爆薬で。その時、ヘルメットをかぶって突撃してたのが、後に監督になった松林、日大の生徒で。

佐　これは英国兵に白系ロシア人を使ったとかありますが。

岡　日本でね。

佐　向こうでは？

岡　向こうではおそらく、公表できないんですけどね、オーストラリアの兵隊を。

佐　あー、捕虜を。

岡　芝居はさせませんけどね。延々と捕虜になって行進する場面を。向こうも映画に出てた方が楽だという。セキチュウ（赤柱）半島っていう、いいところがあるんですよ。そこへほとんど英国やアメリカの連中が難渋してたんですよ。それで捕虜とかスタンレーの刑務所とかにインド人、これは早くから降参してね、我々の警備は全部インド人がしていた。だから割合にエキストラとかそういうのはリアルなんですよ。実際使えたから。交戦状態になってまだ間も無い頃で、この頃に多摩川は『シンガポール総攻撃』を、東宝は『あの旗を撃て』を撮ってた。それで大映の日活グループは『マレーのハリマオ』という、際物も一緒に撮ってた。

佐　みんなやってたわけですね、争うように。

岡　そうそう。だからこれがきっかけで戦後総プロデューサーの六車さんはパージになった。それでしばらく出てこれなくて。それでこの後半の戦闘シーンは爆発なんてのは物凄いんですよ。でも迫力はないんですよ。物が飛んでくる力とか、見た目は弱いんですが、破壊されるものの迫力は凄くて、危なくて仕様がないんですよ。タンクは本物が出るしね。そして珍しくチロレン（紫羅蓮）さんという中国の女優さんを日本へ引っ張ってきたんですよ。

佐　杉村春子さんも出てるんですよね。

岡　あー、セットで出てるんですね。現地には行ってない。

佐　現地に行ってるのは黒田さんだけですか。

岡　そうです。

佐　紫羅蓮さんというのは有名な人じゃないんですか。

岡　ないですよ。箱根へ行くのでもなんでも、全部特高がついてるんですよ。

佐　やっぱり警戒されてたんですか。

岡　その当時、戦中ですからね、日本へ来るというのは大変だった。よく連れて来たと思ってね。

佐　この映画は劇の部分と記録映画の部分の落差が激しいという批評が多いですね。ようするに記録映画の部分が良くて、劇のところは悪いという。

岡　そうなりますね。あのピースミッションが香港島に渡るシーンを再現するんですからね。香港島と九龍島との間を頻繁に。そんなこと絶対にできないんですけど。海峡を一艘も船を通さなかったです。そのぐらいのことをやってのけたわけですから。

佐　軍の協力があったということですね。

岡　そうそう。今のハリウッドのモブシーンと同じようにね。それで私は香港島に行って、香港島のあらゆる個所から、観艦式といって船を全部スモークで隠しちゃうという大きな発煙筒があるんですよ。それを全部裏方に持たせてね。僕の飛行機が香港島の側へ寄って、合図で僕の乗っている飛行機の羽が右左に振ったらつけろって言ってるのに、やっぱりあわてものがいるから、私の飛行機を香港島のはじのほうへつけちゃった。時間が決まってますからね。あわくって撮影しましたけど。

佐　撮影のクレジットには青島・杉本・岡崎・古泉と四名いますが。

岡　実際は私と親爺さんと二人なんですが、（杉本・古泉は）B班で、箱根で撮ってるんです。箱根にきて、キャメラ数台で、一気に盛り上げて撮ったんで。

佐　じゃあ、杉本・古泉は香港へは行ってなくて、箱根だけなんですね。

岡　そういうことです。

佐　青島さんと岡崎さんが中心ということで。分担はあったんですか。

岡　僕は戦争シーンで。

佐　青島さんが劇の部分と。

岡　僕はドラマを撮るということはなくて、空撮とか、敵前上陸とか。カメラは1台、2台、3台と持ってってたんですから。大変でしたよ。

佐　箱根も岡崎さん行かれたんですか。

岡　もちろん行きました。

佐　セットも全部。

岡　セットはやってないです。

封切当時の批評を見てみよう。

鉄舟による敵前上陸の描写や火焔放射器が日本映画に現れたのは空前であり、兵の動作のキビキビした緊迫感も全体によく出て居り、市街戦、山地戦その何れの描き方においても我が戦場映画史上に全く新鮮なものである（略）後時録音の不良、会話の聞きとり難い不便、映画音楽のだら〳〵調、撮影効果も画調に統一があるわけでないし、さういふ技術面では一流映画と申せないが、しかしとに角この作戦部分は現下国民の一見の価値ある意味を持つてゐる。

（『朝日新聞』1942年11月17日「新映画評」、［Q］筆）

この映画の魅力を一口でいふと、現地における実景のなかの戦闘描写にある（略）しかしこの映画には非常に大きな欠陥がある。（略）作者は戦闘の描写のみで、これらの主要人物については驚くほど無関心である。無関心といふよりは、これでは無責任ともいふべきほどである

（滋野辰彦「作品月評」『映画評論』1942年12月号）

作者はこの映画で劇性を重んじようか、それとも記録映画性を重んじようか、迷つてゐるのである。（略）その迷ひがこの映画を混乱に陥れてゐるのである（略）劇的部分の拙劣な描写にも拘らず、この映画が感銘を与へるとすれば、それは作戦部分の描写がすぐれ

てゐるからである。それも全部的に優秀といふ訳ではなく、良いのは現地軍の協力によつてできあがつた香港ロケーションの部分である。

（上野一郎「劇映画批評」『映画旬報』１９４２年12月11日号）

つぎつぎとあらはれる激烈なる戦争場面を見たゞけでも、攻略まもない現地軍が、この映画撮影のために、いかに絶大なる支援をはらつたかがよく判る。はじめて間近に見る火焔放射器、壮烈な山岳戦、周到な市街戦、ことにかつてニュース映画にさへ見られなかつた鉄舟による敵前上陸の場面など息づまる様な緊迫といふぐらゐの言葉では表現できない感動を覚える。／いろいろ感心した点を数へて見ると、まづニュース映画が、実に手際よく編輯されてゐる事である。この手際のよさが『香港攻略』の再現を、いかに迫真性をもたせたかは言ふまでもない。劇映画を見るといふ安易な気持がいつのまにか、実戦を見てゐる緊張へと高まつて来るのであつた（略）かうしたかづかづの感激的シーンがありながら『英国崩るゝの日』を劇映画の構成といふ点からみると、慊りないところが少くない。結局、戦争場面の感銘が圧倒的で、登場人物の劇的展開が不十分だといふ後味のおほひ得ないのは、いかにも残念である。

（水上淡三「作品評」『日本映画』１９４３年1月号）

劇的な部分と戦闘場面とが分離して、画面には実写的なものが大きなはゞをとつてしまつてゐた。兵隊がたゝかつてゐる姿だけが感動を伝へるが、それはこの映画の劇的意図からははなれて恰も戦記映画をみてゐるやうな別な印象に於いてであつた

(友田純一郎「戦争映画の発展」『映画之友』１９４３年1月号)

皆、同じような意見であることが判る。この作品についても撮影に特化した島崎清彦の批評があるので次にそれを紹介しよう。

この作品も記録的劇映画である。しかも所々記録映画の画面を挿入使用して構成されてゐる。／従つて当然、記録の画面と、劇として撮影する画面との合致と云ふことに撮影技術の大きな重点が置かれた事が看取される。その為に技術処理に払はれた考慮と努力の跡も歴然たるものがあり、また実際にそれ等の考慮と努力は結実して両画面の合致は殆んど中分なく施行されてゐる。これは、その様な場合、従来は単に画調の合致のみを意図してそれに頼つてゐたのであるが、勿論これは調子だけで果される事でなく、為に却つてちぐはぐな感じを起す場合も少くなかつたのに対して、この映画の場合には、例へばカメラの位置や、背景体に対する被写主体の配置や構図にまで、合致性が保たれてゐるのが目立つ。恐らくさう云ふ目的の為には、普通の劇映画撮影としては常軌を逸する様な限界までも、

大胆に劇部分の撮影技術が制御された結果であらう。／前半は比較的劇映画的に撮影されてゐるが、後半は、特に戦闘場面に到つては大胆な画調の狙ひと結合されて完璧とさえ云へるまでに強靭化されてゐる。／この設計も亦、本作品自体が劇的導入から記録的展開に進んでゐるのに合致してゐて、前記の技術細目の処理と共に撮影者の果敢な深慮によるもので、特に大きな評価に値する。

このように記録映画的部分と劇映画的部分との「合致」という技術面での素晴らしさを最大限に評価した上で、島崎は次のように述べる。

然し、技術は作品を離れては存在しないのであつて、この映画自体が作品として劇映画としての性格を喪失すると共に記録映画としての価値をも喪失してゐる憾みは、撮影技術にも負はされてゐると云はなければならない。例へば、後半の技術が大胆な施行によつて全く記録映画的に転身し切つてゐるには違ひないが、反面では、単に登場人物だけに就いて云つても、劇的動向の描写表明機能を削減されて、劇としての展開から全く浮遊した技術なり画面に堕してしまつてゐるのである。／言ふまでもなく、この映画の作品構成が健全強固であつたならば、この映画では実効値ゼロ点に微震した同じ技術も、最も強力な創造機能としての役割を発揮して作品の昇華に大きく寄与し、評価のメーターの上で、針はプラスの極点を指したに違ひない。壊滅し去つた強大なる技術が惜しまれるのである。

（「撮影時評」『映画評論』1943年1月号）

★

さて、次の二本は田中重雄の監督作品ではないが、戦争末期の作品として取り上げておきたい。

『菊池千本槍』（1944年1月封切、池田富保・白井戦太郎監督）の目玉は、1942年5月の潜航艇によるシドニー湾攻撃という史実を再現する特殊撮影だったといえよう。『東京新聞』1944年1月13日「シドニー港攻撃を再現」は次のように報じている。

屋内に壕を掘り、シドニー港の全景と橋を中心とした湾内の部分とに分け、京都旧新興の二棟のステーヂを使用した。プールの大きさは二百坪と百五十坪の二種で、水深は三尺から一間、これに浮べる英国甲巡は全景の方は五尺□(不明)の部分には二間半のものを使用した。／全景は潜望鏡の目盛りを通してみたシドニー港を移動で撮影し、更に最後の甲巡撃沈の接写用として屋外に甲巡の煙突の部分と指令塔を実物大で組み、これを爆破して迫力を持たせ、信跡を出すためには圧搾を用ひ、水柱を高く上げるのに池底に爆薬を装置した鉄筒を打込み圧搾空気によつて爆発させた。／これ等の装置準備には一ケ月撮影には廿日間を要し、潜航と魚雷の発射は近郊藤原堤に出張試験を重ねて万全を期した。

その特殊撮影の部分を主に同時代評を見てみよう。

前半は、旧套な合戦描写で稚拙を極め、（略）後半は俄然引緊まる。大東亜戦下、潜水艦の甲板で藤尾大尉が部下に菊池盡忠録を物語る場面に転換、池田屋事件や宮部鼎蔵と平野国臣の奇遇の話では画面はまた昔にもどるといつた込組みで、前者は失敗し後者は光る。／次いで藤尾大尉の重大命令を受ける前後、その故郷の家庭描写も素直でよく、大尉は伝家の宝たる「千本槍」の短刀を父より譲り受けて出陣、シドニー湾奥深く散華するわけだが、母艦内描写も敵艦撃沈の特殊撮影も「海軍」の場合よりは簡潔なのがよい。（略）かかる勤皇精神の映画の生れたのは喜ぶべきだ。

（『朝日新聞』１９４４年1月9日「新映画評」、［Q］筆）

筑後川合戦に目覚ましい働きをした千本槍が水中に放つ光芒から潜水艦上への転換は、脚本（略）から受けた唐突さを巧みによけ（略）シドニー攻撃場面の特殊撮影は「海軍」における正攻法を避けて甚だ手際よく簡明に纏まり放たれる魚雷には速度感さへ加はる。

（『読売報知』１９４４年1月12日「新映画評」、［英］筆）

シドニー湾の特殊撮影も大映としては最初の大規模な試みだが、それにひきづられず至極あつさりとやつたのはよい、

（『東京新聞』１９４４年1月16日「映画評」、［敏］筆）

最後のシドニー港攻撃は、松竹の「海軍」における特殊技術を借用したものであるときいてゐるが、要領のいゝ扱ひ方で効果をあげてゐる。（略）思ふにこの一篇は、時代篇において失敗し、現代篇において成功してゐるが、前半の失敗が拭い難いものとなつて、全篇を通じて感銘を稀薄たらしめてゐるのは惜しき極みである。

（『新映画』１９４４年2月号「新映画評」、大黒東洋士筆）

吉野朝時代の物語は、戦争の場面のみがおほくて、菊池一族の精神がじつくり表現されてゐるとはいへなかつた。維新時代になつても、千本槍に関する挿話以上にでることはなかつた。ただ現代篇にいたつて、はじめて映画らしい落ちつきをとりもどし、シドニイ特別攻撃隊員の生活が、みぢかい描写のなかに、密度のある表現となつてあらはされてゐた。主役になつた小林桂樹の演技がいいばかりではない。家庭のひとなども、出場こそすくな

いが、雰囲気にあつてゐた。シドニイ湾の特殊技術も、規模のちひさいなりに要領のいい効果ををさめてゐた。

(飯島正「作品月評」『映画評論』1944年3月号)

この作品について岡崎・下村は私のインタビューで次のように語っている。

佐相　それで次が『菊池千本槍』ですが。

岡崎　これは特撮をやった。その頃ね、私は日活組とはあまり交流がないんですが、青島さんにしてみれば、かつての助手の渡辺五郎とかがいるわけです。横田達之は昔の友達ですから。技術部長で長井信一という古い人があるんですが、その人も青島さんに一目置いていた。で棚上げといっていいのかどうか判りませんが、この三人のグループが特撮をやるわけですね。

佐　青島さんはその前の年は全く撮影がないんですよね。何かあったんですかね。ほされてるとか。

岡　いや、そんなことはないんだよね。青島さんを引っ張ってきて撮るようなものが無かったんじゃないですか。田中重雄も仕事してないと思いますよ。

佐　で特撮というのは青島さんやってたんですか。

岡　やってないです。

下村　おそらくやったのは横田達之だと思う。

佐　これは建武中興から始まって、菊池千本槍を発明したというところから始まって、橘公子さんが入水すると、その池から潜水艦のシーンにつながるとシナリオではなってますね。このへんが特撮なんでしょうけども。

岡　敵の船を撃墜するところもあるんじゃないですか。

佐　それを特撮でやってるんですね。特撮の部分は当時『海軍』という映画があって、それでもやってたらしいんですが、それと比較されて正攻法ではないけれども、よくできていると批評されてますね。

岡　特撮はうまくいってたと見て覚えてますね。このへんは撮影部の人員があふれてましたからね。

★

『狼火は上海に揚る』（稲垣浩・岳楓監督）については、その製作過程を詳しく見ていこうと思う。

まず『映画評論』１９４３年2月号「製作通信」に、大映京都がこの映画を企画して活発に動きはじめたこと、服部次長と八尋不二が1月末に上海にわたり、中華映画と打ち合わせをしながら脚本執筆すること、そして大体の粗筋が書かれている。そして同１９４３年4月号には、八尋と服部が上海から帰って脚本を執筆中であると報道されている。

この作品が大映と中華電影の合作になったいきさつや撮影の進行については、当時中華電影にいた辻久一の「中華電影史話(9)(10)(11)」(『映画史研究』No.12・13・14、1978年・1979年)に詳しいので、以下しばらくそれをもとに話を進めていこう。

1943年5月、シナリオライターの八尋不二らが中国にシナリオハンティングに行って、下調査を行い、秋に永田雅一が中国に行き、華影の責任者と最後の詰めを行って、両者の合作が決定した。この合作が画期的だったのは、中国人には中国人俳優が扮したことであり、スタッフもすべて日中協力によって推進されたことであった。

撮影は中華電影のスタジオで1944年3月に始まり、7月に終了。残りの部分は大映京都撮影所で撮影された。中国での公開は11月、日本では12月だったが、いずれも入りは良かったという。中国語の題名は「春江遺恨」という。

「英米人の役には特に上海在住の外人が抜擢され」たという(『新映画』1944年5月号「大東亜映画の進発」)。

「オルロフ劇団と云ふ白系露西亜の本職を集団的に使用した」(小倉浩一郎「撮影は上海にす

すむ」『新映画』１９４４年7月号)。

この映画の製作意図は、英米の侵略性とアジアは一つを強調することにある、と稲垣浩は「日華合作映画製作前記」(『映画評論』１９４４年1月号)で述べている。

青島については次のように言及されている。

僕は上海に行く前も、向ふに七ヶ月仕事してゐる間も、日華文化交流、技術の交換と云ふことのみを考へ実践して来た。その点青島君の仕事つぷりは、模範的だつたと思ふ。本当の技術はあゝあるべきだらう。それでゐて、レフのかけ方が間違つてたりした場合『こらつ、違ふぢやないか』と叱りもする。併し、あく迄仕事のことオンリーで政治的には少しも動かないし発言もしない。技術一方で、そのことのかぎりではピシピシやる。そうなると、中国人助手たちは非常に心服し、青島君になついてゐた。撮影の場合、ラッシュ試写ですぐ結果が判るから、一そう手腕的に心服するのだ。

(『新映画』１９４４年10月号「製作雑記」における稲垣浩の発言)

最初に彼ら(中国の映画人=佐相註)を讃歎させたものは、老練青島順一郎のキャメラ

操作及び、その着実なる画面であり
（筈見恒夫「『春江遺恨』について」『新映画』１９４４年12月号）

上海での仕事が終ったとき、カメラマンの青島順一郎だけ残留していろいろ教えてほしい、と技術関係者たちは心から希望を表明した。
（辻久一「中華電影史話⑽」『映画史研究』No.13、１９７９年）

『日本映画』（９巻19号、１９４４年12月）の批評は、「高杉たちの立場は傍観者的、旅行者的なものに過ぎず、それは彼等志士のこの劇における位置を極めて微弱なものにしてゐる。しかも中華俳優や外人を使って沈翼周を中心に話を進めてゆく太平天国の乱の顛末の描き方は作劇として抜かりがなく刻明（ママ）であり勝れたものとなつてゐるから、この挿話だけで劇として独立出来る程である」と述べ、日本の志士の描き方がまずいとしている。

この作品について岡崎は私のインタビューで次のように話している。

佐相　次が問題の『狼火は上海に揚る』です。これはかなり古く企画がされていて、二年越しくらいですかね。

岡崎　僕が、青島さんがいつも使ってる新興キネマのミッチェルを持って、京都へ行って、京都のスタッフと合流して行ったわけです。青島さんの直系の高橋武則さんという、私の兄、兄弟子ぐらいのがいるんですね。京都の帝キネ時代についてたんじゃないですか。高橋さんは野淵昶とコンビで、結構仕事してるカメラマンなんです。その人が上海に『狼火』の応援に行くと。東京から私が応援に行くと。あとは全部中国人でやろうということになったわけですね。

佐　青島さんが向こうで技術的な指導もしたようですね。

岡　中国はあの当時、日本の軍閥に色々いじめられて撮影も不自由でロケーションもできないというような制約があったんですよね。だから撮影所を借りて、我々が日本の100ボルトの電源の玉しかなかったですからね。最後まで100ボルトでできるということで撮影所を探したんですよ。ところが100ボルトでやるというのは1カ所くらいしかなかったんじゃないですか。それで結局、220ボルトの電源のある撮影所を借りることになった。大変なことなんですよ。玉を二ついっぺんに付けなきゃいけないんで。言葉は不自由だし、そんなこと関係なしに、玉を一つ入れて電気をやると玉は無くなるし、日本からの補給はきかないし、何でもないことで随分苦労して。それで延びてるわけですよね。物価は上がるし、物凄いですからね、この頃は。インフレが。

佐　この頃はアメリカが来るってことで結構大変だったんですか。

岡　最後はね。もう防空演習がありましたもん。灯火管制があって、全部暗くって。この頃に北九州に来てたんじゃないですかね。

佐　ああ、来てますね。

岡　ですから特別製作担当が海軍に呼ばれて、何時船が出るか判らないから、全員帰り支度をして撮影しろと。早く仕事を終えろと。

佐　もう映画どころではないということなんですね。

岡　もう、とても、とても。それからしばらく経って、イタリーの船が黄浦江というところで自爆して沈んでたりね。中国はアメリカが日本へあれすると判ってたんじゃないですか。当時、桂林というところに基地があって、日本へ初めて犬吠埼へきたのかな。そういう意味で撮影はスムースのようですけども、裏ではそういう政治的な流れが中国側でも把握されてたんじゃないですか。

佐　これは白系ロシア人を使ってるんですか？

岡　使えないんですよ。トルコとか。イギリス人は交戦国だから使えない。これは大変でしたよ。

佐　そのへんの人を捜して？

岡　そうなんでしょうね。ユダヤ系の人がいたりね。そういう人を連れてきたんでしょう。

佐　主要な俳優は有名な人ですよね。

岡　大変な人ですよ。この人も戦後、漢奸といってね。香港へ逃げたり、アメリカ行ったりしたんじゃないですか。その中で王丹鳳（ワンタンホウ）さんだけはね。

佐　残ったんですか？

岡　まだ子供ですからね。16〜17じゃなかったかな。

佐　この作品は当たったと言われてますね。

岡　当たったですね。高杉晋作と太平天国が交流があったという。お互いの政府の、日本も中国も刺激しないというあれがあったんじゃないですかね。

佐　共同のあれになってますが。こちらに主導権があったんですか。

岡　技術的にはこちらですね。（撮影の＝佐相註）黄（ホアン）さんというのは有名な人で今年まで生きてたんですよ。私が会おうとしたら、亡くなってた。中国では一番偉い人で、この人がＯＫださないとプリントが焼けないというくらい。

佐　これは中国語版もありますか。

岡　当然あります。

佐　吹き替えですか。

岡　吹き替えじゃないですね。北京にもフィルムがあるんですよ。見てこようと思ってルートはつけてあるんですよ。上海の資料館にプリントがあるんです。

この作品は完全な形ではないがプリントが残っており、私も２００１年に見てその感想がノートに残っているのでそれを紹介しておきたい。

最初の部分が欠けており、高杉晋作達が船で上海にやって来るところから始まる。／英米人の非道さ（焼打ちとか）はかなり描かれており、大東亜共栄圏の思想（日本を中心にアジアが手を携えて英米を討つという）が強く出ている。／青島順一郎のカメラが見事である。川にガス灯がうつり、そこに雨がサーッと走り、カットが変わってガス灯に光る石畳の道に雨が降る。そこで高杉（阪東妻三郎）と沈翼周（梅憙）が初めて出会う。雨の中に沈が出ていき、清国軍兵士との間で銃撃戦が行われる。この雨のシーンがいい。二十年ほど前に溝口健二の『霧の港』における雨中の格闘シーンが凄かったと言われているが、雨のシーンを得意とする青島の面目躍如というところだろう。／もう一ついいのは、高杉と沈が玉瑛（李麗華）の通訳を介して、イギリスの評価をめぐって激論をかわすシーンである。沈を演じた梅憙の堂々とした風貌が素晴らしいが、テーブルの上におかれた一本のロウソクの灯りが沈の顔を照らし、陰影をつけている。その陰影が沈の微妙な内面の動きを表現していて素晴らしい。そして議論激昂してくると三人の顔のアップを素早くカッティングしていって、テンポを早め、切迫感を強めていく。このへんは稲垣浩らしい編集である。／ラストの沈を先頭に太平軍が馬に乗って走って来るところを正面からとらえた数ショットは間違いなく『アジアの嵐』からのいただきであり、それと日の丸をバックにした高杉の姿を二重焼にすることで、『アジアの嵐』が大東亜共栄圏思想とダブらせられているのである。それと似たことを溝口は１９３２年の『満蒙建国の黎明』でやっていたようで、その作品には青島も参加しているのである。

★

『狼火は上海に揚る』の後、１９４５年７月封切の『最後の帰郷』まで青島の作品はない。これは田中重雄監督（吉村廉と共同）の作品であった。特攻隊の映画である。ビデオがキネマ倶楽部から発売されているので、それを見ての私の感想を載せておこう。

まわっている飛行機のプロペラのショットから走る列車のショットへとつなぎ、田舎の風景へと変わっていく。この転換の仕方はいいと思った。／栗原（若原雅夫）とお繁（月丘夢路）が、夜、提灯をもって並んで歩く横移動のシーンは軟調のいい画調だったのではないか。美しい月のショットは特攻隊員の澄みきった心の喩として挿入されている。しかしその前の家の中のシーンはほとんど真っ暗だったのは、その部分のフィルムが傷んでしまったためか。／特攻隊として前線へ行くことを知って、お繁や宮木の妻（村田知英子）や片野の母（浦辺粂子）は事の重大さにグッと涙をこらえるといった描写がある。このへんが検閲にひっかからないギリギリの表現だったのだろうか。ただ森の父（見明凡太郎）

と母（小峰千代子）は明るく息子（光山虎夫）を励ます。この描写だけは『必勝歌』の特攻隊の親族描写の異様さに似ている。

（１９９９年12月記）

※佐相註＝『必勝歌』は１９４５年2月封切の田坂具隆・清水宏・マキノ正博共同監督作品。溝口健二もその一エピソードを担当している。

この半年後に岡崎宏三氏と下村一夫氏にこのビデオを見てもらったのだが、そこで語られたことで重要なのは、まず水戸中尉（宇佐美淳）とその父（斎藤紫香）が釣りをしているシーンで岡崎氏が述べたことである。

こういう横線の安定感があるでしょ、下手だとこれが上へいったり下へいったりする。青島さんはこういう安定感のある撮り方をする。だから人によっては物足りないというか、凝りがないから。カットが変わってもそう変わらない。

このシーンでは、川の向こう側にある草木の線の位置がショットが変わっても一定している。それが岡崎氏の言う「横線の安定感」であり、このシーン全体の画面に安定感を与えていることがよく理解できる。

また私も言及している満月のショットでは、「月光で絵がいいですね、お師匠さんの絵ですな」、「あのへんのテクニックはお手のものなんです」と岡崎氏は述べ、さらに続く栗原とお繁が水辺を右へ歩きながら話しているところをカメラが横移動でとらえるところでは、

下村　これなかなかいい写真ですね。
岡崎　こういうの見てると、『御法度』の最後なんか、昔からあったものでね。
佐相　これセットですよね。
下　セットですよ。
佐　水の光なんかがいいですよね。
下　なかなかのもんですよ。
佐　こういうのは青島さんっぽいですか？
岡　そうですね。
下　これ電球だね。
岡　当時バッテリーないからね、コード引っ張ってるんじゃないの。
佐　あのあかりがポイントでしょうね。（綺麗なお月様、というお繁の台詞が聞こえる）
下　そうです。
佐　今みたいなショットというのは割とあるんですか、青島さん。月のああいう自然のショッ

ト。

岡　ああいうところってのは下手するとすごく事故っちゃったりしてね、あのへんの後ろをきかしてるところが青島さんなんですよ。もうここぞとばかりにね。

（ここまでずっと祭りの囃子が聞こえている）

と、高く評価している。このシーンについては、キネマ倶楽部のビデオの解説に山根貞男が次のように書いている。

若原雅夫が結婚相手の月丘夢路と夜道を歩くシーン。彼女はことば少なく一生の別れを悲しむけれど、彼は元気な声で、おれ、一所懸命やるよ、と言う。と、彼女が夜空を見上げ、まあ、きれいなお月さま、と言うや、画面はこうこうと輝く月を描き出す……。生死の運命を自然に関わる詠嘆に解消するこのシーンは、おそらく当時の日本人の精神構造を象徴していたにちがいない。

（「山根貞男のお楽しみゼミナール」）

また山根はこうも書いている。

いま、この映画を見て、何より印象深いのは、出撃前の若い特攻隊員たちを描く作品とは思えないほど、全篇が明るいことではなかろうか。兵舎内には笑いが絶えないし、彼らが〝最後の帰郷〟をするシーンは、草相撲を取ったり、笛を吹いたり、おしるこを食べたり、楽しい雰囲気に満ちている。／漁師の父親などは、少年のような息子が特攻に出ると聞いた瞬間、大喜びする。むろんそうした描写は、当時の状況によって要請されたものであろうが、だからこそ、いま見ると、いっそう痛烈な想いを刺激してくる。

（同右）

私もこうした明るいシーンに異様さを感じたのだが、封切当時の批評にはこんなふうに書かれている。

観終つたあとの感銘は薄いが、特攻隊を常人の及ばぬ特異の人か、でなければ丸で別世界の人のやうに祭り上げて徒らに□(不明)仰に終始するよりは、この映画のやうに我々の直ぐ身近かの平凡な人間に描いたほうが親しめるし「我々でも特攻隊にならうと思へばなれる」といふ自信を持たせさへする

（『東京新聞』1945年8月5日「映評」、［伊］筆）

「なるほどね」と思う。このように思う人が当時の多数派であったかどうかは判らないが、同時代の人の中にはこんなふうに感じた人もいたのだ。私のようにあの戦争の時代を直接身をもって体験していない世代の者がいつも感じる困惑は同時代の人がどう感じたのかという点だ。そこが理解できないことがもどかしい。理解なしにする批評に怖れを抱いてしまう。ただ後の時代だからこそできる批評というものもある。次の批評はそうしたものであろう。

最後のシークエンスは、明らかに『陸軍』の結末を思い起こさせるものである。息子が特攻隊の任務で出発するとき、母親が別れを告げようと飛行場にやってくる。悲しみをこらえて息子の棺桶になる飛行機の翼の先端をなでる母親の手がクロースアップされる。観る者は胸を締めつけられる。そして、その飛行機が飛び立って見えなくなると、彼女は、『陸軍』の最後のシーンで田中絹代がしたのと同じように、両手を合わせて祈る。

（ピーター・B・ハーイ『帝国の銀幕』名古屋大学出版会、１９９５年、３６８〜３６９ページ）

佐藤春夫は「比島戦局に寄せて」という記事で、「一億特攻隊」という言葉の濫用に嫌悪感を示している。「特攻精神の軽い一語となると更に一億特攻隊などとまたしても空念仏化しつつあるに至っては我等何を言わんや。前線からの通信に『一億特攻隊』の語を憎み、特別攻撃隊精神はそのような安っぽいものではない。一億の中に、一万でも、一千でも特別攻撃隊精神の人士がいれば必勝は期して疑うべきものないという説のあったのを見て同感した。」／『最後の帰郷』は、このような考えに共鳴しているように見える。この映画は、「一億人の死」を説いているわけではなく、むしろ、神風特攻隊に加わる特別な一部の者たちの純粋な悲哀、深い感情を描こうとしているのである。政府が押しつけた不自然な「明朗さ」のために、登場人物の性格づけには無理があり、この映画の欠点となっているが、それでもこの映画には、人を感動させる力強い要素がある。若者が志願する本当の動機を十分に探ろうとはしていないが、一方、傍らに立って笑顔で彼らを見送らねばならない母親たちの悲しみを伏せることもしていないのである。そして、この映画を真に特別なものにしているのは、画面で展開している事件が、同じ瞬間に実際の世界でも展開しているという事実である。／話の筋は、明らかにカール・リッターの『誓いの休暇』に基づいて構成されている。神風特攻隊員となることを定められた部隊に、隊員全員に休暇が与えられるという指令が届く。もちろん、これの意味するところは一つである。最後の出発が間近に迫っているということだ。ほとんどの隊員は勇んで帰郷するが、しかし二名が基地に残ることを選ぶ。（略）帰宅を拒んだ少年の年老いた母親が、基地に現れる。「恭一、特攻隊でしょう……総出ですね……」「はい、そうです。」母親は悲しみに身をかがめ、かろうじて涙を抑えている。それから顔を上げて、「恭一、おめでとう、おめでとう……皆に遅れをとらないようにね」と言葉をかける。胸が張り裂けるような場面である。彼女がここで使う言葉は、政府が規定したものと一致しているにもかかわらず、それは、単なる宣伝を超越し、悲哀に満ちた運命の甘受を言い表わし得ている。このようなことが同じ瞬間に国中で起こっていただろうことが、十分に察せられるのである。

（同右、４５１〜４５２ページ）

第九章　敗戦・占領の短い日々

『最後の帰郷』の後、田中・青島コンビは『別れも愉し』の撮影に入るが、その途中で敗戦・占領となり、永田雅一は主人公を軍人から船員に急遽変更し、部分的な撮り直しをして1945年9月に公開した。この作品はフィルムセンター（現・国立フィルムアーカイブ）にプリントが残っており、キネマ倶楽部からビデオも出ているので私も見ている。ノートからその感想を載せておきたい。

若原雅夫の役はもともと軍人だったのを、途中で敗戦になったので急遽船乗りに変えて撮り直しをして作り直したので、その無理が当然出ている。若原と妻の村田知英子の再会と別れが、船乗りにしては大げさ過ぎることになってしまうわけで、これはオリジナルの通りに、いつ死ぬかも判らない軍人にした方が切実になるわけである。／ただ二人がにらめっこをするシーンなど、よく出来ているし、アパートのおじさん夫婦とその子供のコメディリリーフや、明るい主題歌など、それほどひどい出来というわけでもない。／青島のカメラは若原がバイオリンをひくシーンに挿入された月のショットなど『最後の帰郷』を思わせるものがあるが、全体に安定した画像になっているように思う。

（2000年9月記）

青島のカメラは、冒頭タイトルバックの楽団をとらえた逆光のシルエットのショットが印象に残る。その後も逆光というわけでもないのだが、室内のやや薄暗い空間の中程に照明があって、手前の人物の顔が少し暗くなっているが、表情がよく判るように撮されているショットがある。村田知英子が病院からの電話を受けているショットとか、病院のシーンなどにそれが見られる。また月が出ている戸外のショットのコントラストの強い画像は叙情的なものになっていて心に残る。また戸外の昼のシーンでは太陽の光がいっぱいに入っていて、これはこの頃の青島の作品と共通している。対象へのゆっくりとした前進・後退の移動による接近もそうである。また若原雅夫と月丘夢路の二人のショットで、手前にレースのカーテンがおりていて、画面右手にすわっている若原の姿はレースごしにとられていた（画面左にはレースがかかっていない所に月丘がいる）。こうして青島のこの時期のカメラを見ていると、画調は硬調であり、三木稔の溝口映画におけるトーンとは全く違っている。もしこのトーンが1920年代にも共通しているとすれば、溝口の『霧の港』のアクションや、『血と霊』なども硬調の、白黒と明暗の明確な画面であったのではないかと想像できる。『霧の港』の雨の中の格斗シーンは、夜の暗さの中にギラギラと光が当てられた画像であったのかもしれないし、『血と霊』のスカルパーは光が当てられて輝いていたであろう。それは『滝の白糸』の三木茂がとらえた出刃のアップショットに近いのかもしれない。／若原と村田の家の手前と奥の二部屋を手前の部屋からとらえるという溝口的ショットが目についた。また奥の一部屋をとらえたフィクスの画面で若原と村田が別れの前のひとときを語り合うところが長回しだった。溝口の『露営の歌』で固定した超長回しをした溝口・青島の仕事があったことを思い出した。

（２０１２年５月記）

青島の構図が安定しているというのが全体の印象であり、岡崎氏の言っていることに納得した。／村田の部屋の手前と奥の二間（ふたま）あるところを、手前の部屋から奥にいる二人（村田と月丘、村田と若原）を固定したカメラでとらえるショットが印象に残る。／若原が主題歌をバイオリンでひいていて、村田がそれを聞いている。そこに二ショット、手前に枝をおいてとらえた満月を挿入したのは『最後の帰郷』の二番煎じという感じであった。／夜の自然のなかを若原と村田が散歩するシーンは、岡崎氏が青島から聞いたという「黒バック」云々の話を思いだし、暗いなかに二人の姿を浮かび出させる美事さに感心した。

（２０２２年11月記）

★

戦後、占領期の作品である『犯罪者は誰か』もフィルムが残っているので、私の感想ノートを載せておこう。

修一（松本光夫）はアメリカで学んできたという設定になっていて、そのため日本の非科学的なありように批判的になっている。この時期のいわゆる民主映画でこういう人物像が描かれるのは珍しいのではないか。／プロパガンダ映画には違いないのだが、それほど鼻につくようなものではない。エピソードをサッサッとつないでいくような、一種省略した運び方がその点でうまくいっているように思える。例えば隆平（阪東妻三郎）が訊問されるシーンとか、そのあとに看守に訴えるシーン（ここで去って行く看守のショットなど悪くない）。／「昭和二十年八月十五日」という字幕のあとに、ビルを逆さに撮ったショットを入れて、世の中が180度転換したことを表現しているが、これは誰のアイデアだろう。／中江父子（見明凡太郎と若原雅夫）の描き方によって、単純な善玉・悪玉像になることをまぬがれているのかもしれない。中江俊介（見明）を自決させずに、修一が審判に服すべきだと諭すのは、いかにもアメリカ（占領軍）的な発想である。／画像は戸外のシーンなどクリアなものが目立つ。／堂野父子（山口勇と潮万太郎）のように時流を見てコロコロと変心していく身の処し方が平均的日本人のありようだろうが、こうした人物像は他の映画で描かれていたろうか。

（１９９９年12月記）

これを記した半年後に岡崎宏三氏にこのビデオを『最後の帰郷』とともに見てもらったが、二つを比較して岡崎氏は次のように述べている。

佐相　こっち（『最後の帰郷』）の方がよく青島さんのあれが出てますか。

岡崎　こっちの方がいいですね、戦後の（『犯罪者は誰か』）よりは。相当不便というか、不自由で青島さんの本当の調子が出てないです。

その十年後に再びビデオを見ての私の感想も記しておく。

意外に面白かった。戦争直後の初々しさと、戦争体験をふまえたリアルな描写（大げさにならない）が結合している良さだと思う。例えば阪妻が徐々に追いつめられていく描写（憲兵の描写）とか、取調べの描写とかであり、また日米開戦の時に人々が喜び昂揚している描写などである。最後の阪妻の演説はともかく、それまでの反戦的な言動の描写には無理もセンセーショナリズムもなく、冷静で説得力のある演出になっていると思う。岡崎宏三さんの話によると、このモデルは中野正剛だということで、そのへんの事実の歴史との異同も調べてみると面白いだろうが、見ながら一つ気になったのは、占領中の民主主義映画で、中国大陸などの戦場を描いた映画があるのかどうか、ということだ。また朝鮮植民地化を描いた映画があるのか、ということだ。／青島のカメラだが、『彼と彼女は行く』と同じように、戸外において人が歩いているところを前進移動や横移動でとらえたところが印象に残る。そしてこうした戸外のシーンでは自然光がいっぱいで光と影、白と黒とのコントラストが強い、クリアな画面になっている。また獄中の阪妻にゆっくりと前進移動するところも印象に残った。またディゾルブによるつなぎが多用されているが、それが効果をあげている。室内の逆光のシーンで暗く陰になっている人物の顔がベタッと真っ暗けにならずに撮られているところでは、岡崎さんが青島の言葉として語っていた「黒バック云々」のことを思い出した。

（2012年4月記）

★

『彼と彼女は行く』（1946年4月封切、田中監督）も、国立映画アーカイブにフィルムが保存されているので、それを見た時の私の感想ノートを記しておきたい。

意外に面白かった。この時代らしく、職場でも家庭でも暴君の病院の院長（見明凡太郎）に対して、看護婦達（折原啓子、町田博子ら）が副院長（宇佐美淳）を味方にして闘争し、院長は不正の発覚で逮捕され、副院長が院長となって金もうけではなく、民衆のための病院として甦る。一方、夫の見明から解放されたいと願う妻（逢初夢子）は昔やっていた看護婦となって新たな人生を送る。この映画のラストが宇佐美の妻になった折原が出産した赤ん坊を抱いているショットであるのは象徴的である。／青島のカメラで目につくのは、薄いカーテンごしに宇佐美と折原のラブシーンをとらえたショット（これは『別れも愉し』のカーテンを思わせるが、監督の田中重雄の趣味か、それとも青島のものか）や、蚊帳ごしに寝ている宇佐美と折原をランプの灯でとらえたショットなどである。ついでに言えば、ラブシーンの折原のうっとりとした官能的な表情がいい。また逢初が宇佐美に愛情を告白して拒絶される夜の野外のシーンでの月の見えているショットも印象に残る。あとはカメラがまわりこみながら、ゆっくりと前進移動して人物へと接近していく動きが目についた。

（2012年4月記）

逢初と見明が言い争う部屋のシーンでは、前進移動・横移動・まわりこみといったカメラワークが生かされている。／宇佐美が一人で夜歩いている。この夜のシーンで人物がクリアに描写されているのは『別れも愉し』でも見られたもので青島の力量を示していよう。このあと逢初がやってきて宇佐美に想いを打明け拒絶される。その最後のショットには上の方にわずかに控え目に小さく満月が見えていた。この満月の配置は『最後の帰郷』『別れも愉し』の満月のアップショットの二番煎じ（三番煎じ）をまぬがれていた。

（２０２２年11月記）

★

『雷雨』（１９４６年８月封切、田中重雄監督）については、封切当時の批評二つをまずは紹介しよう。

戦地から帰ってみると、許嫁は自分が戦死したものと諦めて他の男と結婚してゐた、といふこの物語の仕組みは、扱ひかたによっては仲々面白い材料である。アメリカの戦後の映画にもよくある手だが、本気になって問題の深刻さと取組む勇気がないと、実に平凡で味気ないものになり終ってしまふ。実はこの映画も、シチュエイションの意味する深みに突込んでゆく気力には全く欠けてゐた

（『新映画』１９４６年10月号「映画批評」、登川尚佐筆）

青空市場を背景とし、帰還者の恋愛問題を取扱った作品だが、核心をつかない表面的な描写と安易な解決のために、現在の世相につながりのある題材も、徒らに感傷の材料となり終ってゐる観がある。（略）結局この作品で一番目立つのは青島順一郎のカメラで、彼らしい閃きのある場面も一二に止らず、少からず作品の怠屈を救ってゐたことが認められる。

（『キネマ旬報』１９４６年10月1日号「日本映画批評」、大塚恭一筆）

作品の評価は低かったが、青島についての評価だけが良かったことが判る。

私は２０１２年４月にフィルムセンター（現・国立フィルムアーカイブ）で『雷雨』を見ているので、その時にノートに記した感想をここに再録しておきたい。

白眉は題名の示している雷雨の中での若原雅夫と折原啓子・小柴幹治夫婦の会話シーンであろう。外では稲妻が光り、それが家の中に入りこんでくるのは、こういうクライマックスシーンの常道だが、やがて電気が消え、ろうそくが持ちこまれて、その灯の中で話が続けられる。このシーンは夫の小柴の率直な表現と、三人の冷静な会話が、日本映画らしからぬムードをかもし出していて、そこに小柴の愛情が感じられていい。そしてこのシーンでは、青島順一郎の稲光やローソクの灯をそれぞれに生かした画面づくりが効果をあげているように思う。／それまでの青島のカメラは戸外のシーンが良く、冒頭の書割の月にセットの瓦礫の町の光景に始まり、自然のある野外のショットが影をうまく生かしてみずみずしい。それはラストの朝日に光るぬかるみの道をとらえたショットによってしめくくられる。／他には左から右への移動ショットが印象に残る。

★

青島最後の作品『土曜夫人』（1948年1月封切、田中監督）はフィルムが残っていないが、当時の批評は、

場面の変転が多くの興味のもてる内容なのに演出の突込みがたりなくて散漫な映画になってしまった。マダム殺人のシーンなどは歌舞伎まがいである
（『新映画』1948年3月号「映画短評」、［M・I生］筆）

田中重雄の演出はいつに似ず重厚味をさけて、薄味でねらつており、一種のナラタージユ形式の運びを使いすぎている。（一人称映画の影響かも分らない）そして時にひどく粗雑であつたのは題材え（ママ）の共感が本物でなかつたせいかと思われた。（略）青島順一郎のカメラはいつになく焦点の合わぬ個所が多かつた。セットの場合は殊に気になつた。

（『キネマ旬報』１９４８年2月上旬号「日本映画批評」、水町青磁筆）

というように芳しくない評価であった。これが最後の作品になってしまったのは残念という他はない。

★

１９４８年5月3日、青島順一郎死去。

もし青島がそのまま大映で仕事していたら、溝口とのコラボがまた実現したかも知れない。大映東京の製作である『楊貴妃』や『赤線地帯』が二人のコンビで実現したらどんな映像ができあがったのだろう、と想像するだけでも心躍るものがある。

岡崎宏三は『ひまわりとキャメラ』で次のように語っている。

青島さんは四二年に企業統合政策で大映多摩川へ行かれ、戦後特撮を担当されて四八年に胸を患い四七歳で亡くなりました。／もしお元気で映画の良き時代の五〇年代、六〇年代に活躍されていたらどれだけ日本映画界に貢献できたかと思うと残念で仕方がありません。

（34ページ）

今思うのは、やはり青島さんのことです。／青島さんは、かつて私が助手時代であるにもかかわらず、大事なオペレーションや露出まで任せてくれて大変な勉強ができたのです。／そのときの私は、師匠に恥をかかせてはいけないという一心で務めていただけでしたが、その後、何十年間も青島さんの教えがあらゆる場面で生きてきたのです。／私は幸運にも名監督たちと仕事ができ、自分なりの個性を作品の中に発揮できたと思いますが、その私をキャメラマンとしてのスタートラインに乗せてくれたのが、青島さんなんです。／ですから、今改めて一言「ありがとうございました」と、御礼を言いたい気持ちで胸がいっぱいです。

（220〜221ページ）

人柄のにじみ出たいい文章である。

佐相　勉（さそう　つとむ）

1948年生まれ。著書に『1923溝口健二「血と霊」』（筑摩書房、1991）、『溝口健二・全作品解説』1〜13巻（近代文藝社、2001〜2017）、14巻（東京図書出版、2021）、編書に『映画読本　溝口健二』（フィルムアート社、1997）、『溝口健二著作集』（オムロ、2013）、論文に「日活向島時代の溝口健二(1)」（『映画史研究』No. 23、1990）、「喜劇監督溝口健二」（『ユリイカ』1992年10月号）、「溝口健二と鈴木健作」（『別冊太陽　映画監督溝口健二』1998）、「溝口健二・失われたフィルムが語るもの」（『NFCニューズレター』第69号、2006）がある。

サイレント時代の溝口健二をめぐる人々　その1
― カメラマン青島順一郎 ―

2025年3月27日　初版第1刷発行

著　　者　佐相　勉
発 行 者　中田典昭
発 行 所　東京図書出版
発行発売　株式会社 リフレ出版
〒112-0001　東京都文京区白山5-4-1-2F
電話（03）6772-7906　FAX 0120-41-8080
印　　刷　株式会社 ブレイン

ISBN978-4-86641-836-0 C0074
Printed in Japan 2025
日本音楽著作権協会(出)許諾第2500714-501号